포기하지 않는 한
소망이 있습니다!

KB189952

특별히 _____ 님께

이 소중한 책을 드립니다.

포기하지 않는 한 소망이 있습니다

김성근 지음

나침반

지금 우리는 무척 어려운 시대에 살고 있습니다

어떤 이들은 아무런 소망도 없이 그 어려움의 물살에
힘없이 떠내려가고 있는가 하면...
어떤 이들은 살아있는 소망을 가지고 그 거센 물살을
거슬러 힘차게 항해하고 있습니다.

유태인들은 유월절이 되면 아니마밈이라는 노래를 부릅니다.
아니마밈은 '나는 믿는다'라는 뜻의 히브리어입니다.
그런데 아우슈비츠에 갇힌 유대인들은 노래의
후렴구를 이렇게 바꿔 불렀습니다.
"나는 믿네, 주님이 반드시 나를 돕기 위해
나를 찾아오리라는 사실을,
그러나 때때로 주님은 너무나 늦게 오시네."
비참한 현실에서 자신들을 구해주지 않는 불만을
표현하는 가사였습니다.
그러나 수용소의 한 젊은이는 이 노래의 가사를
다시 바꾸어 불렀습니다.

"나는 믿네, 주님이 반드시 나를 돕기 위해
나를 찾아오리라는 사실을,
그러나 사람들은 너무 서둘러 믿음을 포기한다네."

맞습니다. 우리가 어떤 상황에서도 포기하지 않고
하나님께서 나와 함께 하심을 믿는다면
다시 말해 주님이 주시는 살아있는 소망으로 살아간다면
우리는 사망의 음침한 골짜기에서도
결국 하나님께서 우리를 위해 예비해 놓으신
복된 곳에서 평화롭게 살게 될 것입니다.
주님께서 함께 하시기 때문입니다.
이것이 진정한 믿음이고, 이런 믿음을 가진 사람에게는
우리가 가는 길이 험해도
주님께서 필요한 모든 은혜를 베풀어 주십니다.

이 책은 여러 가지 어려움으로 힘들어 하며
시련을 당하고 있는 이들과 함께 하는 마음을
베드로전서를 나누며 표현한 것입니다.
베드로전서는 소망과 격려와 위로의 편지입니다.
이 편지는 전체적으로는 고난에 대한 주제인데
그 안에 영광에 대한 주제도 담겨져 있습니다.
고난 당하는 성도들이
어느 날 영광으로 변할 것을 확신했기 때문입니다.

우리는 예수 그리스도의 삶을 통해 그 본을 볼 수 있습니다.

당시 성도들에게는 확실성에 대한 보장이 없었습니다.
우리가 상상할 수 없는 극심한 고통 중에 살고 있었습니다.
그러나 그들은 예수 그리스도를 의지해 소망을 갖게 되었고
그로 인해 그들은 결국 그 환경을 이겨 냈습니다.
현대인인 우리들에게도 그런 놀라운 삶이 기다리고 있습니다.
나의 생각과 계획대로 일이 이루어지는 것이 아니라,
하나님의 생각과 계획대로 일이 이루어짐을 기억하고,
하루도 빠짐없이 우리를 구원하신 주 예수 그리스도를
의지하고 순종하며 살아야 합니다.

우리의 삶도 고난이 영광을 향해가는 통로이길 바라며
하나님이 주시는 위로와 능력과 확신이
이 책을 통해 더욱 넘치기를 기도 합니다.
"포기하지 않는 한, 소망이 있습니다!"

승리를 바라보며 비전센터에서-

김성근 목사

목차

프롤로그
지금 우리는 무척 어려운 시대에 살고 있습니다

1. 잠깐일 뿐이라고 생각하라 _ 11

2. 다른 삶을 살기 위한 훈련을 하라 _ 43

3. 참된 정체성을 찾으라 _ 73

4. 본이 되는 삶을 살라 _ 95

5. 다른 사람을 도우며 살라 _ 125

6. 다른 사람과 조화롭게 살라 _ 159

7. 세상에 소망을 전하라 _ 189

8. 마음에 감추어진 상처를 해결하라 _ 219

9. 고난의 원인과 해결 방법을 찾으라 _ 245

10. 의미 있고 뜻 깊은 삶을 살라 _ 273

에필로그
정말, 살아있는 한 소망이 있습니다

잠깐일 뿐이라고 생각하라

권력, 명예, 부, 사랑, 슬픔, 아픔, 고통... 세상의 모든 것은 변해가고 흘러갑니다. 그러나 오직 하나님의 말씀만은 영원합니다. 그 말씀을 의지함으로 모든 변하는 것들 가운데서 변하지 않는 주님의 약속의 축복을 지켜나가십시오.

베드로전서 1:1-12

"예수 그리스도의 사도 베드로는 본도, 갈라디아, 갑바도기아, 아시아와 비두니아에 흩어진 나그네 곧 하나님 아버지의 미리 아심을 따라 성령이 거룩하게 하심으로 순종함과 예수 그리스도의 피 뿌림을 얻기 위하여 택하심을 받은 자들에게 편지하노니 은혜와 평강이 너희에게 더욱 많을지어다 우리 주 예수 그리스도의 아버지 하나님을 찬송하리로다 그의 많으신 긍휼대로 예수 그리스도를 죽은 자 가운데서 부활하게 하심으로 말미암아 우리를 거듭나게 하사 산 소망이 있게 하시며 썩지 않고 더럽지 않고 쇠하지 아니하는 유업을 잇게 하시나니 곧 너희를 위하여 하늘에 간직하신 것이라 너희는 말세에 나타내기로 예비하신 구원을 얻기 위하여 믿음으로 말미암아 하나님의 능력으로 보호하심을 받았느니라 그러므로 너희가 이제 여러 가지 시험으로 말미암아 잠깐 근심하게 되지 않을 수 없으나 오히려 크게 기뻐하는도다 너희 믿음의 확실함은 불로 연단하여도 없어질 금보다 더 귀하여 예수 그리스도께서 나타나실 때에 칭찬과 영광과 존귀를 얻게 할 것이니라 예수를 너희가 보지 못하였으나 사랑하는도다 이제도 보지 못하나 믿고 말할 수 없는 영광스러운 즐거움으로 기뻐하니 믿음의 결국 곧 영혼의 구원을 받음이라 이 구원에 대하여는 너희에게 임할 은혜를 예언하던 선지자들이 연구하고 부지런히 살펴서 자기 속에 계신 그리스도의 영이 그 받으실 고난과 후에 받으실 영광을 미리 증언하여 누구를 또는 어떠한 때를 지시하시는지 상고하니라 이 섬긴 바가 자기를 위한 것이 아니요 너희를 위한 것임이 계시로 알게 되었으니 이것은 하늘로부터 보내신 성령을 힘입어 복음을 전하는 자들로 이제 너희에게 알린 것이요 천사들도 살펴 보기를 원하는 것이니라"

1990년대 초반에는 20대 청년들을 X세대라고 불렀습니다.

기성세대가 이해할 수 없을 정도로 자유롭고 새로운 사고방식을 지녔기 때문인데, 이 세대 이후에 인터넷이 활성화되어 적극 이용하는 N세대, 2000년도 밀레니엄을 맞으며 패션을 중심으로 새롭게 태어나는 N세대 등으로 계보가 이어졌습니다. 그런데 지금 시대의 청년들은 스스로를 'N포 세대'라고 부릅니다.

처음에는 '연애, 결혼, 출산'을 포기해야 할 정도로 어렵다고 해서 3포 세대였습니다.

그런데 여기에 '취업, 내집 마련'이 하나씩 끼어들면서 4포, 5포 세대가 되었고, 이어서 '인간관계, 소망'까지 포함되며 7포 세대가 되었습니다.

차세대를 책임져야 하는 청년들은 이전 세대들보다 훨씬 치열하게 살며 노력을 하고 있지만 결국 제대로 된 삶을 누리기 위해 사는데 필요한 것들을 하나씩 포기하고 있습니다. 그만큼 지금 시대가 힘들기 때문입니다.

지금 우리가 살고 있는 사회를 '소망 실종시대'라고 말하는 사람들이 있습니다.

국내외적으로나, 개인적으로, 또는 주변을 돌아봐도 소망을 찾기가 어렵다고 합니다. 어려운 역경을 극복하고 이겨낸 사람들의 이야기는 매스컴에나 존재하는 것 같고 우리나 우리 가족들과 주변 사람들의 삶은 여전히 힘겹고 고되다고 합니다.

물론 살다보면 시대적 상황을 떠나 누구에게나 좌절이 찾아오기도 하고 경제적으로 어려운 순간이 찾아오기도 합니다.

그러나 소망을 가지고 미래를 바라본다면 이 어려움과 좌절이 미래를 위한 값진 씨앗이자 투자가 되는데 문제는 지금 우리를 사로잡고 있는 '좌절감' 때문에 어렵고 힘든 상황이기보다는 바로 '소망의 실종'이 더 어렵고 힘들게 합니다.

그렇다면 신세 한탄이 잘못된 것일까요?

아닙니다. 우리 주위의 환경과 여건을 살펴볼 때, 또 세계 경제 상황을 살펴볼 때 이런 한탄은 나올 수밖에 없는 너무나 당연한 반응입니다.

그런데 사실 더 큰 문제가 있습니다. 바로 하나님을 믿고 따르는 그리스도인들도 좌절감에 눌려 있다는 것입니다.

장년들이나 청년들은 여러 가지 이유로 교회를 떠나고, 학생부와 아동부도 아이들이 모이지 않아 이미 많은 교회의 교육부서가 빈사상태라고 합니다. 그래서 교인들은 수년째 지속적으로 줄고 있고, 기독교계는 점점 더 어려워져가고 있다고 합니다. 모두가 어렵고 힘들다면서 위기론만을 내세우며 지적은 하고 있지만 정작 가장 중요한 해결책, 소망을 제시하는 사람들은 보이지 않습니다. 그러나 하나님을 의지하고 믿음으로 사는 그리스도인들은 이런 상황 가운데에서도 소망을 가지고 살 수 있습니다.

포기하지 않는 한, 생명이 있는 한 소망은 있습니다.

임상심리학자 브리즈니츠 박사는 군인들을 대상으로 다음과 같은 실험을 했습니다.

군인들을 먼저 4개조로 나누어 20km 행군을 하는 훈련을 실시했는데 각 조마다 다음과 같은 차이를 두었습니다.

- 1조: 20km 행군임을 말해 주고, 5km 마다 지나온 거리를 알려줌.

- 2조: 앞으로 먼 거리를 행군한다고만 알려줌..

- 3조: 15km 행군이라고 말한 뒤에 14km에서 20km를 행군한다고 알려줌.

- 4조: 25km 행군이라고 말한 뒤에 14km에서 20km를 행군한다고 알려줌.

그리고 이런 과정 속에서 병사들이 느끼는 스트레스와 사기에 대해서 면밀히 조사했습니다. 일반적인 생각으로는 4조가 가장 적게 받아야 했으나 결과는 1조가 가장 우수한 모습을 보였습니다. 그리고 아무런 정보 없이 그냥 길을 걸어야 했던 2조는 다른 조보다 몇 배로 스트레스를 받았고 사기도 떨어졌습니다.

박사는 이 실험을 통해서 "실제 훈련의 어려움이나 편안함보다는 소망과 절망이 병사들에게 더 중요한 문제였으며, 이 실험을 통해 인간이 가장 큰 스트레스를 받을 때는 어려울 때가 아니라 소망이 없을 때라고도 이해할 수 있다"라고 결론을 내렸습니다.

우리의 근본이 어디인지 잊지 않고 기억하고 있을 때 소망이 생깁니다. 그러나 그 기억이 희미해질 때 소망은 사라지고 좌절감이 마음을 억누르게 됩니다.

헝가리의 피아니스트인 리스트는 어려서부터 실력을 인정받은 천재였습니다. 베토벤도 어린 리스트의 연주를 듣고 실력을 인정했을 정도였습니다. 리스트가 성인이 되자 사람들은 리스트를 천재를 넘어 '피아노의 신'이라고 불렀습니다. 리스트는 수많은 팬을 거느리고 전 유럽을 돌며 연주회를 했고 각 나라의 왕들에게 초청을 받았습니다.

그러던 리스트는 말년에 프란시스를 통해 복음을 듣고 예수님을 믿게 되었는데 자신의 화려한 삶이 그저 지나가는 여정이라는 사실을 깨달았습니다. 그래서 리스트는 여러 지역으로 연주를 다니면서 호텔 체크인 노트에 다음과 같이 적었습니다.

'이름-리스트/직업-음악가/출발지-방랑의 세상/행선지-진실
한 천국'

그는 어느 경우에도 어느 곳에서도 근본이 어디인지 잊지 않고 하나님에 대한 믿음을 갖고 살았습니다.

지금 시대를 살고 있는 우리에게도 필요한 정신입니다.

지금 살고 있는 세상에 초점을 맞출 때, 즉 지금 마주하고 있는 환경에 초점을 맞출 때, 좌절감이 찾아오고 실망할 수밖에 없으나 믿음을 갖고 주님을 바라볼 때 우리는 다시 일어설 힘이 생겨납니다. 그러므로 그리스도인들은 어떤 시대에도 어떤 상황에서도 늘 소망을 품고 살아야 합니다. '마라나타!'의 믿음, '천국 소

망'에 대한 믿음, '승리하리라'에 대한 믿음을 가지고 살아야 합니다.

이 믿음을 저는 이 시대에 함께 살고 있는 모든 이들과도 나누고 싶습니다.

한숨을 푹푹 쉬는 사람 옆에 서 있으면 괜히 기분이 다운되고 어깨가 처집니다. 지루해 하품하는 사람 옆에 서면 저절로 하품이 나옵니다. 마찬가지로 좌절감 역시 주위 사람들에게 아주 강력하고 빠르게 전염됩니다. 이미 전 세계에 이런 기운이 돌고 있습니다. 그러나 좌절이라는 마음의 전염병을 우리는 끊을 수 있습니다. 바로 하나님의 말씀이 주는 소망이 있기 때문입니다.

베드로전서는 이 시대의 성도들에게 정말로 필요한 소망의 복음입니다.

지금 좌절과 절망에 빠져 있다면 베드로전서는 정말로 좋은 소식, 'Good News!'가 될 것입니다.

"그러므로 너희가 이제 여러 가지 시험으로 말미암아 잠깐 근심하게 되지 않을 수 없으나 오히려 크게 기뻐하는도다"(베드로전서 1장 6절)

예수님의 수제자인 베드로가 기록한 이 말씀은 실망하고 낙심한 성도들에게 전하는 소망의 메시지입니다. 당시 성도들이 처한 상황은 지금보다 더욱 혹독했습니다. 예수님을 믿는다는 이유 하나만으로도 잔인하게 죽임을 당할 수도 있었습니다.

역사학자 타키투스의 글을 통해 당시 그리스도인들이 처한 상황을 살펴보겠습니다.

- 사자에게 던져짐.
- 올리브유를 사용해 화형.
- 로마시의 70%가 타버린 화재를 일으켰다고 누명.
- 콜로세움에서 검투사 경기에 출전.
- 정치적인 이유로 감옥에 갇히고 누명.
- 박해를 피해 땅속에 땅굴을 파고 생활.
- 대부분 순교를 당함.
- 그리스도인임을 숨기고 비밀 표시를 만들어 서로 소통.

지금 우리들이 처한 시험은 '가난, 어려움, 외로움, 고독'과 같은 것들입니다. 그러나 당시 성도들이 처한 시험은 '죽음, 고립, 추방, 신앙의 포기'와 같이 훨씬 중요한 것들이었습니다. 지금 우리와는 비교할 수 없는 극단적인 상황이었습니다.

그러나 그런 상황 속에서도 예수님과 공생애 기간을 함께 하며 진리의 복음을 전해 들은 베드로는 여전히 성도들에게 소망의 메시지를 전하고 있습니다.

베드로전서 1장 1절부터 12절을 보면 좌절에 빠져있는 성도들에게 가장 먼저 위로의 복음이 전해집니다. 우리는 이 말씀을 통해 어떤 상황에서도, 심지어 아무도 위로해 주지 않고 나를 이해해주는 사람이 없는 상처투성이인 인생이라고 해도, 하나님으로부터 위로를 받을 수 있고 세상을 이길 수 있는 세 가지 이유를 발견 할 수 있습니다.

1. 하나님께 택하심을 받고 태어났기 때문입니다

"곧 하나님 아버지의 미리 아심을 따라 성령이 거룩하게 하심으로 순종함과 예수 그리스도의 피 뿌림을 얻기 위하여 택하심을 받은 자들에게 편지하노니 은혜와 평강이 너희에게 더욱 많을지어다"(베드로전서 1:2)

베드로전서 1장 2절은 하나님 아버지께서 택하심을 입은 자들의 모든 것을 이미 미리 알고 계신다고 말씀하십니다.

택하심을 받은 사람들은 누구일까요?

네, 두말할 것도 없이 바로 예수님을 믿고 있는 우리입니다. 예수님을 믿는 모든 사람들은 이미 택하심을 받은 사람입니다. 이런 택하심을 받은 사람들, 즉 우리는 하나님의 위로를 받을 자격이 있습니다.

우리가 지금 하나님을 믿고 있는 것은 우연이 아닙니다. 하나님께서 나에 대한 모든 것을 미리 알고 또 나를 이미 택하셨기 때문입니다. 하나님은 나를 향한 목적을 갖고 계시고 세상의 그 무엇보다 귀하게 여기십니다. 그래서 나에게는 그에 맞는 훈련이 필요한 것이고 그 훈련의 교과과정 중에 고난이 있을 뿐입니다.

우리는 하나님께 관심이나 칭찬을 받을만한 사람들이 아닙니다. 그러나 하나님께서 먼저 은혜를 베풀어 주셨기 때문에 그 은혜로 인해 고난 중에도 소망을 갖고 살고 있습니다.

프랑스의 황제 나폴레옹이 도시를 지나가고 있었는데 한 소녀가 달려와 무릎을 꿇으며 말했습니다.

"폐하, 제발 아버지를 용서해 주세요."

나폴레옹은 무슨 일인지 물었습니다.

"제 아버지가 군법을 어겨 사형선고를 받았습니다. 그러나 억울한 사연이 있으니 제발 사형만은 면하게 도와주십시오."

나폴레옹은 사정은 딱하지만 군법은 반드시 지켜야 해서 청을 들어줄 수 없다고 말했습니다. 그러나 소녀는 다시 한 번 간청했습니다.

"네, 알고 있습니다. 그러나 저는 정의를 말씀드리는 것이 아니라 자비를 구하는 것입니다. 그리고 폐하만이 이 자비를 베푸실 권한이 있습니다."

소녀의 말을 듣고 잠시 생각에 잠긴 나폴레옹이 말했습니다.

"알았다. 네 청을 들어줄 테니 걱정 말고 돌아가거라. 네 아버지는 이제 자유다."

마찬가지로 우리는 하나님께 내세울 공로가 하나도 없지만 하나님께서 먼저 우리를 하나님의 자녀로 택하시고 귀한 자비를 베풀어 주셨기에 하나님의 보호를 받고 사는 것입니다. 이것이 바로 하나님의 은혜임을 성경을 통해 분명히 말씀하셨습니다. 그러나 여전히 우리는 이 사실을 믿지 못하고 의심할 때가 많습니다. 지금 마음속에 이런 의문이 드는 사람이 있을 수도 있습니다.

"하나님이 나를 선택하셨다구요? 정말요? 진짜로요? 왜요?"

저는 다시 한 번 확신에 찬 목소리로 강력하게 말씀드립니다.

"예! 하나님께서 선택하셨습니다. 바로 당신을!"

다시 이야기하지만 우리가 뭘 잘했기 때문에 하나님이 우리를 선택한 것이 아닙니다. 그것은 전적으로 하나님의 은혜와 사랑 때문입니다. 이 은혜와 사랑을 받아들일수록 그리고 경험할수록, 그리고 이해할수록 우리의 인생이 놀라워집니다. 소망과 위로가 용솟음칩니다.

저는 비록 목사로 교회와 성도들을 섬기고 있지만 제가 남들보다 믿음이 좋거나 잘난 게 있어서 하나님이 택하여 세워주셨다고 생각하지 않습니다. 오히려 더 많은 사랑과 은혜가 필요하기 때문에 하나님이 세워 주셨다고 생각합니다.

즉 내가 한 것(공력) 때문이 아니라 하나님의 사랑 때문입니다. 하나님의 사랑이 우리를 이 자리에 있게 하셨습니다. 할렐루야!

마찬가지로 지금 우리가 누구든, 어떤 환경에 처해있든지 간에 하나님이 우리를 택하셨다는 사실, 자녀로 삼아주시고 귀하게 여기신다는 사실은 절대로 변하지 않습니다. 그 사실만으로도 우리는 위로를 받을 수 있습니다. 소망을 품을 수 있습니다.

하나님은 사랑과 은혜의 하나님이십니다. 이 하나님의 은혜를 이해하면 할수록 더욱 더 놀라게 될 것입니다.

생각해 보십시오.

우리가 천국에 갈 자격이 있습니까?

하나님의 가족의 일원 즉 하나님의 자녀가 될 만큼 선합니까?

아닙니다.

하나님께서 우리를 선택하셨습니다.

이것이 바로 복된 소식입니다.

그러면 무슨 근거에서 하나님이 우리를 선택하셨을까요?

성경에 그 답이 나와 있습니다.

"우리 주 예수 그리스도의 아버지 하나님을 찬송하리로다 그의 많으신 긍휼대로 예수 그리스도를 죽은 자 가운데서 부활하게 하심으로 말미암아 우리를 거듭나게 하사 산 소망이 있게 하시며"(베드로전서 1장 3절)

'긍휼'이라는 단어를 주의해 보십시오.

이 긍휼을 바울은 에베소에 보낸 편지에서 잘 설명하고 있습니다.

"'긍휼(불쌍히 여김, 동정, 자비)이 풍성하신 하나님이 우리를 사랑하신 그 큰 사랑으로 인하여 허물로 죽은 우리를 그리스도와 함께 살리셨고(너희는 은혜로 구원을 받은 것이라) 또 함께 일으키사 그리스도 예수 안에서 함께 하늘에 앉히시니 이는 그리스도 예수 안에서 우리에게 자비하심으로써 그 은혜의 지극히 풍성함을 오는

여러 세대에 나타내려 하심이라"(에베소서 2장 4-7절)

구원은 돈으로 사는 것이 아닙니다.

구원은 '내가 한 행위 때문에 주는 것이 아니라 하나님의 은혜로' 된 것입니다. 행위나 공로로 결코 구원을 받을 수 없습니다. 아무리 열심히 일해도 얻을 수 없습니다. 자신의 노력으로 완전해 질 수가 없습니다. 그저 대가없이 거저 주시는 하나님의 은혜 때문입니다.

이 사실이 우리에게 큰 위로가 되기를 기도합니다.

베드로는 우리가 거듭났다('살리셨고'-미래형이 아닙니다)고 말해 줍니다.

"거듭난다"는 말씀이 무엇을 의미할까요? 이 말씀은 우리가 예수님 안에서 하나님의 자녀로 "새로 시작한다"는 뜻입니다. 우리는 하나님의 은혜로 만왕의 왕이신 하나님의 자녀가 되었습니다.

"자기 땅에 오매 자기 백성이 영접하지 아니하였으나 영접하는 자 곧 그 이름을 믿는 자들에게는 하나님의 자녀가 되는 권세를 주셨으니"(요한복음 1:11,12)

우리가 대통령의 가족으로 존재한다면 어떤 기분일까요?

영국 왕실의 가족으로 태어나 '버킹검'에 산다면 어떨까 상상해 보셨습니까? 수많은 특권이 주어집니다.

"세계가 다 내게 속하였나니 너희가 내 말을 잘 듣고 내 언약을 지키면 너희는 모든 민족 중에서 내 소유가 되겠고 너희가 내게 대하여 제사장 나라가 되며 거룩한 백성이 되리라 너는 이 말을 이스라엘 자손에게 전할지니라"(출애굽기 19:5-6)

하나님의 나라의 자녀인 것을 믿고 하나님의 자녀처럼 행동하십시오. 어느 누가 자신의 사업을 자랑하면 그들을 보면서 이렇게 말하십시오.

"하나님께서 이 우주의 모든 것을 다 소유하고 계시며 나는 그분의 사랑을 받는 자녀입니다."

지금 누군가는 하루하루를 힘겹게 살아가고 있을 수 있습니다. 큰 상처를 받아 마음이 힘들고 고통을 당하고 있을 수도 있습니다. 혹은 너무 힘겨운 마음에 목숨을 끊을 생각을 잠시 했을 수도 있습니다. 너무나 어려운 삶의 환경 때문에 또한 인간관계로 고통을 당하며 상심할 수도 있습니다. 시험 결과가 나쁠 수도 있습니다. 아무리 노력해도 조금도 나아지지 않는 환경을 탓하고 있을 수 있습니다.

그러나 기억하십시오.

무엇이 일어나든, 그 일이 어떠한 일이든 간에 하나님은 우리를 사랑하십니다. 이것이 하나님의 긍휼이 우리에게 주는 축복입니다. 지금 이 시간, 이 순간은 결코 우연히 찾아온 것이 아닙니다. 우리는 지금 우연히 이 세상에 존재하고 있는 것이 아닙니다. 하나님께서 나를 선택하셨고 지금 이곳까지 인도하셨습니다. 하나님은 이 사실을 우리가 분명히 알기를 원하십니다.

내 삶에 어떤 일이 일어났든, 또 일어나든 간에 하나님은 변함

없이 나를 선택하셨습니다. 그리고 나를 사랑하십니다. 그 사랑을 철저히 믿으면 우리는 어떤 상황에서도 위로를 받을 수 있고, 승리 할 수 있습니다.

베드로는 하나님에게는 이런 긍휼이 풍성하다고 우리에게 전하고 있습니다. 긍휼이 풍성한 하나님이 우리를 선택하셨다는 사실을 아는 것만으로도 저절로 넘치는 위로가 임합니다. 하나님의 택하심을 받아 구원받고 자녀가 됐다는 사실만큼 이 세상에서 귀한 것은 없기 때문이고 그 사실 자체만으로 놀라운 특권을 부여받은 것입니다.

모세는 이집트의 왕자로 40년을 살다가 광야로 도망쳤습니다.
세상적인 시각으로 봤을 때는 억만장자가 하루아침에 망해서 노숙자나 도망자가 된 수준의 역경이었습니다. 그리고 세월이 40년 흐른 후 맡게 된 이스라엘 백성들의 리더 역할도 순탄치 않았습니다. 많은 이적을 경험했지만 더 많은 역경과 비난, 배신이 있었습니다. 그러나 모세는 포기하지 않았습니다. 끝까지 자기의 역할을 감당했습니다.
어떻게 그럴 수 있었을까요?
모세는 하나님께 선택을 받았기 때문입니다. 그리고 사람들에게 받은 상처보다 하나님에게서 더 큰 위로를 받기 때문입니다. 하나님의 사랑을 철저히 믿으면 우리는 어떤 상황에서도 위로를 받을 수 있고, 승리 할 수 있습니다.

"하나님도 한 분이시니 곧 만유의 아버지시라 만유 위에 계시고 만유를 통일하시고 만유 가운데 계시도다 우리 각 사람에게 그리스도의 선물의 분량대로 은혜를 주셨나니 그러므로 이르기를 그가 위로 올라가실 때에 사로잡혔던 자들을 사로잡으시고 사람들에게 선물을 주셨다 하였도다"(에베소서 4:6-8)

2. 하나님의 보호하심을 받고 있기 때문입니다

"너희는 말세에 나타내기로 예비하신 구원을 얻기 위하여 믿음으로 말미암아 하나님의 능력으로 보호하심을 받았느니라"(베드로전서 1:5)

'워크 투 리멤버'(Walk to remember)라는 영화에는 시한부 인생을 살아가는 여학생을 만나 진정한 사랑을 깨달은 한 남학생의 이야기가 나옵니다.

수많은 여자들을 만나왔지만 진짜 사랑이 뭔지 모르던 그 남학생은 그 여학생을 만나 진정한 사랑을 깨달았습니다. 길지 않은 시간이지만 여학생을 위해 모든 것을 헌신하고, 그 여학생이 세상을 떠난 뒤에도 잊지 못해 남학생이 여학생의 아버지를 종종 찾아가 인사를 드리고 그녀를 기억하며 살아갑니다. 이 모습이 안쓰러웠던 여학생의 아버지는 이제 새로운 사랑을 찾아도 되지 않겠냐고 하자, 그때 남학생이 이렇게 대답을 합니다.

"사랑은 바람과 같아서, 보이지 않지만 지금도 느낄 수 있거든요."

내가 느끼지 못한다 하더라도 내 삶에 하나님의 손길이 도무지 조금도 임하지 않는 것 같더라도 하나님은 분명히 나의 삶에서 역사하고 계십니다. 우리가 그 사실을 깨닫는 순간 우리 삶에 임하시는 하나님의 사랑을 언제, 어디서고 느낄 수 있습니다.

베드로는 하나님이 우리를 선택하셨을 뿐 아니라 지금도 하나님이 원하는 형상으로 우리를 만들어가고 있다고 말하고 있습니다.

"곧 하나님 아버지의 미리 아심을 따라 성령이 거룩하게 하심으로 순종함과 예수 그리스도의 피 뿌림을 얻기 위하여 택하심을 받은 자들에게 편지하노니 은혜와 평강이 너희에게 더욱 많을지어다"(베드로전서 1:2)

비록 해결되지 않는 여러 문제가 산재해 있다고 하더라도 지금의 우리는 하나님께서 만들어가는 과정 가운데 있습니다. 전지전능하신 하나님은 우리의 모든 것을 이미 알고 계시고 그에 맞는 계획을 세우고 인도하시기 때문입니다.

하나님은 성령님을 통해 그 길을 알려주십니다. 우리가 말씀을 따를 때 베드로전서 1장 2절에 나오는 두 가지 유익(먼저 나의 마음을 깨끗하게 해주시고 다음으로는 하나님을 닮아가도록 변화시켜 주심)이 임하지만, 우리가 말씀을 외면하고 여전히 내 생각과 뜻대로 인생을 살아간다면 하나님의 역사는 일어나지 않습니다.

성령님은 우리 마음을 가꾸고 변화시키는 세상의 그 누구도 흉내 낼 수 없는 인테리어의 전문가이십니다. 이 성령님을 따를 때 하나님께서 우리 삶에서 역사하심을 체험할 수 있습니다.

그리고 내 삶에서 역사하시는 하나님을 느낄 때 우리는 위로를 얻을 수 있습니다. 설령 아무리 힘들고 어려운 일이 찾아왔다 하더라도 그것 역시 하나님의 섭리 가운데 속해있음을 이제는 깨달았기 때문입니다.

이런 변화를 통해 주어진 위로로 우리는 두 가지 놀라운 복을 받게 됩니다.

첫째는, 하나님께서 우리의 삶을 넉넉하게 하십니다.

하나님을 믿으면 내가 원하는 것을 받는 것이 복이라고 사람들은 생각하지만 진정한 복은 내가 원하는 것이 아니라 하나님이 원하는 것을 받는 것 입니다. 하나님이 구원을 위해 우리에게 주시는 것은 넘치는 은혜입니다. 성령님을 따라 내 삶에 임하시는 하나님을 체험할 때 우리는 이 은혜의 복을 넘치도록 받게 됩니다.

둘째는, 염려와 두려움으로부터 평안하게 하십니다.

하나님의 은혜를 체험한 사람은 더 이상 염려하지 않고 두려워하지 않습니다. 너무나 판에 박힌 말로 들립니까? 목사님인 제가 당해보지 않아서 모른다고요?

맞습니다. 저는 절대로 그 고난을 이해할 수 없습니다.

그러나 저뿐 아니라 동일한 고난을 당해보지 않은 모든 사람들이 마찬가지입니다. 때로는 본인도 자기에게 찾아오는 고난을 이해할 수 없습니다.

지금 어떤 여러분은 정말로 힘든 고난 가운데 있을 수도 있습니다.

그러나 하나님은 모든 것을 알고 계십니다.

그리고 그 고난마저도 하나님의 계획 가운데 있음을 말씀하시며 우리에게 믿음을 요구하십니다. 감당할 시험(고난)만을 주시는 주님이 믿음을 통해 바로 나의 위로이자 소망이 되고 새로운 길을 열어 주십니다.

하나님이 내 편이시므로 우리에게는 어떤 상황에서도 소망이 있습니다.

"내가 고통 중에 여호와께 부르짖었더니 여호와께서 응답하시고 나를 넓은 곳에 세우셨도다 여호와는 내 편이시라 내가 두려워하지 아니하리니 사람이 내게 어찌할까 여호와께서 내 편이 되사 나를 돕는 자들 중에 계시니 그러므로 나를 미워하는 자들에게 보응하시는 것을 내가 보리로다 여호와께 피하는 것이 사람을 신뢰하는 것보다 나으며 여호와께 피하는 것이 고관들을 신뢰하는 것보다 낫도다"(시편 118:5-9)

예수님은 가장 강력한 고난인 죽음마저도 이기시고 부활하신 살아있는 소망이십니다. 이 주님이 주시는 평안으로 마음의 참된 자유를 얻으십시오.

"평안을 너희에게 끼치노니 곧 나의 평안을 너희에게 주노라 내가 너희에게 주는 것은 세상이 주는 것과 같지 아니하니라 너희는 마음에 근심하지도 말고 두려워하지도 말라"(요한복음 14:27)

어제보다 힘든 오늘을 보내고 계십니까?

걱정하지 마십시오.

하나님이 우리의 삶에서 역사하고 계십니다.

미래가 불확실해 걱정이십니까?

걱정하지 마십시오.

성령님의 인도하심을 따라 하나님의 말씀이 약속하는 분명한 큰 복이 있습니다.

지금의 어려움과 고난 역시도 하나님의 연단의 과정임을 믿으십시오. 설령 이해할 수 없을지라도 말입니다. 그리고 은혜를 간구하고 믿음으로 성령님의 인도하심을 따르십시오. 그 과정을 통해 하나님의 위로하심을 깨닫고 참된 지혜를 얻게 됩니다.

"하나님께서 도대체 나에게 왜 이런 시련을 주셨을까?"라고 묻지 마십시오. 다만 "하나님께서 내게 주신 이 일에는 분명한 목적이 있을 줄 믿습니다"라고 고백하십시오.

"사람이 감당할 시험 밖에는 너희가 당한 것이 없나니 오직 하나님은 미쁘사 너희가 감당하지 못할 시험 당함을 허락하지 아니하시고 시험 당할 즈음에 또한 피할 길을 내사 너희로 능히 감당하게 하시느니라"(고린도전서 10:13)

3. 하나님께서 우리의 미래를 보장하셨기 때문입니다

"썩지 않고 더럽지 않고 쇠하지 아니하는 유업을 잇게 하시나 니 곧 너희를 위하여 하늘에 간직하신 것이라 너희는 말세에 나 타내기로 예비하신 구원을 얻기 위하여 믿음으로 말미암아 하나 님의 능력으로 보호하심을 받았느니라"(베드로전서 1:4,5)

엄마의 뱃속에 있는 태아는 세상에서 가장 큰 편안함을 느끼 고 있습니다. 이 태아에게 만약 10개월이 지난 뒤에 밖으로 나오 겠냐고 물으면 분명 그러고 싶지 않다고 대답할 것입니다.

그러나 그대로 있으면 얼마 지나지 않아 죽게 됩니다. 때가 되 면 그 평온함을 깨고 출산이라는 고통을 겪어야 태아도 엄마도 새로운 삶을 살게 됩니다.

하나님의 존재를 설명하는 이론 중에 '환원 불가능한 회기'라 는 것이 있습니다. 사람이 로봇을 만들듯이 누군가 사람을 만들 었다면 그 사람의 존재를 만든 누군가도 있어야 합니다. 그러나 이런 식의 반복은 끝이 없기 때문에 언젠가 반드시 이 법칙을 깨 는 존재가 있어야 하는데 그 존재가 바로 하나님이라는 것입니 다.

신학자 레니 크레이그 박사님은 이 이론을 통해 많은 무신론 자들과 토론을 벌이며, 또 사람들에게 왜 하나님의 존재와 죽음 뒤의 영원이 '막무가내식 믿음'이 아니라 '이성적이고 합리적인 믿음'인지 알리고 있습니다.

군이 이런 복잡한 이론을 모르더라도 조금만 우리의 내면의 소리에 귀기울여보고 성경 말씀을 통해 성령님을 체험한다면 누구나 이런 사실을 깨달을 수 있습니다.

태아였던 우리가 출산의 과정을 거쳐 지금처럼 자라났듯이 죽음의 과정 뒤에는 영원이라는 시간이 찾아옵니다. 유한한 세상에서 유한한 것들을 누리고 있는 우리이기에 죽음 뒤에 영생이 무엇인지 알 수 없으나 다만 이 세상의 그 어떤 가치로도 따질 수 없는 엄청나게 귀한 것이라고 가늠할 수 있을 뿐입니다. 그런데 베드로는 바로 말씀을 통해 이처럼 귀한 영생이 믿는 자들에게 주어진다고 말하고 있습니다.

만약 지금 이 세상에서 영생을 누군가 판매한다면 억만금을 줘서라도 가지려는 사람들이 줄을 설 것입니다. 그런데 베드로는 우리가 받은 이 영생은 은혜로 받을 수 있고 누군가 뺏을 수도 없다고 말합니다. 하나님의 능력으로 보호된 이 영생은 나를 위해 하나님이 예비하셨기 때문입니다. 그래서 누구도 빼앗을 수 없고 절대로 없어지지도 않습니다. 영원불변한 진리인 하나님의 말씀이 그것을 보증하고 있습니다.

죽음 뒤에 영생이 주어진다는 이 사실이, 우리의 미래가 보장됐다는 이 말씀이 어떻게 우리에게 위로가 될 수 있을까요?

인생의 마지막은 모두가 죽음으로 끝이 납니다.

그러나 영생은 예수님을 믿을 때부터 시작돼 지금도, 죽음 뒤에도 존재하는 하나님의 선물입니다. 인생에서 맞을 수 있는 최악의 결과가 찾아온다 해도 그 뒤의 삶은 천국과 영생이라는 확실한 미래가 보장되어 있기에 이 사실이 세상에서의 그 어떤 보상과 인정보다도 훨씬 귀한 위로가 됩니다.

믿기만 한다면 이 영생의 선물은 결코 없어지지 않습니다. 한번 구원을 받은 사람은 영원히 구원을 받습니다. 이 구원은 사람이 보증하고 사람이 주는 것이 아니라 하나님이 보증하고 하나님이 주시는 것입니다.

"내가 그들에게 영생을 주노니 영원히 멸망하지 아니할 것이요 또 그들을 내 손에서 빼앗을 자가 없느니라 그들을 주신 내 아버지는 만물보다 크시매 아무도 아버지 손에서 빼앗을 수 없느니라"(요한복음 10:28,29)

나의 이름이 한 번 생명책에 기록이 되면 그 이름을 지워버릴 수 없습니다. 하나님은 내 이름을 연필로 생명책에 기록하셨다가 내가 범죄하면 지우개로 지워 버리시는 분이 아닙니다. 내가 잘하면 그 이름을 다시 기록하고 잘못하면 다시 지우시는 분이 아닙니다. 주님이 우리 죄를 위하여 대신 하신 일 때문에 우리가 구원을 받은 것이지 우리 행위로 구원받은 것이 아니므로 구원은 영원한 것이며 그 누구도 빼앗을 수 없습니다.

만일 우리가 일을 잘해서 선행 때문에 구원받았다고 생각해 봅시다. 그래서 천국으로 가게 된다면 아마도 천국에 있는 사람들은 전부 자기 자랑으로 가득 차 있을 것입니다.

하나님께서 우리를 아무 공로 없이 주님의 공로로 구원받게 해주심은 우리에게 찬양받기 위해서 입니다. 그래서 값없이 우리를 구원해 주셨습니다. 내가 구원을 받고 아무 일을 하지 않는다고 할지라도 구원을 잃어버리지 않습니다. 그리고 다시 말하지만 아무도 내가 받은 구원을 빼앗아 갈 수 없습니다.

베드로전서 1장 5절에서 '하나님의 능력'이란 표현을 주의해 봐 주십시오. 성경은 내가 하나님 나라에 가는 것을 내 행위에 근거한 것이 아니라 하나님의 '능력'에 근거함을 분명히 말씀해 주시고 있습니다.

'하나님의 능력으로 보호해 주시는데' 어떻게 잃겠습니까?

우리에게 큰 격려가 되는 것은 무슨 일이 발생하든지 간에 우리는 구원을 잃어버리지 않는다는 점입니다.

"우리는 미쁨이 없을지라도 주는 항상 미쁘시니 자기를 부인하실 수 없으시리라"(디모데후서 2:13)

이 말씀의 '미쁘다'는 말은 원어로 '피스토스(pistov)'인데 '믿을 만한, 신실한, 신뢰하는, 신임하는, 믿는'이라는 뜻을 나타냅니다. 이 말씀이 무엇입니까? 우리는 하나님을 믿지 못하고, 신뢰하지 못한다 하더라도 또 하나님이 신뢰할만한 일을 하지 못한다 하더라도 하나님께서는 약속을 지키시는 신뢰할만한 분이시라는 말씀입니다.

하나님께서 우리를 지켜 주시고 유지시키십니다.

하나님께서 우리를 보호해 주십니다.

끝까지 변질되지 않고 썩지 않도록 지켜 주십니다.

교회 다니는 사람은 모두 돈 잘 벌고 성공할까요?

만약 그렇다면 믿지 않는 사람들이 제일 먼저 두발 벗고 교회에 나올 것입니다. 그러나 복음의 본질은 잘 먹고 잘사는 의식주 차원의 복을 뛰어 넘습니다. 그리고 하나님이 주시는 위로는 그렇게 낮은 차원이 아닙니다. 우리는 건강을 잃을 수도 있습니다. 그리고 돈도 잃을 수도 있습니다. 심지어 살던 집을 잃을 수도 있습니다. 모든 것을 억울하게 뺏길 수도 있습니다.

그러나 결코 빼앗길 수 없는 것이 있습니다.

그것은 구원입니다.

제임스 그레이(James M. Gray)박사가 이런 말을 했습니다.

"길이 우리 집을 데려다 주는데, 누가 그 여행을 염려하리오?"

구원이 약속하는 것은 지금부터 죽음 뒤의 천국에서의 영생까지입니다.

하나님의 능력이 이 구원을 지키고 있는데 잃어버릴 수가 있겠습니까? 바로 그 사실이 우리에게 위로가 되는 것입니다. 그래서 모든 것을 잃었다 해도 욥처럼, 하박국처럼 우리는 하나님을 찬양하고 위로 받을 수 있는 이유가 됩니다.

"비록 무화과나무가 무성하지 못하며 포도나무에 열매가 없으며 감람나무에 소출이 없으며 밭에 먹을 것이 없으며 우리에 양이 없으며 외양간에 소가 없을지라도 나는 여호와로 말미암아 즐거워하며 나의 구원의 하나님으로 말미암아 기뻐하리로다"(하박국 3:17-28)

"내가 확신하노니 사망이나 생명이나 천사들이나 권세자들이나 현재 일이나 장래 일이나 능력이나 높음이나 깊음이나 다른 어떤 피조물이라도 우리를 우리 주 그리스도 예수 안에 있는 하나님의 사랑에서 끊을 수 없으리라"(로마서 8:38-39)

죽음의 위협에서 믿음을 지켜야 하는 상황의 성도들에게 베드로는 위로의 복음을 전했습니다. 그리고 그 위로의 복음은 오늘날을 힘겹게 살아가는 우리들에게도 그대로 전해지고 있습니다.

내일 나의 삶이 오늘보다 더 힘겨워질 수도 있습니다. 여전히 산재한 문제들이 조금도 해결되지 않을 수도 있습니다. 오히려 더 늘어날 수도 있습니다. 그러나 가장 중요한 구원의 문제는 누구도 건드릴 수가 없습니다. 이 선물만큼은 누구도 빼앗을 수 없습니다. 영원한 삶이라는 놀라운 특권과 선물에 비하면 이 땅에서의 삶이 모두 고통뿐이라 하더라도 그것은 지극히 짧은 순간입니다.

그런데 실제로 하나님은 우리의 이 땅에서의 삶도 그렇게 내버려두지 않으십니다. 그래서 베드로는 그 당시에 죽을 위기에 처한 성도들의 근심도 잠깐일 뿐이라고 말했습니다. 그리고 오히려 기뻐하라고 권했습니다. 영생, 누구도 빼앗을 수 없는 보장된 미래가 우리를 기다리고 있기 때문입니다.

"그러므로 너희가 이제 여러 가지 시험으로 말미암아 잠깐 근심하게 되지 않을 수 없으나 오히려 크게 기뻐하는도다"(베드로전서 1:6)

베드로는 지금 우리의 삶이 힘들더라도 우리에게 걱정하지 말고 편안하게 마음을 먹고 기뻐하며 즐기라고 말합니다. 우리가 받는 고난은 천국에서 받는 상급과는 비교가 되지 않습니다. 그래서 그냥 기뻐하는 것이 아니라 크게 기뻐해야 합니다. 우리가 당면하는 문제는 잠깐이지만 우리가 받을 상급은 영원히 계속되기 때문입니다.

"너희 믿음의 확실함은 불로 연단하여도 없어질 금보다 더 귀하여 예수 그리스도께서 나타나실 때에 칭찬과 영광과 존귀를 얻게 할 것이니라"(베드로전서 1:7)

사도 바울도 이와 비슷한 고백을 했습니다.

"생각하건대 현재의 고난은 장차 우리에게 나타날 영광과 비교할 수 없도다"(로마서 8:18)

우리에게 어려움이 있는 이유는 우리의 믿음이 참된 것임을 증명하기 위해서입니다. 금을 어떻게 연단하는지 아십니까? 금광에서 캔 금덩이를 용광로에 집어 넣습니다. 강렬한 열에 들어가 금이 더욱 더 뜨거워짐에 따라 불순물이 제거되고 순수한 금이 됩니다.

금은 열로 정제됩니다.

우리의 믿음은 금보다도 더 귀하다고 말씀합니다.

"그러나 내가 가는 길을 그가 아시나니 그가 나를 단련하신 후에는 내가 순금 같이 되어 나오리라"(욥기23:10)

"하나님이여 주께서 우리를 시험하시되 우리를 단련하시기를 은을 단련함 같이 하셨으며"(시편66:10)

"도가니로 은을, 풀무로 금을, 칭찬으로 사람을 단련하느니라"(잠언27:21)

"도가니는 은을, 풀무는 금을 연단하거니와 여호와는 마음을 연단하시느니라"(잠언17:3)

우리가 믿음을 지키면 '칭찬과 영광과 존귀를 얻게 될 것'이라고 말씀하십니다.

'인간 기관차' 에밀 자토팩은 1900년대 체코가 낳은 세계적인 육상스타입니다.

그 당시만 해도 훈련보다는 타고난 재능이 더욱 중요하다는 인식이 있어서 재능이 있는 선수들이 연습을 별로 중요치 않게 여겼습니다. 하지만 자토팩은 재능이 있다하더라도 연습을 통해서만 개발할 수 있다고 믿고 스스로 효과적인 방법을 연구해 인터벌 같은 훈련법등을 개발하게 되었습니다. 주어진 환경에 굴하지 않고 이러한 방법으로 자토팩은 올림픽에서 신기록을 세우며

5천미터, 1만미터, 마라톤 3종목에서 금메달을 딴 역사상 유일한 육상선수가 되었습니다. 갖고 있는 재능에만 머무르지 않고 연습을 통해 불순물 같은 육체적인 한계를 극복해서 순금과 같이 나아갔기에 세계 유래가 없는 단 하나뿐인 기록을 세우는 놀라운 일을 이룬 것입니다. 이와같은 방식으로 하나님은 우리의 삶을 연단해 간다는 것을 기억하십시오.

삶의 압력이 더욱 심해진다 해도 하나님께서 우리 삶을 통해 역사하고 계시니 담대하십시오. 하나님은 지금 우리의 믿음을 강하게 해 주시려고 연단하고 계십니다.

지금 우리들이 잠시 동안 당면하고 있는 문제를 통하여, 하나님께서는 우리가 영원히 복 받는 길을 준비하고 계십니다. 하나님께서는 우리 믿음을 연단시키려고 역사하고 계십니다. 우리의 성품을 주님과 같이 변화시키려고 역사하고 계십니다.

그래서 우리는 역경을 통해서 깨닫기도 하고 삶의 지혜를 얻기도 합니다. 때때로 기대하지도 않았던 문제들이 일어날 때에 '하나님께서 이런 문제를 어떻게 사용하실 수 있을까?'하며 의심할 수도 있습니다. 그러나 내게 무슨 일이 일어나던지 간에 하나님께는 다 목적이 있음을 믿으십시오.

베드로는 우리에게 걱정하지 말고 편안하게 즐기라고 말해 줍니다. 우리가 받는 고난이 천국에서 누릴 상급과 비교해 보면 아무 것도 아니라는 것입니다. 천국에 소망을 두고 사십시오. 목적지를 상실하지 마십시오.

"우리가 이 소망을 가지고 있는 것은 영혼의 닻 같아서 튼튼하고 견고하여 휘장 안에 들어 가나니"(히브리서 6:19)

하나님은 우리를 선택해 그의 가족의 일원인 자녀가 되게 하셨습니다. 이것이 구원입니다. 하나님께서는 아직도 우리의 삶에서 역사하고 계십니다. 이것이 성화입니다. 하나님께서는 내 미래를 보장하십니다. 이것이 바로 영화입니다. 이 모든 것들을 우리에게서 빼앗을 자가 없습니다.

그래서 베드로는 베드로전서 1장 12절 말씀을 우리에게 결론으로 줍니다.

"이 섬긴 바가 자기를 위한 것이 아니요 너희를 위한 것임이 계시로 알게 되었으니 이것은 하늘로부터 보내신 성령을 힘입어 복음을 전하는 자들로 이제 너희에게 알린 것이요 천사들도 살펴 보기를 원하는 것이니라"

초대교회 성도들은 그 어려운 중에서도 머리로 알아서가 아니라 마음으로 신뢰했기 때문에 어려움을 이길 수 있었습니다.

인생의 소망이 보이지 않습니까?
몸도 마음도 너무 힘들어 도저히 일어설 힘을 낼 수 없습니까?
미래가 불확실해 염려와 두려움이 마음에 가득 차 있습니까?
그렇다 하더라도 우리의 최종 목적지를 잊지 마십시오. 그래야 소망을 품을 수 있습니다. 그리고 하나님이 주시는 풍성한 위로를 받으십시오.

하나님은 우리를 택하셨습니다. 오로지 하나님의 은혜로 대가 없이 우리는 구원 받았습니다. 그리고 주님은 우리의 삶에서 오늘도, 지금도, 역사하고 계십니다. 모든 것은 하나님의 섭리 안에 있고 나는 연단의 과정 가운데 있음을 믿으십시오.

또 우리의 미래는 보장되어 있음을 믿으십시오.

그 누구도 빼앗을 수 없는 너무도 귀한 승리와 영생이 보장되어 있습니다. 이 귀한 선물을 우리에게서 빼앗을 수 있는 사람은 그 누구도 없습니다. 사탄마저도 빼앗을 수 없습니다.

그러나 이 사실을 아는 것만으로는 충분하지 않습니다. 믿고 신뢰해야 합니다. 정말로 믿고 신뢰하십시오. 그래야 하나님이 주시는 위로를 풍성하게 받을 수 있고, 소망을 향한 첫 걸음을 뗄 수 있습니다.

> "내 형제들아 만일 사람이 믿음이 있노라 하고 행함이 없으면 무슨 유익이 있으리요 그 믿음이 능히 자기를 구원하겠느냐"(야고보서2:14)

다른 삶을 살기 위한
훈련을 하라

'다윗 왕의 반지'에 "이 또한 지나가리라"라는 말이 적혀 있었다고 합니다.
아무리 치밀하게 준비를 하고 노력을 해도 세상적인 가치를 위한 일들은
결국 똑같은 결말을 맞을 뿐입니다.
그러므로 우리는 새로운 다른 삶을 위해 준비하며 살아야 합니다.

2

베드로전서 1:13-25

"너희 마음의 허리를 동이고 근신하여 예수 그리스도께서 나타나실 때에 너희에게 가져다 주실 은혜를 온전히 바랄지어다 너희가 순종하는 자식처럼 전에 알지 못할 때에 따르던 너희 사욕을 본받지 말고 오직 너희를 부르신 거룩한 이처럼 너희도 모든 행실에 거룩한 자가 되라 기록되었으되 내가 거룩하니 너희도 거룩할지어다 하셨느니라 외모로 보시지 않고 각 사람의 행위대로 심판하시는 이를 너희가 아버지라 부른즉 너희가 나그네로 있을 때를 두려움으로 지내라 너희가 알거니와 너희 조상이 물려 준 헛된 행실에서 대속함을 받은 것은 은이나 금 같이 없어질 것으로 된 것이 아니요 오직 흠 없고 점 없는 어린 양 같은 그리스도의 보배로운 피로 된 것이니라 그는 창세 전부터 미리 알린 바 되신 이나 이 말세에 너희를 위하여 나타내신 바 되었으니 너희는 그를 죽은 자 가운데서 살리시고 영광을 주신 하나님을 그리스도로 말미암아 믿는 자니 너희 믿음과 소망이 하나님께 있게 하셨느니라 너희가 진리를 순종함으로 너희 영혼을 깨끗하게 하여 거짓이 없이 형제를 사랑하기에 이르렀으니 마음으로 뜨겁게 서로 사랑하라 너희가 거듭난 것은 썩어질 씨로 된 것이 아니요 썩지 아니할 씨로 된 것이니 살아 있고 항상 있는 하나님의 말씀으로 되었느니라 그러므로 모든 육체는 풀과 같고 그 모든 영광은 풀의 꽃과 같으니 풀은 마르고 꽃은 떨어지되 오직 주의 말씀은 세세토록 있도다 하였으니 너희에게 전한 복음이 곧 이 말씀이니라"

아프리카를 돌아다니며 사진작업을 하던 국내의 한 사진작가가 각 나라를 돌며 아이들에게 일회용 카메라를 주면서 마음껏 사진을 찍어오라고 했습니다. 국내에 돌아와 사진을 인화하던 작가는 깜짝 놀랐습니다. 가난하고 힘든 아이들이기에 어쩐지 우울하고 슬픈 주제가 있을 줄 알았는데 오히려 정반대의 주제들이었습니다. 엄마의 미소, 친구들과 꽉 잡은 손, 아름다운 노을, 천진난만함... 아이들의 사진에는 사랑이 담겨 있었고, 소망이 담겨있었습니다. 감동을 받은 사진가는 이 사진을 인화해 사진전을 열고 아이들이 한 달을 생활할 수 있는 비용인 3만원에 사진을 판매했습니다.

밖에서 보는 시선들은 아프리카 아이들이 절망 속에 살고 있다고 생각했지만 실제로 아이들은 소망과 사랑을 바라봤습니다. 마찬가지로 그리스도인들은 혼란한 이 세상에서도 사랑과 소망을 바라볼 수 있어야 합니다.

세상이 아무리 어렵고 힘들다 하더라도 그 속에서 소망을 찾을 수 있는 이유가 있습니다. 하나님이 주시는 위로의 은혜가 우리와 나의 삶 속에서 흘러넘치고 있기 때문입니다. 하나님은 나를 선택하셨고, 내 삶에서 지금도 역사하고 계시기에 우리의 미래는 보장되어 있습니다. 우리에게 보장된 미래는 당장 많은 돈과 명예, 장수와 같이 근시안적이고 유한한 것이 아니라 영원하고 존귀한 천국에서의 영생입니다.

이 사실을 깨달을 때 그리고 삶에서 느낄 때 우리는 언제나 소망을 찾을 수 있는 힘을 얻게 됩니다. 그리고 이 사실을 통해 너무나도 각박하고 힘든 세상 속에서도 충만한 위로를 얻고 다시 설 수 있는 힘을 얻게 됩니다.

초대교회의 성도들은 신앙을 지키려다 잔인하게 사자밥이 되고 십자가에 매달리는 고난 속에서도 이 사실을 통해 위로를 받고 소망을 품었습니다. 당시 순교를 당하는 그리스도인들의 모습을 담은 역사서를 살펴보면 대부분의 그리스도인들은 죽음을 두려워 않고 심지어 숨이 멎는 순간까지 찬송을 부르며 미소를 지었다고 합니다. 하나님이 주시는 약속은 이처럼 위대하고 그 은혜의 위로는 우리의 마음을 어떤 풍파 속에서도 평온하게 만들어 줍니다.

스패포드라는 변호사는 아내와 네 딸과 함께 유럽여행을 떠나기로 했습니다. 그런데 배가 출항하기 직전에 급한 일이 생겨 일단 가족을 먼저 출발시켰습니다. 그런데 대서양 한 가운데서 배가 영국의 철갑선과 충돌을 해 난파되었습니다. 사고 소식을 들은 스패포드는 모두 무사하기를 바라며 간절히 기도했지만 아내가 보낸 '혼자 살아남았음'이라는 전보를 보고는 망연자실했습니다. 딸들은 모두 죽고 아내만 구조되어 살아남았습니다.

홀로 남은 아내를 데리러 배에 탄 스패포드는 딸들이 가라앉은 대서양을 지나며 가슴이 찢어질 듯한 고통을 느꼈습니다. 그렇게 밤새도록 하나님께 울부짖으며 괴로워하던 스패포드는 갑자기 알 수 없는 평안함을 느꼈고, 이런 고통 가운데서도 만져주시는 하나님의 손길을 느꼈습니다. 그리고 이때의 경험을 담은 시를 써내려갔는데, 이 시가 훗날 찬송가 '내 영혼 평안해'의 가사가 되었습니다.

내 평생에 가는 길 순탄하여 늘 잔잔한 강 같든지
큰 풍파로 무섭고 어렵든지 나의 영혼은 늘 편하다
내 영혼 평안해 내 영혼 내 영혼 평안해

모든 상황 가운데 임하시는 하나님의 위로를 깨달은 사람, 그리고 느끼는 사람은 이전과는 완전히 다른 삶을 살게 됩니다. 자칫하면 실패하고 비참하게 끝낼 줄타기 인생이 아니라 얼마든지 속도를 내 목적지에 도달할 수 있는 독일의 고속도로인 아우토반과도 같은 인생길을 걷는 사람이 되었기 때문입니다.

그렇습니다. 하나님의 위로와 동행을 깨달은 사람은 완전히 다른 사람이 되고, 완전히 다른 인생을 살게 됩니다. 그래서 예수님을 구주로 영접한 사람들은 모두 새로운 피조물이 됩니다. 성경은 정말로 이 사실을 믿는 사람들이 새로운 피조물이 되었기 때문이라고 이유를 설명하고 있습니다.

"그런즉 누구든지 그리스도 안에 있으면 새로운 피조물이라 이전 것은 지나갔으니 보라 새 것이 되었도다"(고린도후서 5:17)

그러나 과거 예수님과 첫사랑에 빠졌을 때를 떠올려 보면, 당장 거룩하고 어떤 죄도 짓지 않고 살 것 같은 마음을 품고서도 그 결심이 오래 유지되지 못했던 것을 우리가 모두 잘 알고 있습니다.

예수님을 믿는다고 하루아침에 성인군자가 되지는 못합니다. 지금 우리가 살고 있는 세상에는 두 가지 세상(세력)이 공존하고 있기 때문입니다. 그 사실을 성경은 우리에게 분명히 알려줍니다. 육의 세계와 영의 세계, 어둠의 세계와 빛의 세계가 지금 우리가 살고 있는 세상에는 공존하고 있습니다. 긴장관계입니다. 그렇기에 우리가 당장 빛 되신 예수님을 믿고 따른다 하더라도 어둠의 유혹과 사탄의 꼬임에는 여전히 영향력을 받고 있습니다.

"이는 세상에 있는 모든 것이 육신의 정욕과 안목의 정욕과 이생의 자랑이니 다 아버지께로부터 온 것이 아니요 세상으로부터 온 것이라"(요한1서 2:16)

우리는 믿는 순간 구원을 받았지만 약속받은 천국으로 즉시 떠나는 것이 아니라, 하나님은 사악하고 모순으로 가득한 세상에 여전히 우리를 남겨두셨습니다. 그 이유는 무엇일까요? 아직 우리가 해야 할 일이 있기 때문입니다, 하나님의 분명한 목적이 있기 때문입니다. 그러나 이 사실에 의문을 품는 분들이 많이 계실 것입니다. 그만큼 우리가 살고 있는 세상은 혼탁하고 정의롭지 못하며, 거룩하게 사는 것이 힘든 사회이기 때문입니다.

"제 아무리 뜻이 있다 하더라도 지금 같은 세상에서 하나님의 자녀로 살아가라고요? 그건 너무 힘든 일입니다."

우리의 머릿속에는 이런 질문이 떠오르고 여러 가지 의문부호가 찍힐 것입니다. 저 역시 마찬가지입니다. 지금 세상이 돌아가는 상황을 보면 정말로 정신을 차리기가 쉽지 않습니다.

사회학을 공부하는 제 아들이 한 번은 저를 찾아와 심각하게 이런 말을 했습니다.

"아빠 세상이 이렇게 되다가는 진짜 나중에 어떻게 될지 모르겠어요."

사회적으로 반기독교적인 정서가 너무 강력하게 일어나 있고, 또 이런 정서가 상식적이고 평등적이라고 인식되고 있는 게 사회학을 공부하다 보면 보인다는 것입니다. 외국으로 유학을 갈 때 대개는 학교에서 에세이를 요구합니다. 그런데 이 에세이를 쓸 때는 남자, 여자를 드러내지 않는 중성으로 인칭을 써야 한답니다. 남자를 남자, 여자를 여자라고 부르면 안 되는 시대가 곧 찾아올지도 모릅니다. 게다가 신학과 지성의 요람이었던 독일에서는 공부하러 온 한국의 목회자들에게 아직도 예수님의 부활을 믿고 있냐고, 술과 담배가 도대체 믿음과 무슨 상관이 있냐고 조롱한다고 합니다.

안타깝게도 이런 일들은 점점 심해질 것입니다.

사탄은 세상의 악을 조장하며 점점 성경이 가르치는 바와 정반대되는 쪽으로 세상의 문화와 흐름을 유도할 것입니다. 많은 성도들이 그 흐름에 유혹을 이겨내지 못하고 흔들릴 것입니다. 성경의 진리는 시대착오적인 것이며 이제 새롭게 그 사실을 해석하고 받아들여야 한다고 말할 것입니다.

이런 환경에서 사도 베드로는 우리에게 세상 사람들과는 다른 삶을 살라고 권면합니다. 그렇다면 어떻게 예수 그리스도 안에서 새로운(다른) 피조물다운 사람이 될 수 있을까요?

1. 예수 그리스도 안에서 사는 삶의 훈련을 받아야 합니다

"너희가 순종하는 자식처럼 전에 알지 못할 때에 따르던 너희 사욕을 본받지 말고 오직 너희를 부르신 거룩한 이처럼 너희도 모든 행실에 거룩한 자가 되라(생겨나다, 만들어지다, 행해지다)"(베드로전서1:14,15)

'거룩한 자가 되라'는 말씀에 초점을 맞추십시오.
이것은 '~~이 되어가는 것'이라는 뜻으로 훈련을 통해서 가능합니다. 그리스도인에게 필요한 훈련이란 바로 '거룩하게 되는 것'입니다. 사람들은 거룩함이라고 하면 먼저 무거운 마음으로 두려운 생각부터 합니다. 그리고 거룩함이란 자신과 거리가 멀다고 생각합니다. 그런데 거룩함은 완성이 아니라 계속해서 거룩해가는 것을 말합니다. 단어 뜻만 그대로 놓고 보자면 '거룩'의 뜻은 '따로 분리해 놓는다'라는 아주 단순한 의미를 내포하고 있을 뿐 우리의 생각만큼 강력한 부담감을 가질만한 단어는 아닙니다.

거룩함은 세상의 방법, 즉 육신의 소욕을 따라 사는 어두움의 삶, 그 죄악의 삶에서 떠나는 것입니다.

베드로는 우리에게 '새롭고 거룩하게 되었으니 구별된 삶을 살라'고 말하고 있습니다.

북유럽에 서식하는 흰담비는 이름답게 털이 희고 아름답습니다. 흰담비는 본능적으로 자기 털을 굉장히 아끼고 귀하게 여기는데, 그래서 털을 더럽히지 않기 위해서 온갖 노력을 합니다. 때로는 털을 지키기 위해서 목숨을 버릴 때도 있는데, 이동을 위해 땅속에 파놓은 굴의 출구에 더러운 오물이 묻어 있으면 입구를 허물며 사냥꾼이 찾아와도 출구로 나가지 않고 그냥 잡혀서 죽는 길을 택합니다. 어찌 보면 털을 위해 목숨을 버리는 미련한 동물로 보일 수도 있으나, 그 털을 우리의 믿음, 신앙이라고 생각하면 거룩한 삶이 무엇인지 깨닫게 해주는 이야기입니다.

사람들은 이 일이 힘들다고 생각합니다. 그래서 거룩함의 길에서 벗어나 자기 편한 데로 갑니다. 그러나 이 선택은 잘 닦인 아스팔트를 벗어나 진흙탕을 걷는 일이나 마찬가지입니다. 그 선택을 해보신 분이 한 번 스스로 대답해 보십시오.

그 길에 평안과 기쁨과 위로와 소망이 있습니까?

잠깐의 달콤한 쾌락이 사라지자마자 죄의 부작용들이 가져오는 엄청난 부정적 결과에 삶이 더욱 피폐해졌을 것입니다. 그러나 거룩한 삶을 사는 훈련은 정 반대의 결과를 가져옵니다. 처음에는 힘들고, 외롭고, 어떤 때는 바보같이 느껴지는 일이지만 이 훈련을 거듭할수록 마음에 평안이 찾아오고, 인생이 변화되고, 그 누구도 빼앗을 수 없는 참된 평안이 찾아옵니다.

그래서 이 길은 힘든 길이지만 또 쉬운 길이며 좁은 문이지만 또한 넓은 문이기도 합니다. 우리가 감당해야 할 짐이면서 매우 가벼운 짐이기도 합니다. 하나님의 뜻대로 사는 것이 쉬운 것은 아닙니다. 세상이 악하고 너무 많은 유혹이 있기 때문입니다. 그러나 우리가 하나님의 길을 선택하기만 한다면 이 훈련을 통해 예수님의 제자가 될 수 있고 약속하신 진짜 축복을 받을 수가 있습니다.

"그러므로 너희 마음의 허리를 동이고 근신하여 예수 그리스도께서 나타나실 때에 너희에게 가져다주실 은혜를 온전히 바랄지어다"(베드로전서 1:13)

이제 우리 앞에는 두 가지 길이 놓여 있습니다.

어떤 길을 선택하느냐에 따라서 어떤 결과가 따라오는지 성경을 통해 우리에게 말씀해 주셨습니다.

하나는 우리 마음대로 사는 길이고 다른 하나는 하나님이 지정해 주신 길입니다. 진리이신 예수님을 믿고 구원을 받고 하나님이 지정해 주신 길로 가면 우리의 미래는 보장됩니다. 하나님의 위로와 평강이 우리의 맘과 삶 속에 넘쳐 흐릅니다. 하나님이 인도하시는 길을 따르기로 선택했기 때문에 하나님이 모든 것을 책임져 주십니다.

그런데 우리들 대부분은 자신이 원하는 길을 선택합니다. 그 길이 쉽게 보이고 더욱 편안해 보입니다. 그래서 자기 마음대로 삽니다. 그러나 하나님의 뜻대로 살지 않으면 우리에게 큰 어려움이 생깁니다. 더욱 고통스럽게 됩니다. 앞으로 많이 나가지도 못합니다. 그래서 '내가 있을 곳이 아닌 곳'에 머물며 '내가 하지 말아야 할 생각과 말'을 하고, '분명히 후회할 잘못'을 저지르며 죄의 길에서 서성입니다.

도대체 무엇이 잘못된 것일까요? 우리가 사는 세상이 바로 이렇게 돌아가기 때문에 그 길이 훨씬 쉬워 보이고 편안해 보이기 때문입니다. 이런 세상 속에서 다른 선택을 하고, 다른 길을 걷는다는 것은 어찌 보면 돈키호테의 삶처럼 느껴지기도 합니다. 그러나 문제는 설령 내가 원하는 길을 선택한다 해도 그 길은 옳은 길도 아니고 우리에게 어떤 평안이나 위로조차 주지 못한다는 것에 있습니다. 내가 하고 싶은 대로 제 아무리 선택을 해도 오히려 더 큰 어려움이 생길 뿐입니다. 더욱 고통스러워 집니다.

그러나 하나님을 선택하는 순간 모든 것이 달라집니다.

하나님은 우리에게 다시 일어설 수 있는 힘을 주십니다. 그리고 나의 모든 것이 새로워졌다고 선포하십니다. 아울러 어떤 길이 눈앞에 있는지 보여주시고 그 길을 따라 나아오라고 권면하십니다. 다른 길로 빠지지 말고 죄에 물들지 말라고 경고하십니다. 옛날의 삶으로 돌아가지 말고 오직 앞을 향해 걸어오라고 계속해서 말씀하십니다.

"좁은 문으로 들어가라 멸망으로 인도하는 문은 크고 그 길이 넓어 그리로 들어가는 자가 많고"(마태복음 7:13)

"좁은 문으로 들어가기를 힘쓰라 내가 너희에게 이르노니 들어가기를 구하여도 못하는 자가 많으리라"(누가복음 13:24)

주님께서 이렇게 강조 하시는 것은 우리에게 훈련이 필요하기 때문입니다. 우리가 훈련을 받아야 주님의 제자로 살 수 있지 자기 마음대로 살면 '방종자'가 됩니다. 방종자는 훈련을 받는 사람과는 정 반대의 삶을 살아갑니다. 이런 사람은 '자기 마음대로 기분 내키는 대로 행하는 사람'이고 그리스도인이지만 겨우 구원받을 믿음으로만 사는 '선데이 크리스천'에 지나지 않고 지옥 불에서 겨우 구원 받는 부끄러운 구원을 받습니다.

"누구든지 그 공적이 불타면 해를 받으리니 그러나 자신은 구원을 받되 불 가운데서 받은 것 같으리라"(고린도전서 3:15)

우리는 주님의 뜻대로 순종하여 살 수도 있고 세상 물결을 따라 사는 사람이 될 수도 있습니다. 지금 이 세상에 눈 돌리지 않고 주님만을 바라보고 신뢰하는 훈련! 이 훈련은 우리의 인생을 통해 평생 해야 하는 고된 훈련이지만 정말로 필요한 훈련입니다.

운동선수들은 자기 분야에서 최고가 되기 위해서 하루에 몇 시간씩 피와 땀을 쏟습니다. 그런 노력을 통해서만 금메달이라는 값진 영광을 차지할 수 있기 때문입니다. 하나님이 준비하신 면

류관의 영광을 위해서도 이런 훈련이 필요합니다. 그러나 이 영광은 누구에게나 준비되어 있고, 그 훈련은 누구나 받고 통과할 수 있습니다. 이미 예수님께서 모든 것을 준비해 놓으셨기 때문에 다만 이 길을 걷겠다고 선택만 하면 됩니다.

우리가 결심을 하고 훈련 받는 제자가 되려고 노력할 때에 사단은 부단히 우리를 유혹해서 옛날 삶의 형태로 돌아가게끔 합니다. 육체의 욕망을 따라 옛날로 돌아가는 것이 너무나 쉽기 때문에 베드로는 우리에게 강력하게 권면합니다.

"그러므로 너희 마음의 허리를 동이고 근신하여 예수 그리스도께서 나타나실 때에 너희에게 가져다 주실 은혜를 온전히 바랄지어다"(베드로전서1:13)

2. 방심하지 않고 사는 삶의 훈련을 받아야 합니다

베드로는 지금이 느슨한 자세로 편히 쉴 때가 아니라 영적 전쟁을 할 때임을 말해 줍니다. 우리가 준비하지 않고 긴장하지 않고 산다면 영적 싸움에서 패하게 되는 것은 당연합니다. 새로워지면 새로운 적이 생기기 때문입니다. 예수님도 말씀하셨습니다.

"이에 이르되 내가 나온 내 집으로 돌아가리라 하고 와 보니 그 집이 비고 청소되고 수리되었거늘 이에 가서 저보다 더 악한 귀신 일곱을 데리고 들어가서 거하니 그 사람의 나중 형편이 전보다 더욱 심하게 되느니라 이 악한 세대가 또한 이렇게 되리라"
(마태복음 12:44,45)

사단 마귀는 바이러스와 같아서 그때그때 새롭게 변형된 모습으로 우리에게 도전해 우리를 넘어뜨리려고 온갖 궤계를 다 사용합니다. 그래서 바울은 이렇게 강조합니다.

"마귀의 간계를 능히 대적하기 위하여 하나님의 전신 갑주를 입으라. 우리의 씨름은 혈과 육을 상대하는 것이 아니요 통치자들과 권세들과 이 어둠의 세상 주관자들과 하늘에 있는 악의 영들을 상대함이라. 그러므로 하나님의 전신 갑주를 취하라 이는 악한 날에 너희가 능히 대적하고 모든 일을 행한 후에 서기 위함이라. 그런즉 서서 진리로 너희 허리 띠를 띠고 의의 호심경을 붙이고 평안의 복음이 준비한 것으로 신을 신고 모든 것 위에 믿음의 방패를 가지고 이로써 능히 악한 자의 모든 불화살을 소멸하고 구원의 투구와 성령의 검 곧 하나님의 말씀을 가지라 모든 기도와 간구를 하되 항상 성령 안에서 기도하고 이를 위하여 깨어 구하기를 항상 힘쓰며 여러 성도를 위하여 구하라"(에베소서 6:11-18)

이 땅을 살아가는 우리들이 가장 중요하게 생각할 것은 바로 '방심'입니다.

C. S. 루이스는 '스크루테이프의 편지'라는 책에서 방심에 대해 다음과 같이 말했습니다. 신참 사탄인 웜우드에게 고참인 그의

삼촌은 이런 조언을 해줍니다.

"웜우드야, 우리의 목적은 인간들이 악행을 하도록 유혹하는 것이 아니라 아무 것도 한 것이 없이 죽게 만드는 것이다. 우리의 목적을 달성하기 위하여 네가 할 가장 중요한 일은 인간들을 안락하고 편하게 만드는 것임을 명심하거라. 인간들이 누구에게도 방해되지 않고 마음먹은 대로 살고 있다는 생각을 가지게 해라. 정신적인 투쟁의 의욕을 죽이는 것이 요령이다. 무관심과 뒤로 미루는 게으름이라는 우리의 두 가지 무기를 결코 잊지 말거라. 인간들에게 부와 편안을 주어 남에게 무관심하게 하고 그들에게 편리와 만족을 주어 모든 고상한 계획과 결심을 연기하게 만들거라."

믿는 성도들은 모두 죽음 뒤에는 천국에서 살게 됩니다. 그러나 베드로는 그런 다른 삶을 죽음 뒤가 아닌 구원받은 지금부터 살아가야 한다고 말합니다. 그렇기에 우리들은 미리 준비해야 합니다.

'새로운 피조물'이라는 단어는 '새로운 마음, 새로운 말, 새로운 생각, 즉 새로운 삶을 의미'합니다.

말로는 내가 새로워지고 변화되었다고 하면서 그전의 모습들이 그대로 종합선물세트처럼 모여 있으면 되겠습니까? 예수님이 말씀하신 길을 걷겠다고 선택하는 그 순간부터 우리의 인생은 '새로운 피조물'이 되려고 준비하는 삶이 되는 것입니다. 물론 그 길의 끝에는 영생과 천국이라는 비할 데 없는 영광의 선물이 준비되어 있습니다. 방심하지 않고 삶의 훈련을 지속해 나아갈 때에 이 영광은 우리의 것이 될 것입니다.

"생각하건대 현재의 고난은 장차 우리에게 나타날 영광과 비교할 수 없도다"(로마서 8:18)

3. 성령의 인도를 받고 사는 삶의 훈련을 받아야합니다

정말로 중요한 것이 있습니다.

우리가 이처럼 위로를 받을 수 있고 망할게 뻔히 보이는 길에서 벗어나 새로운 길을 선택하고 훈련을 받아 새로운 피조물이 될 수 있는 권리는 저절로 주어진 것이 아닙니다. 우리가 선택하고 노력한다고 이루어질 수 있는 것도 아닙니다.

바로 하나님이 예수님을 보내주셨기 때문이고, 그 예수님이 십자가의 희생으로 하나님과 나 사이에 단절된 관계를 회복시켜 주셨기 때문입니다. 그 사실 때문에 우리는 위로도 받을 수 있고, 구원받아 새로운 피조물이 될 수도 있고 영생이라는 놀라운 선물을 받을 수도 있게 되었습니다. 즉, '거룩하게 되겠다', '이전과는 다른 삶을 살겠다'는 우리의 선택은 다시 말해 예수님의 희생을 통해 이루어진 것입니다.

우리나라에는 잘 일어나지 않지만 소식을 통해 종종 이웃나라에서 지진이 나는 것을 보게 됩니다. 그러면 고속도로가 끊기게 됩니다. 그런데도 고속도로를 따라 운전해 갈 수가 있습니까? 멈추어야 합니다. 자동차를 가지고 무너진 곳을 뛰어 넘어 갈 수는 없습니다.

하나님과의 관계에서도 마찬가집니다. 우리가 알고 있는 일반적인 길로는 갈 수 없습니다. 하나님은 다른 편에 계시기에 우리는 그 분과 화해해야 합니다. 그 다리가 바로 예수 그리스도입니다. 우리가 하나님과 연결될 수 있도록 우리를 위해서 예수님께서 십자가에 달려 돌아가신 곳입니다.

우리가 구속된 것이 바로 흠없는 예수님의 피 때문입니다. 우리가 영원히 살 수 있도록 예수님께서 십자가 위에서 보배로운 피를 흘리셨습니다. 베드로가 이 사실을 말해 줍니다.

"너희가 알거니와 너희 조상이 물려 준 헛된 행실에서 대속함을 받은 것은 은이나 금 같이 없어질 것으로 된 것이 아니요 오직 흠 없고 점 없는 어린 양 같은 그리스도의 보배로운 피로 된 것 이니라"(베드로전서 1:18,19)

우리들은 값으로 산 것이 되었습니다. 우리는 다른 사람이 되었습니다. 그러므로 다른 삶을 살아야 합니다. 이제 새로운 사람처럼 하나님의 말씀과 성령의 인도를 따라 살아야 합니다.

우리는 하나님이 예수님의 피로 값을 주고 산 귀한 자녀입니다. 그래서 이 사실을 믿는 순간 완전히 다른 가치를 지닌 사람이 됩니다.

자, 이제는 선택의 시간입니다. 하나님이 주시는 위로를 받는

다는 것은, 곧 하나님이 말씀을 통해 약속하신 축복이 무엇인지 알고 그것을 믿음으로 받는 것과 마찬가지입니다. 그리고 그 위로를 받기를 원한다면 이제 선택을 해야 합니다.

세상에 섞여 기존의 삶의 방식을 고수하면서 살고 싶다면 그리고 그 방식이 나에게 위로와 기쁨이 된다고 생각한다면 그렇게 살아도 됩니다. 그리고 이 책을 덮으셔도 됩니다. 그러나 다른 삶의 방식을 선택하고 변화된 삶을 꿈꾼다면 이제 훈련을 시작할 차례입니다.

"그러므로 우리가 흔들리지 않는 나라를 받았은즉 은혜를 받자 이로 말미암아 경건함과 두려움으로 하나님을 기쁘시게 섬길지니"(히브리서 12:28)

하나님의 말씀과 성령의 인도를 따르는 사람이 받아야 할 세 가지 훈련이 있습니다. 어떤 훈련이 있고, 어떻게 적용해나가야 하는지 한 가지씩 살펴보도록 하겠습니다.

(1) 사랑을 나눌 줄 아는 훈련을 받아야 합니다.

'삼중고의 천사' 헬렌 켈러가 세계에서 가장 훌륭한 여성으로 선정되어 영국 여왕에게 훈장을 받았을 때 이런 소감을 말했습니다.

"제가 이 자리에 서 있을 수 있는 것은 모두 저의 스승 설리반 선생님의 헌신과 사랑 때문입니다."

그런데 이 설리반 선생님 역시 어린 시절에는 심각한 정신질

환으로 고생을 했는데 병원에서도 손 쓸 방도가 없어 독방에 가둘 정도였습니다. 그런데 이런 설리반 선생님을 포기하지 않고 극진히 사랑으로 보살펴 준 어떤 여선생님이 있었습니다. 안타깝게 이름은 밝혀지지 않았고, 다만 독실한 그리스도인으로만 알려진 이 선생님을 통해 설리반 선생님도 사랑과 헌신을 배웠고, 동일한 사랑과 헌신으로 헬렌 켈러를 도운 것입니다.

사랑도 훈련입니다. 아니, 사랑은 가장 중요한 훈련입니다.

"너희가 진리를 순종함으로 너희 영혼을 깨끗하게 하여 거짓이 없이 형제를 사랑하기에 이르렀으니 마음으로 뜨겁게 서로 사랑하라"(베드로전서 1:22)

베드로는 그 사람이 새로워진 사람인지 아닌지는 '사랑하는 것을 보면 안다'고 말했습니다. 변화된 사람이라면 당연히 새로운 행동을 하지 않겠습니까? 새로운 삶을 살기로 선택한 사람에게 일어나는 가장 중요한 변화는 바로 사랑입니다. 사랑은 단순히 베풀고 말로 고백하는 것이 아니라 다른 사람을 자기보다 낫게 여기는 존중과 겸손입니다.

이 사랑이 나를 거룩하게 해주는 가장 기초적인 공사이며, 참된 하나님의 자녀이자 성도인가를 구분하게 만들어주는 지표입니다. 예수님은 제자들을 불러놓고 사랑에 대해서 이렇게 말씀하셨습니다.

"새 계명을 너희에게 주노니 서로 사랑하라 내가 너희를 사랑한 것 같이 너희도 서로 사랑하라 너희가 서로 사랑하면 이로써

모든 사람이 너희가 내 제자인 줄 알리라"(요한복음 13:34,35)

당시 상황은 예수님의 십자가 사건이 일어나기 얼마 전인 매우 촉박한 때였습니다. 그런 상황에서 예수님은 가장 중요한 새 계명을 주셨는데, 그것이 바로 사랑이었습니다. 서로 사랑함으로 예수님을 따르는, 즉 기존의 삶을 살아가는 사람들과는 다른 삶을 선택한 사람들이라는 것을 보여주라는 것이었습니다. 그래서 먼저는 사랑을 훈련해야 합니다.

초대교회의 모습을 보여주는 역사적 문건 중에는 유독 불신자들이 남긴 글이 많습니다.

당시에는 교회당이라는 곳이 아직 없고 각 가정에 성도들이 모여서 편하게 이야기를 나누고 식사를 하며 예수님이 남기신 말씀을 읽고 서로 나누는 모임의 형태로 예배가 진행되었습니다.

그런데 저는 초대 교회사를 공부하면서 들은 어느 불신자의 고백을 기억합니다. 그가 그리스도인들이 함께 모여 사는 지역에 들어갔습니다. 그리스도인들의 나쁜 점들을 지적하러 들어간 것입니다. 그러나 나쁜 것을 쓰기보다는 '그들이 서로 얼마나 사랑하는지를 보라!'는 말을 기록했습니다. 그리고 이 말이 기독교 역사에 큰 영향을 끼쳤습니다.

그는 그 공동체에서 노예를 형제처럼 인정하고 서로를 진심으로 사랑하는 모습에서 아주 큰 감명을 받고 놀라운 경험을 하였습니다. 비록 기도를 하거나 방언을 하는 모습, 그리고 믿는 사람들이 말하는 예수님이 누구인지에 대해서는 여전히 의심스러운 시선으로 바라봤지만 그럼에도 모인 성도들이 보여준 사랑의 모습 때문에 마음이 열리고 많은 오해가 풀렸다는 것을 저는 알게 되었습니다. 우리가 그토록 외치는 초대교회의 모습은 바로 이런 모습이었습니다.

뉴욕의 한 거리에서 어떤 중동 남자가 다음과 같은 피켓을 들고 있었습니다.

"저는 무슬림입니다. 사람들은 저를 테러리스트라고 생각합니다. 그러나 세상에는 아직 믿음이란 것이 존재한다고 저는 믿고 싶습니다. 당신은 이런 저를 믿어주실 수 있으십니까? 그렇다면 저를 안아주세요."

테러로 인해 몸살을 앓고 있는 미국이었지만 생각보다 많은 사람들이 이 남자에게 다가와 따뜻하게 안아주었습니다.

사실 이 이벤트는 미국 내에 안 좋아지는 무슬림에 대한 이미지를 바꾸기 위해서 한 단체에서 기획한 것입니다.

우리 그리스도인은 이런 취지에 동의하거나 인정해서는 안 되지만 그럼에도 길에서 순수한 동기로 하는 이런 청년을 만난다면 먼저 다가가 안아주고 위로해 주는 모습이 필요합니다. 배척이 아닌 포용, 거리를 두는 것이 아니라 먼저 다가가 행동으로 사랑을 전하는 것이 예수님이 우리에게 찾아와 사랑을 베푸신 모습이며 또한 우리가 다른 사람을 변화시킬 수 있는 유일한 모습이기 때문입니다.

지금 우리의 모임과 예배에는 어떤 모습이 있습니까?

지금 불신자가 교인들의 회중에 들어오게 된다면 우리를 보고 무슨 말을 할까요? 이런 말을 하지 않기를 바랍니다.

"아휴, 그들이 서로 판단하는 것을 보아라."

"그들이 서로 열렬히 싸우는 것을 보아라."

"그들이 서로 상처를 주는 것을 보아라…."

구별된 삶을 사는 것, 거룩해 진다는 말은 서로 마음을 다해서 뜨겁게 사랑하는 것을 의미합니다.

미국에 있는 어느 목사님이 어린이들에게, 예수님을 영접해 구원 받는 것이 얼마나 중요한 지를 설교했습니다. 이 설교를 들은 한 아이의 전도로 한 가정이 교회에 나와 주님을 영접 했습니다. 그런데 어느날 그 집에서 아이들이 함께 놀다가 누나가 성이 나서 동생을 세게 때렸습니다. 그 동생이 "나는 예수님이 누나 마음에 산다고 생각했어"라고 말했습니다. 그러자 누나가 조금 망설이다가 퉁명스럽게 말했습니다.

"물론 예수님은 내 마음에 살고 계시지만... 지금은 잠시 주무시고 계셔."

"서로 사랑하라"라는 단 한 마디 말씀을 하루라도 지키며 사는 것은 결코 쉬운 일이 아닙니다. 우리들은 위의 내용처럼 '예수님을 주무시게 하거나 교회 안에만 계시게 할 때가 종종 있습니다. 우리의 행동이 사랑을 나타내지 못할 때가 많이 있습니다. 내가 너무도 좋은 것은 경험했다면 당연히 소개하는 것이 입소문입니다. 요즘 사회는 입소문이 잘 나야 상품이 잘 팔립니다. 교회가, 성도가 입소문이 잘 나야 교회가 부흥이 됩니다. 이웃을 뜨겁게 그리고 이웃을 중심으로 사랑한다면 전도가 됩니다. 내가 변화된 기쁨을 누리고 산다면 전도가 됩니다.

'할머니의 전도법'의 저자 박순자 권사님은 하남시에 있는 성안교회 성도인데 일하는 딸을 대신해 아이를 돌보는 일을 하면서 60대 할머니인데도 30,40대들을 한해 100명이 넘게 교회로 인도해 기독교감리회 중앙연회에서 전도왕 상을 받은분입니다.

권사님은 아이들 스케줄에 맞춰 유치원과 학교를 오며가며 하다 보니 생각보다 많은 사람들을 만나게 됐는데, 그 사람들에게 예수님을 전해야겠다는 생각이 들었습니다. 그러나 마땅한 방법이 떠오르지 않아 교회 주보를 들고 다니며 무작정 잘해주며 섬기기 시작했습니다. 기회가 될 때마다 엄마들에게 직접 반찬도 해다 주고, 가끔 학원이 끝나 엄마를 기다리는 아이들에게는 엄마가 올 때까지 떡볶이며, 빵을 사주며 보살펴 주었습니다.

전도할 대상을 만나기 위해 일부러 재래시장에 있는 옷가게들을 단골로 다니고, 반찬도 사서 먹었습니다. 계산도 카드 대신 수수료를 아껴주기 위해 모두 현금으로 할 정도로 상대방을 배려하며 섬기니 사람들이 아무 말도 안 해도 마음을 열었습니다. 그래서 때로는 교회 주보만 건네 줘도 교회를 찾아왔고, 어떤 때는 교회 행사에 맞춰 교회에 한번 와달라고 부탁을 하니 어쩔 수 없이 왔다가 예배를 드리고 변화되어 교회에 등록을 했습니다.

권사님은 처음에는 젊은 애기 엄마들과는 자신이 맞지 않을 거라 생각했지만 오히려 친정엄마와 같은 푸근함과 챙겨줌이 장점이 되어 아이들, 엄마들, 심지어 다니는 학원 원장님에게도 복음을 전하며 영혼을 구원하는 귀한 일에 쓰임을 받았고 지금은 여러 교회 초청을 받아 간증하는 놀라운 삶을 살고 있습니다.

말이 중요하고 논리가 필요하던 시대는 이미 지났습니다.

저를 비롯해 우리 모든 성도들은 이제 행동으로 사랑을 보여 줘야 합니다. 다른 삶을 선택했다면 사랑을 통해 세상에 보여줘야 합니다. 서로 사랑하는 것은 결코 쉬운 일이 아닙니다. 오른뺨을 맞을 때 왼뺨을 대는 것은 보통 사랑과 인내가 아니고서는 할수 없는 일입니다. 그러나 그렇기에 그런 일들을 해내는 사람들이 나타날 때 세상 사람들을 놀랄 것이며 우리가 믿는 것에 관심을 보일 것이며 보고 배울 것입니다.

"너희가 서로 사랑하면 이로써 모든 사람이 너희가 내 제자인 줄 알리라"(요한복음 13:35)

(2) 말하는 훈련을 받아야 합니다.

EBS 연구팀에 따르면 우리나라 학생들의 70%는 습관적으로 욕을 사용한다고 합니다. 더욱 놀라운 것은 욕을 처음 시작하는 시기가 유치원 때부터라는 결과인데, 이렇게 성장기 때부터 욕을 하면 과학적으로는 다음과 같은 증상들이 일어난다고 합니다.

❶ 일반 단어보다 4배나 잘 기억되기 때문에, 말이나 어떤 문제를 해결하려고 할 때 정확한 단어보다 욕이 먼저 나오도록 반응한다.

❷ 욕을 할 때는 싸울 때와 비슷한 감정 상태가 되는데, 이런 상태는 부교감계를 자극시켜 정서적으로 불안하게 만들고 뇌와 근육을 긴장상태로 만든다.

❸ 욕을 하면서 지속적으로 스트레스가 누적되어 대뇌와 측두엽을 공격한다.

최근의 과학적인 결과를 통해 이처럼 욕에 대한 안 좋은 작용들이 밝혀지고 있지만 하나님은 말씀을 통해 이미 그런 말을 모두 버리라고 말씀하셨습니다.

"그러므로 모든 악독과 모든 기만과 외식과 시기와 모든 비방하는 말을 버리고"(베드로전서 2:1)

베드로전서 2장 1절에 버려야 할 5가지 종류의 말이 나옵니다.
- 악하고 독한 말
- 속이는 말
- 가장되고 위선된 말
- 시기하고 질투하는 말
- 비난하고 비평하는 말

말은 하는 사람과 듣는 사람에게 영향력을 미칩니다.

사랑의 훈련을 받은 사람의 입에서 거친 욕과 상처주고 놀리는 말이 나올 수는 없습니다. 다른 삶을 선택한 사람들은 다른 말을 사용해야 합니다.

예수님께서 이렇게 말씀 하셨습니다.

"독사의 자식들아 너희는 악하니 어떻게 선한 말을 할 수 있느냐 이는 마음에 가득한 것을 입으로 말함이라"(마태복음12:34)

"선한 사람은 마음에 쌓은 선에서 선을 내고 악한 자는 그 쌓은 악에서 악을 내나니 이는 마음에 가득한 것을 입으로 말함이니라"(누가복음 6:45)

우리가 성숙한 성도가 되면 즉 사랑의 사람이 되면 이런 것들을 벗어버리게 됩니다. 때때로 그러고 싶을 때에도 자기 마음속에서 말씀으로 소화를 합니다. 점점 더 예수님을 닮아 갈수록 이런 생각들이 마음속에서 사라지게 됩니다.

베드로전서 2장 1절에 나오는 금지된 말이 나의 언어생활에 의식과 관념에 이미 뿌리 깊게 박혀 있지 않은지 먼저 점검해보십시오. 우리가 마음을 하나님의 말씀으로 수술했다면 우리의 사용하는 말도 아주 달라질 것입니다. 그리고 정반대의 말로 거룩한 삶을 실천하십시오. 우리의 말은 사랑을 행함과 진실로 실천하는 것입니다. 그것이 그 어떤 미사여구로 포장된 사랑의 고백보다도 내가 받은 하나님의 사랑은 세상에 나타내는 가장 강력한 말입니다.

"무릇 더러운 말은 너희 입 밖에도 내지 말고 오직 덕을 세우는 데 소용되는 대로 선한 말을 하여 듣는 자들에게 은혜를 끼치게 하라"(에베소서 4:29)

(3) 말씀을 사모하는 훈련을 받아야 합니다.

어느 선교회에는 '말씀의 다섯 손가락'이라는 훈련방법이 있습니다. 말씀을 읽고, 듣고, 공부하고, 암송하고, 묵상하는 것입니다. 많은 성도님들이 말씀을 접하는 것에 대해서 단순히 읽는다고 생각하지만, 사실 말씀은 이 다섯 가지 방식을 통해 입체적으로 접근해야 합니다. 물론 쉬운 일이 아닙니다. 정말로 말씀을 갈구하는 마음, 즉 사모함이 있어야 말씀을 이렇게 입체적으로 접근할 수 있습니다. 그래서 베드로전서 2장 2절에는 말씀을 '사모하라'는 강력한 권면이 나옵니다.

"갓난 아기들같이 순전하고 신령한 젖을 사모하라 이는 그로 말미암아 너희로 구원에 이르도록 자라게 하려 함이라"

'사모하라'는 말씀에 초점을 맞추십시오.

말씀을 항상 사모하라고 권면합니다. 갓난아기가 젖을 사모하는 것처럼 말씀을 사모하라고 말씀합니다. 말씀을 사모하는 것이 구원에 이르도록, 즉 더 견고한 신앙으로 자라게 한다는 이 말은 곧 말씀을 사모하는 것 역시 저절로 되는 것이 아니라 훈련을 통해 이루어져야 한다는 것을 알려줍니다.

하나님을 믿었다고 갑자기 기도가 나오고 큐티가 되는 것이 아니라 꾸준한 경건생활로 내 삶에서 이어져 내려가는 훈련이 필요합니다. 이 훈련을 통해 우리의 신앙은 성장하고 발전해 나가며 그 결과 처음에 우리가 선택한 대로 주님의 모습을 따라 거룩한 삶으로 변화되는 것을 확인할 수 있게 됩니다.

다윗은 시편을 통해 말씀을 사모하는 심정을 너무나 잘 표현하고 있습니다.

"하나님이여 사슴이 시냇물을 찾기에 갈급함 같이 내 영혼이 주를 찾기에 갈급하니이다"(시편 42:1)

"금 곧 많은 순금보다 더 사모할 것이며 꿀과 송이꿀보다 더 달도다"(시편 19:10)

"나의 영혼이 주의 구원을 사모하기에 피곤하오나 나는 주의 말씀을 바라나이다"(시편 119:81)

매주 교회에서 듣는 말씀, 수도 없이 읽었던 요한복음 3장 16절의 말씀을 다시 한 번 읽어보십시오. 이 말씀이 사모하는 마음으로 다가오십니까? 아니면 이미 한 번 봤기에 이제는 더 이상 별 의미도 없고 감동도 없는... 그저 먼지 쌓인 성경에 들어있는 옛날이야기로 다가오십니까? 험한 세상 속에서 위로를 받길 원하십니까? 거룩한 삶을 살 수 있는 방법을 알기 원하십니까? 정말로 인생을 제대로 살고 싶으십니까? 지혜가 부족하십니까? 진리가 궁금하십니까? 하나님의 말씀 속에 모든 해답이 있습니다.

그러므로 하나님의 말씀을 상고하십시오.

하나님의 사랑의 편지인 성경을 사모하는 마음으로 읽으십시오. 어떤 분들은 주일날 교회에 와서 말씀 듣는 것이 유일하게 말씀을 접하시는 분들도 계실 수 있습니다.

중세시대 때는 성경이 강단에만 놓여 있었습니다. 혹시 우리의 신앙은 여전히 중세시대에 머물러 있지 않는지요? 하나님의 말씀을 사모하는 훈련을 받으십시오. 하나님의 말씀은 단순히 좋은 책에 그치는 것이 아닙니다. 베스트셀러에 그치는 책이 아닙니다. 우리 모두에게 주신 하나님의 사랑의 편지입니다. 하나님의 선물입니다. 성경을 읽으실 때 행복해야 합니다. 제가 자라난 교회에서 목사님은 늘 이렇게 말씀하시곤 했습니다.

"성경 말씀은 우리가 잘못된 것을 보여 줍니다."

그러나 제가 성경을 더 공부하면 할수록 성경은 "내가 어떻게 바르게 살 수 있는가를 보여준다는 것"을 깨닫게 되었습니다.

말씀만 제대로 묵상하고 사모하는 습관을 가졌다면 이미 모든 해답을 알고 또 적용하고 있을 것입니다. 이처럼 귀한 하나님의 말씀을 주일에만 잠깐, 그것도 한 두절 보는 것이 아니라 매일, 매 순간마다 되도록 자주 마주하고자 노력하십시오. 성경은 나의 잘못과 죄를 깨닫게 해주는 거울이며 또한 바른 삶과 선택을 하게 도와주는 가이드입니다.

다른 삶을 살기 위해선 훈련이 필요합니다. 사랑의 훈련, 혀(말)의 훈련, 말씀을 사모하는 훈련을 받는 것은 쉬운 일이 아닙니다.

또 아무리 굳은 마음을 먹어도 작심 삼일이 되어버릴지도 모릅니다. 그러나 이 훈련을 통해서만이 우리는 새로운 삶을 살게 되며 무언가 잘못 돌아가고 있는 것이 분명한 이 세상에서 떨어져 거룩한 삶을 살게 됩니다. 그 삶은 곧 죽음 뒤에 찾아올 영원한 삶을 위한 준비이며 하나님을 향한 믿음의 고백입니다. 그렇기에 이 훈련은 어렵지만 또 쉬운 훈련입니다. 그리고 유일한 방법입니다. 선택을 하십시오. 스스로 훈련을 통해 노력하십시오. 이제 새로운 삶을 향해 여러분의 삶이 변화되기 시작할 것입니다. 이 변화를 통해 소망을 향한 두 번째 계단으로 올라서게 됩니다.

"모든 성경은 하나님의 감동으로 된 것으로 교훈과 책망과 바르게 함과 의로 교육하기에 유익하니 이는 하나님의 사람으로 온전하게 하며 모든 선한 일을 행할 능력을 갖추게 하려 함이라"(디모데후서 3:16,17)

참된 정체성을 찾으라

다이아몬드는 루비나 금보다 못한 취급을 받는 보석이었습니다.
그러나 17세기 브릴리언트 컷이라는 기술을 개발하면서
다이아몬드는 이내 '보석의 왕'이 되었습니다.
볼품없는 모든 사람들은 하나님의 손을 거쳐야 만이
진정한 본연의 가치를 회복할 수 있습니다.

3

베드로전서 2:1-10

"모든 악독과 모든 기만과 외식과 시기와 모든 비방하는 말을 버리고 갓난 아기들 같이 순전하고 신령한 젖을 사모하라 이는 그로 말미암아 너희로 구원에 이르도록 자라게 하려 함이라 너희가 주의 인자하심을 맛보았으면 그리하라 사람에게는 버린 바가 되었으나 하나님께는 택하심을 입은 보배로운 산 돌이신 예수께 나아가 너희 도 산 돌 같이 신령한 집으로 세워지고 예수 그리스도로 말미암아 하나님이 기쁘게 받으실 신령한 제사를 드릴 거룩한 제사장이 될지니라 성경에 기록되었으되 보라 내 가 택한 보배로운 모퉁잇돌을 시온에 두노니 그를 믿는 자는 부끄러움을 당하지 아 니하리라 하였으니 그러므로 믿는 너희에게는 보배이나 믿지 아니하는 자에게는 건 축자들이 버린 그 돌이 모퉁이의 머릿돌이 되고 또한 부딪치는 돌과 걸려 넘어지게 하는 바위가 되었다 하였느니라 그들이 말씀을 순종하지 아니하므로 넘어지나니 이 는 그들을 이렇게 정하신 것이라 그러나 너희는 택하신 족속이요 왕 같은 제사장들 이요 거룩한 나라요 그의 소유가 된 백성이니 이는 너희를 어두운 데서 불러 내어 그의 기이한 빛에 들어가게 하신 이의 아름다운 덕을 선포하게 하려 하심이라 너희 가 전에는 백성이 아니더니 이제는 하나님의 백성이요 전에는 긍휼을 얻지 못하였더 니 이제는 긍휼을 얻은 자니라"

러시아의 빅터 셰브리아코는 초등학교 때 지능 검사에서 저능아 판정을 받았습니다. 이후로 그는 군대에 갈 때까지 항상 특수반에 있었고, 학교 성적도 늘 최하위였습니다. 그러다 군대에 입대를 하면서 다시 한 번 지능 검사를 받았는데 여기서는 그의 아이큐가 160이 넘는 천재라는 것이 밝혀졌습니다.

초등학교 때의 검사는 잘못된 결과였습니다. 그 사실을 알게 된 후부터 그의 인생은 180도 바뀌었습니다. 그는 군 복무를 하며 많은 특허를 발명했고, 졸업 후에는 멘사의 회장까지 했습니다. 그는 그를 알고 있는 사람조차도 도저히 같은 인물이라는 것을 상상조차 할 수 없는 달라진 삶을 살았습니다.

이 거짓말 같은 예화는 "내가 나를 누구라고 생각하는가?" 혹은 "내가 누구인지 아는 것이 얼마나 중요한가?"에 대해서 알려줍니다. 사람들의 자존감을 높여주는 연구에 대한 권위자인 미아 퇴르블롬 박사는 자존감에 대해서 이렇게 말했습니다.

"자존감이 낮으면 자신의 소중함을 깨달을 수 없습니다. 주변에 누가 있느냐에 따라 자신의 가치가 달라집니다. 자신의 주위에 별 볼일 없는 사람들만 잔뜩 있다면 몇몇의 예외적인 경우를 제외하고는 그 사람들 때문에 모두 자기 자신을 하찮은 존재라고 느끼게 됩니다."

이 말의 뜻이 무엇일까요?

이것은 사람들은 자신이 누구인지 그 정체성에 대해서 제대로 모르고 있다는 뜻이라 할 수 있습니다. 그래서 사람들은 자신이 누구인지 신경 쓰기보다는 자신의 주위에 있는 사람들, 자신이 가진 것으로 자신이 누구인지 확인하고 가치를 인정받으려고 합니다.

저도 매주 몇 번씩 설교를 하는 목사이다 보니 간절히 기도로 준비를 하며 정말로 많은 자료를 찾고 조사하게 됩니다. 그러다 한 가지 깨달은 것이 있는데 그건 지난 50여년간 사람들의 가장 큰 관심사는 "내가 누구인가?"라는 것입니다.

최근에 불고 있는 자기계발 열풍도 결국 오래 이어져 온 이런 관심사와 맞물려 일어난 것입니다. 그런데 사람들에게 이런 해답을 제시하는 책들이 말하는 내용들은 모두 비슷합니다. 바로 "내가 생각하는 사람으로 내가 살아간다"는 것입니다.

쉽게 설명하면 내가 나를 실패자로 생각하면 실패하는 인생을 살고 성공자로 생각하면 성공하는 인생을 살아간다는 것입니다. 걷는 자세가 당당한 사람, 햇볕을 향해 걸어가는 사람이 왜소하게 걷고 햇볕을 등지는 사람보다 우울증에 걸릴 확률이 매우 낮다는 연구도 이런 사실들을 뒷받침해 줍니다.

하버드 대학교의 연구팀에 따르면 심지어 사용하는 스마트 기기의 화면 크기에 따라 자신감도 달라진다고 합니다. 처음 이 결과를 확인한 연구진도 하도 이상해서 좀 더 깊이 있게 연구를 해

봤더니 화면의 크기에 따라 사용하는 자세가 달라지고, 그 자세가 자신감에 영향을 미친다는 결론에 도달했습니다.

그런데 이미 수천 년 전에 쓰인 성경에도 비로 이와 비슷한 내용의 말씀이 있습니다.

"대저 그 마음의 생각이 어떠하면 그 위인도 그러한즉 그가 네게 먹고 마시라 할지라도 그의 마음은 너와 함께 하지 아니함이라"(잠언 23:7)

성경도 나의 믿음이 내 행동을 결정한다고 말하고 있습니다.

그런데 정말로 이것이 정답일까요? 이 사실이 전부일까요? 내가 누구인지 생각하는 것이 나의 정체성을 분명하게 나타내는 것일까요? 이 말도 부분적으로는 맞는 말입니다. 그러나 진정한 그리스도인이라면 여기서 그쳐서는 안 됩니다. 이런 생각과 마음가짐들은 단지 내가 나에 대해 갖는 생각이고 문제의 해답으로 제시된 보기의 일부분일 뿐이지 진짜 나의 출생의 비밀을 알려주는 정답은 아니기 때문입니다. 그러나 안타깝게도 많은 그리스도인들이 이런 낮은 단계에 머물러 자신의 정체성을 찾으려 하고 있습니다.

어찌보면 우리는 어려서부터 부정적 자아감을 교육받았습니다. 너무 출세에만 목을 매는 성공지향적인 가치관을 강요받았습니다. 어렸을 때에 놀이공원에 있는 신기한 거울들을 보신 적이 있을 것입니다. 어떤 거울을 보면 내가 아주 키가 크게 보이고 어떤 거울을 보면 내가 아주 뚱뚱해 보입니다. 이런 거울은 내 참 모습을 제대로 보여주지 못합니다. 우리가 불완전한 환경에서 성장했기 때문에 때때로 우리는 우리 자신에 대하여 그릇된 생각을 가질 수가 있습니다.

그러나 정말로 중요한 것은 "내가 나를 어떤 사람으로 생각하는가?"가 아니라 "하나님께서 과연 나를 누구라고 말씀하시는가?"입니다. 이것이 바로 내가 누구인지 알 수 있는 유일한 방법입니다.

인터넷에서 가장 유명한 성경공부 사이트 중 하나인 인BibleStudyTools.com에서는 우리의 정체성에 대한 성경 말씀을 일목요연하게 정리해 다음과 같이 소개하고 있습니다.

"영접하는 자 곧 그 이름을 믿는 자들에게는 하나님의 자녀가 되는 권세를 주셨으니"(요한복음 1:12)

"그 기쁘신 뜻대로 우리를 예정하사 예수 그리스도로 말미암아 자기의 아들들이 되게 하셨으니"(에베소서 1:5)

"그러므로 그리스도께서 우리를 받아 하나님께 영광을 돌리심과 같이 너희도 서로 받으라"(로마서 15:7)

"내가 너를 모태에 짓기 전에 너를 알았고 네가 배에서 나오기 전에 너를 성별하였고 너를 여러 나라의 선지자로 세웠노라 하시기로"(예레미야 1:5)

"누구든지 그리스도와 합하기 위하여 세례를 받은 자는 그리스도로 옷 입었느니라 너희는 유대인이나 헬라인이나 종이나 자유인이나 남자나 여자나 다 그리스도 예수 안에서 하나이니라"
(갈라디아서 3:27-28)

그러나 저는 베드로전서 2장 9절 말씀이 바로 우리의 정체성이 무엇인지 알려주는 결정적인 한 방이라고 생각합니다.

"그러나 너희는 택하신 족속이요 왕 같은 제사장들이요 거룩한 나라요 그의 소유가 된 백성이니 이는 너희를 어두운 데서 불러 내어 그의 기이한 빛에 들어가게 하신 이의 아름다운 덕을 선포하게 하려 하심이라"(베드로전서 2:9)

우리가 어떤 사람일까요? 베드로전서 2장 9절을 살펴보면 우리의 정체성을 알려주는 다섯 가지가 나옵니다.

- 택하신 족속
- 왕에게 속한 제사장
- 거룩한 나라
- 하나님이 소유한 백성
- 하나님의 아름다운 덕을 선포하는 자

베드로전서는 성령님이 베드로를 통해 당시 환란을 당하던 성도들을 위로하기 위해서 기록하게 했습니다. 당시 성도들이 당하고 있던 환란은 강제적인 믿음의 포기, 멸시와 천대, 고문과 죽음과 같은 실제적이고 잔혹한 것들이었습니다. 이런 상황에서 성령님은 성도들을 위로하며 오히려 은혜의 선물을 위해 훈련을 하라고 베드로에게 전했습니다.

그래서 이번 장에서는 그리스도인의 정체성에 대해서 분명하고 확실하게 반복해서 언급하고 있습니다.

든든한 빽이 있는 사람이 어떤 불이익을 당할 때 종종 이런 말을 합니다.

"내가 누군지 알아?"

본문의 말씀이 딱 이런 뉘앙스입니다.

"지금 비록 세상에서 어렵고 힘들고, 또 실제로 죽을 수도 있지만 말이야! 그래도(잠깐 세상적인 언어를 사용해 표현하자면…) 쫄지마! 우리가 어떤 사람이냐면 말이야…!"

우리의 정체성을 나타내는 이 다섯 가지는 하나님이 우리에게, 아니 나에게 베푸신 엄청난 은혜이자 곧 권한입니다.

베드로는 이 정체성을 알려줌으로 당시 성도들의 환란을 위로하고자 했습니다.

성령님의 감동으로 쓰인 성경 말씀은 이제 이천년이 지난 지금, 그때보다 물질과 환경은 풍족하지만 심령과 마음은 더욱 각박해진 지금 시대를 사는 사람들을 위로하고 우리가 누구인지를 알려주고 있습니다.

내가 누구인지, 무엇을 해야 하는지 모르는 상태에서 막연히 소망을 가지고 위로해 달라고 하는 것은 대책 없는 낙관론이며, 임시방편인 땜빵 위로입니다. 그러나 정체성을 확고히 하고 나를 선택하신 하나님을 통해 위로를 받고, 새로운 삶을 살기 위해 준비하는 훈련은 진정한 위로이자 힐링이며, 구원이자 선물입니다.

그리고 인생을 가치 있게 살아가는 가장 훌륭하고 옳은 방법입니다.

진리인 성경 말씀에 비추지 않고는 내가 누구인지 무엇을 위해 이 세상에 왔는지 알 수가 없습니다. 그래서 "진리가 우리를 자유하게 하는 것"(요한복음8:32)입니다. 하나님의 말씀만이 우리를 붙잡고 있는 모든 잘못된 형상으로부터 우리를 자유하게 합니다.

그럼 이 장의 말씀에 근거하여 "내가 누구인가?", "Who am I?"라는 질문으로부터 나의 정체성을 찾을 수 있는 3가지 사실을 살펴보겠습니다.

1. 하나님이 나를 선택하셨습니다

하버드대학교 보건대학 연구팀은 '체중감량과 건강 개선에 효과적인 식단'을 조사할 목적으로 다양한 연령대의 비만 환자 800명을 모집해 서로 그룹을 만들었습니다. 그리고 세 그룹으로 나누어 지방과 탄수화물, 단백질의 배합을 다르게 한 음식을 2년 동안 제공했습니다. 2년이 지난 뒤에 데이터를 분석한 연구팀은 매우 놀랄 수밖에 없었는데, 그 이유는 음식의 영양 상태에 상관없이 모두 비슷하게 체중이 줄고, 건강이 좋아졌기 때문입니다. 그 이유를 분석한 결과 원인이 밝혀졌습니다.

정기적으로 동일한 그룹이 모여 서로를 격려해주고 지지해주는 모임을 가졌는데 그 모임에 참석한 사람들의 경우에는 모두 체중이 비슷하게 감량하고 건강이 좋아졌습니다. 결국 정말로 건강에 도움이 된 것은 식단의 영양 상태보다도 소속감이 주는 격려와 지지였습니다.

하나님이 나를 선택하셨다는 것은 곧 하나님이 속한 나라와 세력에 나도 포함이 된다는 것입니다. 우리는 이 사실을 부인할 수도 거부할 수도 없습니다. 왜냐하면 그것은 나의 의지와 상관없이 이미 하나님께서 하신 선택이기 때문입니다. 사실 세상의 모든 사람들은 이런 선택을 받은 상태입니다. 다만 믿음으로 그 선택에 응답해 자리를 이동하느냐 아니면 불신으로 그 선택을 무시하고 있느냐입니다.

선택의 영어단어 'Select'의 어원은 '불러서 + 말하다'의 합성어입니다. 조금 더 깊게 들어가 보면 여기서 떨어져 분리되어 있는 사람에게 이쪽으로 오라고 불러 말하는 것이 선택의 의미입니다. 이 의미가 곧 하나님이 우리를 그리고 나를 선택했다는 의미입니다.

학교를 졸업하고 프로생활을 시작하는 선수들은 '드래프트 제도'라는 것을 통해 프로구단으로부터 지명을 받습니다. 당연히 잘하는 선수일수록 1차로 지명을 받고, 조금 떨어지는 선수들은 2차 그것도 엄청난 후순위에 지명을 받습니다.

계약 조건도 천지 차이입니다. 너무 처진 순위로 지명을 받아

선수생활을 포기하는 사람들도 많습니다. 우리가 야구선수로 미국 메이저리그에 그것도 뉴욕 양키즈에 지명을 받았다고 생각해 보십시오. 엄청난 계약금과 화려한 스포트라이트가 이미 기다리고 있습니다. 그 지명을 거부하실 수 있겠습니까? 제가 이런 말을 하면 어떤 분은 이렇게 반문할 것입니다.

"아니, 제 정신이십니까? 뉴욕 양키즈에서 미쳤다고 저를 뽑아가겠습니까? 이건 말도 안 되는 비유입니다."

맞는 말입니다. 그런데 하나님이 나를 선택하신 것은 이보다 더 말이 안 되는 조건이라는 것을 기억하십시오. 하나님은 나를 분명하게 지명하여 불렀다고, 즉 선택하셨다고 성경은 말씀하고 있습니다.

"야곱아 너를 창조하신 여호와께서 지금 말씀하시느니라 이스라엘아 너를 지으신 이가 말씀하시느니라 너는 두려워하지 말라 내가 너를 구속하였고 내가 너를 지명하여 불렀나니 너는 내 것이라"(이사야 43:1)

이 분명한 말씀이자 약속이 우리의 정체성을 발견하게 도와주고 또 자존감을 높여주는 사실이 되었으면 좋겠습니다. 세상이 아무리 힘들고 고단하고, 빛이 조금도 보이지 않는 어두운 밤길과 같을지라도 모든 만물의 창조주이신 예수님께서 나를 받아주셨습니다. 그것도 아무런 조건 없이 받아주셨습니다. 내가 누구인지, 무엇을 한 사람인지는 아무런 관계도 없습니다. 그저 하나님께서 나를 받아주신 것입니다. 나를 선택해 주신 것입니다.

제게도 화려했던 청년의 때가 있었습니다. 제 아내의 말로는 우리가 총각 처녀일 때, 미인의 고장이요. 신사임당의 고향인 강릉에서 잘 나갔었다고 합니다. 아마 아내가 내게로 시집 오기 전에는 주변에 알고 지낸 여러 남자들이 있었을 겁니다. 그 중에는 괜찮은 사람도 꽤 있었을 것입니다. 그런데도 아내는 내게 시집을 오겠다고 말을 했습니다. 그 말을 들었던 순간을 저는 잊지 못합니다. 제가 인기가 많고 그래서 아내를 선택한 것이 아니라 인기가 많은 제 아내가 그 수많은 남자들을 제쳐두고 나를 선택했습니다. 이 기분 아시겠습니까?

'내가 선택되었다'는 사실은 내 자존심에 커다란 영향을 끼치게 됩니다.

놀라운 사실은 예수님께서 나를 선택하셨다는 것입니다. 바울도 "그러므로 그리스도께서 우리를 받아 하나님께 영광을 돌리심과 같이 너희도 서로 받으라"(로마서 15:7)라고 외치고 있습니다.

요즘 성도들이 교회에 등록할 때는 4가지 충분조건을 견주어 본다고 합니다.

1. 내가 그 교회에서 성장(성숙)할 수 있는가?
2. 나와 같은 사람이 있는가?
3. 내가 그 안으로 깊숙이 들어 갈 수 있는가?
4. 내 문제를 해결해 줄 수 있는 곳인가?

좋은 생각입니다. 그런데 이것들은 인간이 해결 할 수 없습니다. 인간 중심이면 곧 실망합니다. 우리를 선택하신 하나님을 바라보고 결정해야 합니다. 교회에 대해서 실망하는 많은 사람들을 보면, 예수님을 구세주와 주님으로 믿는 사람보다는, 기독교를 종교로 생각하고 교회에 다니는 분들이 대부분입니다.

예수님을 마음속에 영접하셨습니까?

그렇다면 예수님도 우리를 영접하셨다는 사실을 알고 계십니까? 그래서 우리가 하나님을 위해 무엇을 하든, 혹은 어떤 잘못을 저지르고 있든 간에 상관없이 하나님은 이미 우리를 받아주셨습니다. 세상의 모든 사람이 우리를 등지고 배척한다 할지라도 그 대상이 설령 부모라 할지라도 하나님은 우리를 선택하셨습니다. 그리고 이미 받아주셨습니다. 얼마나 놀라운 특권입니까!

"내 부모는 나를 버렸으나 여호와는 나를 영접하시리이다"(시편 27:10)

2. 하나님이 나를 높은 가치로 평가 하십니다

세계에서 가장 비싼 예술 작품들에 대한 뉴스에서 안드레아 거스키의 라인강이라는 사진은 그냥 평범한 잔디에 강이 찍혀 있을 뿐인데 수십억 원의 가격에 팔렸고, 자전거 안장에 핸들을 꽂아 놓은 피카소의 황소의 뿔은 200억 원이 넘는 가격이라고 나왔습니다. 물론 제가 예술에 조예가 깊은 것은 아니지만 도무지 이해가 안 되었습니다.

'도대체 저 작품이 뭐길래 저렇게 사가나?' 싶어 친구와 대화를 나누던 도중 그 친구가 이런 명쾌한 해답을 내려주었습니다.

"왜긴 왜야? 사는 사람이 있으니까 그 가격에 팔리는 거지."

생각해보면 생각할수록 그 친구의 말이 정답이었습니다.

그렇다면 나란 사람에게는 과연 얼마의 가치가 있을까요?

누군가 우리를 몸값을 주고 사간다면 얼마나 받을 수 있을까요?

어떤 물건의 가치를, 혹은 한 인간의 가치를 결정하는 것이 무엇일까요? 제가 보기에는 딱 두 가지 요소만이 존재합니다.

첫 번째는, 지불하고자 하는 사람에 따라 가치가 결정됩니다. 집이나 땅, 사람을 구하고자 할 때 형성되는 시세는 어떤 물건을 사려고 하는 사람들이 지불하고자 하는 돈에 의해 결정됩니다. 집값만 해도 작년과 올해의 값이 다를 것이고, 또 내년의 값이 다를 것입니다. 이런 식의 가치는 그 물건이 실제 팔릴 때 가치가 결정됩니다. 아무리 한 때 수십 억을 하던 빌딩이라 하더라도 팔 때 수억이면 그 집은 수억의 가치를 지닌 것입니다.

한 사람의 인생도 이와 같은 경우가 많습니다. 엄청난 부와 명성을 지닌 사람이라 하더라도 삶의 마지막을 잘못 장식해 그동안의 가치를 잃고 인생이 끝나버린 사람을 우리는 얼마나 많이 알고 있습니까?

두 번째는, 소유하고 있는 사람에 따라서 가치가 결정됩니다. 신기하게도 같은 물건이지만 누가 그 물건을 가지고 있었느냐에 따라 가격이 완전히 달라지는 경우도 있습니다. 스타들의 소장품이 대표적입니다.

엘비스 프레슬리가 타던 50년 전의 자동차는 지금의 리무진이나 최고급 벤츠보다도 비싼 가격에 팔렸습니다. 팝의 황제 마이클 잭슨의 재킷은 1억 원에, 사인은 4천만 원에, 중절모는 1개에 3천만 원이 넘는 가격에 팔렸습니다.

그와 비슷한 혹은 더 고급인 제품을 우리가 가지고 있다가 경매에 올린다면 어떻게 될까요?

아마 중고라고 가격이 오히려 떨어질 것입니다. 이처럼 가지고 있는 사람이 누구냐에 따라서도 그 물건의 가치가 결정됩니다. 사람 역시 마찬가지입니다. 같은 교수여도 서울대, 하버드대의 대우가 다르고, 같은 피아니스트도 런던 필, 베를린 필 소속의 대우가 다를 것입니다.

그럼 우리의 가치는 어느 정도나 될까요?

우리의 연봉이나 소유하고 있는 재산일까요? 혹은 이직을 권유하는 헤드헌터에게 제시받은 새로운 몸값일까요? 모두 틀렸습니다. 우리가 세계에서 제일가는 부자 빌 게이츠보다 돈이 더 많다고 하더라도 그런 것들로는 하나님이 우리의 가치를 평가하고 이미 치른 값에는 털끝만큼도 미치지 못합니다.

예수님께서는 나를 받아주셨을 뿐만 아니라 나를 가치있게 생각하십니다. 스스로를 얼마나 가치 있는 사람이라고 생각하십니까? 이 질문을 잘 이해하시기를 바랍니다. 나의 가치는 내가 얼마나 가지고 있느냐에 달려 있는 것이 아니라, 내가 하나의 인간으로서 얼마나 가치가 있느냐 하는 점입니다. 우리가 부자일 수도 있고 가난할 수도 있으나 우리가 인간으로서 얼마나 가치 있는 사람인가와는 전혀 상관이 없습니다.

하나님은 우리를 사시기 위해서 예수님의 생명이라는 값을 치렀습니다.

"너희는 값으로 사신 것이니 사람들의 종이 되지 말라"(고린도전서 7:23)

예수님을 얼마나 소중한 분이라고 생각하십니까?

만왕의 왕, 만유의 주라고 찬양을 통해 입으로 마음으로 늘 고백합니까? 바로 그 예수님이 나를 사기 위해서 하나님이 치르신 값입니다. 그토록 대단한 가치가 우리에게 있습니다. 예수님의 십자가가 바로 그 사실을 증명해 줍니다. 십자가를 볼 때마다 이 사실을 떠올리십시오.

"하나님이 아들의 목숨과 바꿀 만큼 나를 사랑하신다!"

"나는 이정도로 가치 있는 사람이다!"

예수님께서는 나를 사탄에게로부터 사셨습니다. 하나님께서는 나를 위해서 그 아들을 지불하셨습니다. 늘 듣는 얘기인데도 이 이야기가 저에게는 한 번도 지루하게 느껴진 적이 없고 늘 감동적으로 다가옵니다. 십자가가 나의 가치를 말해 줍니다. 하나님께서 당신의 아들을 지불하실 정도로 나를 사랑하십니다. 예수님께서는 헛되이 돌아가신 것이 아닙니다. 우리가 그만큼 귀중합니다. 하나님께서 그 아들을 포기하실 만큼 내가 귀중합니다. 다시한 번 나 자신이 얼마나 가치 있는가를 상상해 보십시오.

베드로는 여기에 더 우리가 얼마나 가치 있는 사람인가를 한 예를 들어 알려주고 있습니다. 하나님이 한 건물을 지으시고 계십니다. 그 건물은 너무나도 중요한 건물이라 아무에게나 맡길 수가 없습니다. 그래서 예수님이 산 돌이 되어 그 건물의 축이 되십니다. 그런데 우리도 그 건물의 일부분이 될 수 있다고 하십니다. 아니 되어야 한다고 하십니다.

"사람에게는 버린 바가 되었으나 하나님께는 택하심을 입은 보배로운 산 돌이신 예수께 나아가 너희도 산 돌 같이 신령한 집으로 세워지고 예수 그리스도로 말미암아 하나님이 기쁘게 받으실 신령한 제사를 드릴 거룩한 제사장이 될지니라"(베드로전서 2:4-5)

이것이 우리의 가치입니다.

하나님이 세우실 교회의 재료, 하나님이 아들을 희생시키면서라도 구하고 싶었던 영혼, 그리고 영원한 천국에서 함께 하고자 선택한 민족. 그래서 하나님이 나를 사셨고 소유하셨습니다.

전지전능하시고 우주만물을 지으시고 마음대로 운행하시는 하나님께서 우리에게 이렇게 높은 가치를 주셨으니 우리도 이 땅에서 그 가치에 맞게 생활해야 합니다.

"너희는 값으로 사신 것이니 사람들의 종이 되지 말라'(고린도전서7:23)

3. 하나님은 나에게 특권을 주셨습니다

마리아 아순타라는 미망인은 150억이 넘는 재산을 가지고 있는 갑부였습니다. 그러나 가족도 친척도 없이 외롭게 지내다가 토마소라는 버려진 길고양이를 데려다 키웠습니다. 토마소를 친자식처럼 여겼던 아순타는 죽으면서 모든 유산을 토마소에게 남겼는데, 현금을 비롯한 카리브해의 섬, 몇 채의 집과 별장도 포함되어 있었습니다. 이 재산을 대신 관리해 주도록 임명된 스테파니아 간호사는 토마소에게는 약간의 우유와 간식만 있으면 행복하다고 말했으나 이미 법으로 유산이 상속되었기에 그 모든 재산은 굳건한 토마소의 소유가 되었습니다. 그리고 길가에 버려진 길고양이 신세였던 토마소는 졸지에 세계에서 가장 부유한 고양이가 되었습니다.

도대체 고양이에게 그 많은 돈과 집이 무슨 소용이 있겠습니까? 그러나 그럼에도 이 재산들은 모두 고양이의 소유입니다. 본래 주인이 남긴 유산이라는 특권을 받았기 때문입니다. 하나님도 우리에게 특권을 주셨습니다. 전능하신 하나님은 나를 선택하셨고, 또 값을 치르셨습니다. 그리고 하나님의 소유물인 나에게 놀라운 특권까지 주신 것입니다.

"그러나 너희는 택하신 족속이요 왕 같은 제사장들이요 거룩한 나라요 그의 소유가 된 백성이니 이는 너희를 어두운 데서 불러 내어 그의 기이한 빛에 들어가게 하신 이의 아름다운 덕을 선포하게 하려 하심이라"(베드로전서 2:9)

하나님은 우리 삶에 일어나는 모든 일들을 우리가 다룰 능력과 자격이 있다고 말씀하십니다. 왕 같은 제사장이라는 말은 직접 하나님에게 나갈 수 있고 하나님을 대변해서 다른 사람들을 섬길 수 있는 특권이자 책임이 그것입니다. 그리고 이런 특권을 위해 하나님은 용서라는 특권을 나에게 추가로 베푸셨습니다.

"나 곧 나는 나를 위하여 네 허물을 도말하는 자니 네 죄를 기억하지 아니하리라"(이사야 43:25)

가끔 어떤 사람들은 과도한 죄의식에 사로잡혀 삽니다. 두려움이 많아 결단을 내리지 못하면서도 죄에서 벗어나질 못하는 이율배반적인 삶을 살아갑니다. 이런 사람들에게 필요한 것은 언제든지 하나님께서 나를 용서해주신다는 분명한 믿음이며, 그럴만한 자격과 특권이 있는 귀한 사람이 바로 나라는 것을 인정하고 기억하는 것입니다. 내가 뭘 잘해서 이런 것을 받는 것이 아니라 하나님의 사랑과 긍휼과 은혜로 그저 주어진 은혜입니다. 또한 이 용서라는 특권은 죄를 무마하기 위해서가 아니라 죄에서 벗어나 참된 사랑을 깨닫기 위해서 주어지는 특권이자 책임입니다.

그러므로 "사람에게는 버린 바가 되었으나 하나님께는 택하심을 입은 보배로운 산 돌이신 예수께"(베드로전서 2:4) 나아가십시오. 이 살아 있는 돌이 누구십니까? 바로 예수님이십니다. 예수님께서는 완전하셨는데도 어떤 사람들은 그를 배척했습니다. 내가 완전하면 사람들이 다 나를 영접할 것이라는 생각을 버리십시오. 예수님께서 아주 완전하셨는데도 사람들이 배척한 사실을 기억하십시오.

하나님께서는 우리를 제사장으로 삼으셨습니다.

"너희도 산 돌 같이 신령한 집으로 세워지고 예수 그리스도로 말미암아 하나님이 기쁘게 받으실 신령한 제사를 드릴 거룩한 제사장이 될지니라"(베드로전서 2:5)

"그러나 너희는 택하신 족속이요 왕 같은 제사장들이요 거룩한 나라요 그의 소유가 된 백성이니......."(베드로전서 2:9상)

제사장은 두 가지 특권이 있습니다.

먼저 직접 하나님께 나갈 수 있는 권리와 특권이 있습니다. 그리고 하나님을 대변해서 다른 사람들을 섬길 수 있는 특권과 책임이 있습니다.

성경은 우리가 하나님의 제사장 역할을 한다고 말씀하고 있습니다. 그러므로 우리 각자는 하나님께서 내게 맡기신 사명을 감당해야 될 특권과 책임이 있습니다

"직임은 여러 가지나 주는 같으며"(고린도전서 12:5)

"각 사람에게 성령의 나타남을 주심은 유익하게 하려 하심이

라"(고린도전서 12:7)

"너희는 그리스도의 몸이요 지체의 각 부분이라"(고린도전서 12:27)

죄의식에 사로잡혀 사는 성도는 두려움이 많습니다. 매주 마다 어떤 특정한 죄에 사로잡혀서 삽니다. 예수님께서 우리 죄를 용서하시고 받아 주셨습니다. 내가 완전해서가 아니라 하나님의 사랑과 긍휼이 나를 용서해 주셨습니다.

돌아온 탕자의 비유의 작은 아들과 같이 우리는 사랑하는 가족이자 자녀입니다. 그렇기에 절망 가운데에서도 소망을 품을 수 있습니다. 영생과 천국을 받기 위해 준비하며 "제가 이런 것을 받을만한 사람입니까?"라고 물을 필요도 없습니다. 그저 이 사실을 인정하십시오. 그러면 하나님이 베푸시는 놀라운 은혜가 위로와 소망과 다시 도전할 수 있는 힘과 지혜로 나의 삶에 찾아올 것입니다.

소설이 원작인 영화 '닥터 지바고'는 전 세계적인 인기를 끌었습니다.

이 영화에서는 지바고의 딸인 타냐가 나오는데, 타냐는 자신의 아버지가 지바고 장군인 것을 모르고 어릴 때 버림을 받았다고 생각하고 있었습니다. 타냐의 아버지가 자신인 것을 알게 된 지바고 장군은 타냐를 찾아가 아버지와 헤어지게 된 이유를 묻자, 타냐가 이렇게 답합니다.

"저도 어린 시절이라 잘 기억은 안나요. 하지만 사람들 틈에 치일 때 아버지가 제 손을 놓았던 것 같아요."

그러나 사실 타냐가 잡았던 것은 지바고가 아니라 낯선 사람의 손이었습니다. 지바고 장군은 그 말을 듣고 그 사람은 분명 너의 아버지가 아니었을 거라고 말해주었습니다. 타냐가 이유를 묻자 장군이 대답했습니다.

"부모는 어떤 상황에서도 자녀의 손을 놓지 않는 법이란다. 그리고 너의 아버지는 닥터 지바고라는 사람이란다."

이렇듯 하나님은 결코 내 손을 놓지 않으시는 분입니다.

하나님은 나를 끝까지 사랑하시기 때문입니다. 그래서 내가 비록 부족하고 반복해서 죄를 지을지라도 나를 용서해주시고 계속 사랑해주십니다. 하나님이 나에게 부여하신 정체성과 자격에 그런 특권이 있기 때문입니다. 그래서 오늘도 회개하고 돌아오기만 하면 나를 용서하고 받아주십니다.

"만일 우리가 우리 죄를 자백하면 그는 미쁘시고 의로우사 우리 죄를 사하시며 우리를 모든 불의에서 깨끗하게 하실 것이요"(요한일서 1:9)

본이 되는 삶을 살라

자녀들이 부모의 삶을 자랑스럽게 여기고 본받으려고 한다면
부모에게는 그 이상의 기쁨은 없을 것입니다.
우리도 주님에게서 배운 삶으로 세상에서 본을 보여야 합니다.
이 일은 하나님을 그 무엇보다 기쁘시게 할 수 있는 일 중 하나입니다.

4

베드로전서 2:11-25

"사랑하는 자들아 거류민과 나그네 같은 너희를 권하노니 영혼을 거슬러 싸우는 육체의 정욕을 제어하라 너희가 이방인 중에서 행실을 선하게 가져 너희를 악행한다고 비방하는 자들로 하여금 너희 선한 일을 보고 오시는 날에 하나님께 영광을 돌리게 하려 함이라 인간의 모든 제도를 주를 위하여 순종하되 혹은 위에 있는 왕이나 14.혹은 그가 악행하는 자를 징벌하고 선행하는 자를 포상하기 위하여 보낸 총독에게 하라 곧 선행으로 어리석은 사람들의 무식한 말을 막으시는 것이라 너희는 자유가 있으나 그 자유로 악을 가리는 데 쓰지 말고 오직 하나님의 종과 같이 하라 뭇사람을 공경하며 형제를 사랑하며 하나님을 두려워하며 왕을 존대하라 사환들아 범사에 두려워함으로 주인들에게 순종하되 선하고 관용하는 자들에게만 아니라 또한 까다로운 자들에게도 그리하라 부당하게 고난을 받아도 하나님을 생각함으로 슬픔을 참으면 이는 아름다우나 죄가 있어 매를 맞고 참으면 무슨 칭찬이 있으리요 그러나 선을 행함으로 고난을 받고 참으면 이는 하나님 앞에 아름다우니라 이를 위하여 너희가 부르심을 받았으니 그리스도도 너희를 위하여 고난을 받으사 너희에게 본을 끼쳐 그 자취를 따라오게 하려 하셨느니라 그는 죄를 범하지 아니하시고 그 입에 거짓도 없으시며 욕을 당하시되 맞대어 욕하지 아니하시고 고난을 당하시되 위협하지 아니하시고 오직 공의로 심판하시는 이에게 부탁하시며 친히 나무에 달려 그 몸으로 우리 죄를 담당하셨으니 이는 우리로 죄에 대하여 죽고 의에 대하여 살게 하려 하심이라 그가 채찍에 맞음으로 너희는 나음을 얻었나니 너희가 전에는 양과 같이 길을 잃었더니 이제는 너희 영혼의 목자와 감독 되신 이에게 돌아왔느니라"

중앙아프리카에서 선교를 하던 선교사님들이 사소한 다툼으로 서로 갈라져 있던 때가 있었습니다.

며칠이 지나자 개종한 원주민들이 선교사님들을 찾아와 더 이상 예수님을 믿지 않을 테니 어서 마을을 떠나라고 요구했습니다. 놀란 선교사님들이 이유를 묻자 이렇게 대답했습니다.

"더 이상 당신들의 말을 믿을 수가 없습니다. 우리에게는 용서하고 서로 사랑하라고 가르친 당신들이 서로 용서하지 못하고 사랑하지 않는데 어떻게 믿겠습니까? 당신들이 전한 예수라는 사람의 사랑도 우리는 이제 믿을 수가 없습니다."

이 말을 들은 선교사님들은 망치로 뒤통수를 맞는 것 같았습니다. 그 자리에서 큰 깨달음을 얻은 선교사님들은 바로 회개하고 원주민들을 찾아가 사과했습니다. 그리고 더 이상 사소한 일로 다투지 않고 서로 선교를 위해 물심양면으로 협력했습니다.

세계적인 신학자 토레이에게 신학생이 찾아와 물었습니다.

"선생님, 성경은 수많은 번역본이 있는데 그 중에 어떤 번역본이 가장 뛰어나다고 생각하십니까?"

"그건 바로 자네 삶으로 번역한 성경일세."

"저 교회 다닙니다"라는 말이 마치 신용보증수표 같던 시대가 있었습니다. '교회'를 다니고 '예수님을 믿는다'는 게 '믿음'을 주고 '신용'의 보증수표가 되던 시대가 분명히 있었습니다.

그런데 지금은 어떻습니까? 어디 가서 "저 교회 다닙니다, 예수님 믿습니다"라고 자신 있게 말할 수 있겠습니까? 비교적 최근 여론조사에 따르면 한국 교회에 대한 사람들의 신뢰도는 5점 만점에 2.6점으로 평균에도 못 미치고 불교와 천주교와 비교할 때도 가장 낮았습니다.

저는 공공연히 제가 하는 일을 통해 이런 고백을 할 수 밖에 없는 사람이기 때문에 더 잘 압니다. 예수님을 믿고 섬기고 따르고 제자가 되고자 하는 사람들인 그리스도인을 바라보는 세상 사람들의 시각은 예전 같지 않습니다. 예전보다 믿는 사람들도 많고, 신앙의 자유를 보장 받으며, 기독교인이 신용의 보증수표이던 시대가 분명히 있었는데 도대체 왜 지금 시대가 이렇게 된 것일까요?

저는 지금 기독교인들이 세상에서 영향력, 조금 더 자세히 이야기하면 선한 영향력을 발휘하지 못하기 때문이라고 생각합니다. 그러기에 우리는 희미한 소망조차 찾기 어려운 시대에 살고 있는지 모릅니다.

예수님은 '나는 어떤 사람인가?'를 알기 위해서는 열매를 보면 안다고 말씀하셨습니다.

"이와 같이 좋은 나무마다 아름다운 열매를 맺고 못된 나무가 나쁜 열매를 맺나니 좋은 나무가 나쁜 열매를 맺을 수 없고 못된 나무가 아름다운 열매를 맺을 수 없느니라 아름다운 열매를 맺지 아니하는 나무마다 찍혀 불에 던져지느니라 이러므로 그들의

열매로 그들을 알리라"(마태복음 16:17-20)

우리의 정체성이 무엇인지에 대해서는 바로 전에 나누었습니다. 정말로 우리가 하나님께 은혜를 받았다면, 이 세상에 매이지 않고 천국에서의 삶을 준비하는 사람이라면, 하나님께 선택받은 사람이라는 정체성을 깨달았다면, 그런 변화들이 자연스럽게 우리의 삶의 행동과 영향력인 열매로 나타나야 한다는 것이 예수님의 말씀입니다.

초대교회 시절에도 상황은 지금과 크게 다르지 않았습니다. 당시 세상 사람들의 시각이 어떤지 베드로전서 1장 12절에 잘 나와 있습니다.

"이 섬긴 바가 자기를 위한 것이 아니요 너희를 위한 것임이 계시로 알게 되었으니 이것은 하늘로부터 보내신 성령을 힘입어 복음을 전하는 자들로 이제 너희에게 알린 것이요 천사들도 살펴보기를 원하는 것 이니라"

베드로는 너희, 그러니까 그리스도인, 지금의 우리가 행하는 선한 일을 통해 하나님이 영광을 받으신다고 말했습니다. 또한 그리스도인들이 잘못된 삶을 산다고 지적하는 사람들에게 선한 일을 보여줘야 한다고 했습니다.

그런데 그리스도인들을 비방하는 사람들이 '본다'고 하는 이 단어는 '의를 집중해서 의도적으로 관찰한다'는 아주 강한 뜻의 단어입니다. 독수리가 먹이를 채러 가기 전에 집중해서 바라보는 시선으로 세상 사람들은 예나 지금이나 우리들의 일거일동을 보고 있습니다.

이런 사실을 잘 알았던 베드로는 고난가운데 사는 성도들이지만 성도임을 분명히 드러내야 하고 그렇게 하기 위해서는 세 가지가 확실해야 될 것을 말씀을 통해 교훈하고 있습니다. 그것은 시험과 권위와 고난에 대한 것입니다. 그러니까 지금도 우리가 이 세 가지에 분명하다면 우리들의 정체성은 좋은 영향력으로 나타나게 될 것입니다.

물론 지금도 대부분의 그리스도인들은 세상에 본을 보이고 선한 영향력을 끼치는 바람직한 삶을 살고 있습니다. 세상 사람들이 놀리듯이 말하는 것은 '극히 일부'의 문제이기도 하고 또 약간 억울할 수도 있는 문제들이 매스컴을 통해 특히나 높은 시청률을 목적으로(약간 악의적인 편집까지 더해져) 실제보다 심하게 부각된 것도 많습니다.

2000년대 초반부터 언론과 다른 종교 단체에서의 이런저런 공작들이 있었고 또 지금까지도 이어져 오고 있습니다. 그러나 이런 주변적인 문제가 있더라도 그 안에 있는 진짜 문제를 해결하고자 하는 의지가 있어야 합니다. 우리의 문제를 지적하는 사람들에게 "그건 말이야…"가 먼저 나오기 보다는 먼저 인정을 하고 모두가 그렇지 않다는 것을 우리들의 삶으로 증명해야 합니다. 이 4번째 단계에 앞서 3번째 단계까지를 제대로 밟고 올라왔다면 자연스럽게 이 4번째 단계가 삶에서 이루어져야 합니다.

대한민국 최초의 국제회의 통역사인 최정화씨는 직업 특성상

전 세계의 성공한 리더들을 만날 기회가 많았습니다. 이런 사람들을 만나다가 문득 단순히 돈이 많고 똑똑한 것 이상의 어떤 특징이 있다는 걸 깨달았는데 그것은 세상을 감동시키고 사람들과 소통할 수 있는 능력이었습니다.

최정화씨는 이 깨달음을 바탕으로 그간 만났던 성공한 리더 중 가장 인상 깊었던 31명을 뽑아 그들의 공통점을 다섯 가지로 정리해 '선한 마음이 좋은 머리를 이긴다'라는 모토로 '엔젤 아우라'라는 제목의 책까지 냈습니다.

단순한 성공을 위해서는 실력이 있고 머리가 좋으면 될지 모르지만 사람들의 마음을 움직이게 하고 세상을 변화시키는 리더에게는 그 이상의 선한 에너지와 의지가 필요합니다.

그렇다면 도대체 내가 지금 선한 영향력을 제대로 발휘하면서 살고 있는지 어떻게 알 수 있을까요?

베드로는 다음의 3가지 테스트를 통해서 확인할 것을 말합니다. 이 세 가지에 대해서 우리가 어떻게 행동하고 있는지를 돌아보면 지금 내가 온전히 하나님의 말씀대로 살아가는 모습을 통해서, 세상에서 예수님의 제자인 그리스도인으로써의 영향력을 끼치고 있는지, 본이 되는 삶을 살고 있는지 점검할 수 있습니다.

아래 세 가지 질문에 대해, 어떻게 대답하고 실제로 행동하느냐에 따라서 내가 온전한 사람인지 아닌지를 알 수 있습니다. 또 내가 이웃에 어떠한 영향을 끼치는 사람인가를 보여 줍니다.

1. 유혹의 자리에 마주할 때 어떻게 대처합니까?

보르네오섬에는 '네펜세스'라는 아름다운 꽃이 있습니다.

모양도 모양이지만 특히 그 향기가 아주 달콤합니다. 이 향은 꽃잎이 벌레를 유혹하기 위해서 내는 것인데 벌레나 곤충들은 달콤한 향에 취해 꽃잎에 몰려듭니다. 그 순간 활짝 열려 있던 꽃잎은 갑자기 닫히면서 독한 소화액을 내뿜어 곤충을 순식간에 녹여버립니다. 향이 너무 달콤해 꿀이 있을 것 같지만 결국 잡아먹기 위한 미끼일 뿐입니다.

성도들에게 찾아오는 세상의 유혹이 바로 이렇습니다.

잠깐 너무 달콤해 해도 괜찮을 것 같고, 엄청난 즐거움을 가져다 줄 것 같지만 결국 내 영혼을 좀 먹는 일에 불과합니다. 이 유혹에 너무나 약한 사람들은 아주 작은 권유에도 흔들리고 그 장소의 근처에만 가도 마음이 동합니다. 그러나 강건한 청년의 믿음을 가진 사람은 어떤 환경에도 흔들리지 않습니다.

이런 사람들이 죄와 유혹이 가득한 장소에서도 믿음을 잃지 않고 복음을 나타내면 결국 그곳을 변화시킵니다. 그러나 아직 이와 같은 믿음이 있지 않을 때에는 죄를 짓게 만듭니다. 그러므로 그리스도인이 아닌 것처럼 느끼게 만드는 자리와 장소에서 무조건 멀리 떨어져야 합니다. 아예 쳐다보지도 말아야 합니다. 그래야 육체의 정욕을 제어할 수 있기 때문입니다.

"사랑하는 자들아 거류민과 나그네 같은 너희를 권하노니 영

혼을 거슬러 싸우는 육체의 정욕을 제어하라"(베드로전서 2:11)

이 말씀에서 '제어하라'는 동사는 '멀리하다, 억제하다, 떨어져 있다'라는 뜻입니다. 정욕을 억제하지 못하면 멀리해야 하고, 또 떨어져 있어야 합니다. 정욕을 이기지 못할 것을 알면서도 그 자리에 가는 것은 세상을 거쳐 가는 나그네의 자세가 아니라 머무르려고 작정한 사람의 삶입니다.

다윗은 바로 정욕을 제어하는 이런 사람이 복이 있는 사람이라고 시편을 통해 고백했습니다.

"복 있는 사람은 악인들의 꾀를 따르지 아니하며 죄인들의 길에 서지 아니하며 오만한 자들의 자리에 앉지 아니하고 오직 여호와의 율법을 즐거워하여 그의 율법을 주야로 묵상하는도다 그는 시냇가에 심은 나무가 철을 따라 열매를 맺으며 그 잎사귀가 마르지 아니함 같으니 그가 하는 모든 일이 다 형통하리로다 악인들은 그렇지 아니함이여 오직 바람에 나는 겨와 같도다 그러므로 악인들은 심판을 견디지 못하며 죄인들이 의인들의 모임에 들지 못하리로다 무릇 의인들의 길은 여호와께서 인정하시나 악인들의 길은 망하리로다"(시편 1편)

다윗의 고백인 시편 1편에 보면 복 있는 사람은 그 특징이 있습니다.

"악인의 꾀를 따르지 아니하며 죄인들의 길에 서지 아니하며 오만한 자들의 자리에 앉지 아니하고"

일반적으로도 "악한 것은 보지도 말고, 듣지도 말고, 말하지도 말라"고 합니다. 우리 속에는 우리 영혼의 거룩한 욕망과 대적하고 있는 부패한 욕망이 있습니다. 이 부패한 욕망을 다스려야 거룩한 본향을 향해서 나갈 수가 있습니다.

하나님으로부터 위로를 받은 사람은 새로운 소망을 향해 준비하게 됩니다. 새로운 삶을 준비하게 됩니다. 그 삶을 준비하기 위해서는 유혹을 이겨내야 합니다. 아직 육체에 머무르고 있기에 우리에게는 거룩해지고자 하는 열망과 대립되는 부패한 욕망이 있습니다. 이 부패한 욕망을 드러내는 삶으로는 거룩한 본향을 향해서 나아갈 수 없습니다. 나에게는 그런 욕망이 없다고 스스로를 속이지 마십시오. 이 고민과 갈등은 사도 바울의 고백이기도 했습니다.

"오호라 나는 곤고한 사람이로다 이 사망의 몸에서 누가 나를 건져내랴"(로마서 7:24)

훌륭한 사역자 무디도 이런 말을 했습니다.

"나의 가장 큰 골칫거리는 바로 나 자신이다."

죄악의 자리는 피해야 합니다. 이 말은 반드시 술집이나 유흥업소를 뜻하는 것이 아닙니다. 나로 하여금 죄를 짓게 만드는 장소라면 설령 혼자 있는 집 안의 거실이라 하더라도 그곳이 바로 유혹의 자리입니다. 그곳에서 피해야 합니다. 다이어트를 하려고 큰 맘을 먹고서 자꾸 요리하는 프로그램을 보고 인터넷에 올라와 있는 맛집 탐방기를 찾아보면 도움이 되겠습니까? 그런 다이어트가 과연 얼마나 가겠습니까?

우리의 신앙생활도 이와 마찬가지입니다. 이 세상은 잠시 지나가는 곳이며 우리는 나그네입니다. 그렇기에 하찮은 즐거움에 마음을 빼앗기지 마십시오. 죄를 처음 지을 때의 불편한 마음은 점점 적응되어 점차 나의 본향이 어디인지, 나에게 은혜를 베풀어주신 분이 누구인지, 나의 정체성은 무엇인지 희미하게 잊어버리게 되기 때문입니다.

요즘도 이런 성도들이 많이 있습니다. 세상과 타협해 정결하고 거룩한 믿음을 고루한 것으로 받아들이고 세상 사람들의 가치관과 아무 거리낌 없이 섞입니다. 유혹의 자리에만 가는 것이 아니라 그들의 사상과 생각까지도 받아들이며 영적으로 아무런 구분이 되지 않는 모습을 보입니다. 교회의 잘못된 지적에 반성하고 그것이 아니라는 걸 보여주기보다는 그 일에 동참해서 함께 비판하며 아무런 죄를 느끼지도 않고 변화하고자 하는 의지조차 보이지 않습니다. 그래서 베드로는 이런 시험받는 장소로부터 피하라고 말해줍니다. '한 번만'이 어렵지 '두 번, 세 번'은 너무나 쉽습니다. 죄도 거룩한 훈련도 마찬가지입니다.

정말로 그리스도인이라고 스스로를 생각하십니까?

그러면 예수님의 이름을 더럽히는 일에 동조하지 마십시오. 그리고 그것이 아니라는 것을 삶으로, 말과 행동 그리고 실천으로 보여 주십시오. 우리의 선행은 세상 사람들에게 가장 큰 영향력을 미치는 방법입니다.

베드로전서 2장 15절을 새번역과 공동번역으로 보면 다음과 같이 나와 있습니다.

"선을 행함으로 어리석은 자들의 무지한 입을 막는 것이 하나님의 뜻이기 때문입니다"(베드로전서 2:15, 표준새번역)

"선한 일을 하여 어리석은 자들의 무지한 입을 막는 것이 하느님의 뜻입니다"(베드로전서 2:15, 공동 번역)

　죄악은 피해야 합니다. 진정한 신앙생활을 하고자 하면서 볼 것 다 보고, 갈 곳 다 가면서 승리하는 신앙생활은 어렵습니다. 그렇습니다. 나를 유혹하려는 것을 피해야 합니다. 벌에게 쏘이지 않으려면 벌을 피해야 하고 불에 데지 않으려면 불로부터 피해야 합니다. 너무나 당연한 원리입니다.

　그런데 꼭 피해야 할까요? 맞서 싸워서 이길 수는 없을까요? 물론 그럴 수도 있습니다. 그러나 먼저는 피하는 것이 가장 좋은 방법입니다. 저를 비롯한 우리는 나그네와 행인(연약한 그릇)이기 때문입니다. 성경은 우리가 일시적으로 이 세상에 거하는 자임을 말해 줍니다. 원문의 뜻을 보면 시민권이 없는 일시 방문자라는 뜻이 더욱 강합니다. 우리는 이 세상에서 길어야 100년가량 삽니다. 그리고는 돌아갑니다. 이 세상에 집착을 가지고 아주 영원히 살 것처럼 세상에 애착을 가지지 말라는 것입니다. 그래서 세상의 모든 좋은 것들이 우리를 유혹할 때에 우리는 지나가는 나그네임을 인식해야 합니다.

　세속에 물드는 것이 얼마나 쉬운 일인지 그리스도인인 우리가 더욱 잘 알고 있지 않습니까?

"좁은 문으로 들어가라(고생하며 살아라가 아니라 시험을 피하라) 멸망으로 인도하는 문은 크고 그 길이 넓어 그리로 들어가는 자가 많고 생명으로 인도하는 문은 좁고 길이 협착하여 찾는 자가 적음이라"(마가복음 7:13-14)

우리 신체의 기능은 거의 비슷하다고들 합니다. 밝은 데 있다가 어두운 데 들어가면 분간할 수가 없습니다. 그러나 어두움에 익숙해지게 되면서 분간하게 됩니다. 점점 익숙해지게 됩니다. 그렇다고 어두움이 밝아진 것이 아니라 우리의 눈이 어두움에 익숙해 진 것입니다. 그렇듯 수많은 그리스도인들의 삶이 세상 어두움에 익숙해서 어두움을 밝다고 여기면서 살게 된다는 것입니다.

'하이즈만의 개구리 신드롬'에 보면 개구리를 처음부터 뜨거운 물에 넣으면 바로 뛰어 오릅니다. 그러나 미지근한 물에 넣어서 서서히 온도를 높이면 나중에 물이 팔팔 끓어도 가만히 있다가 결국 목숨을 잃습니다. 한 번만 팔짝 뛰어도 살 수 있는데 점점 감각이 무뎌져서 자기가 죽을 상황에 처해 있어도 정신을 차리지 못하는 것입니다.

이런 모습들이 때로는 우리 가운데에도 자리 잡고 있습니다. 먼저는 죄에 대해서 그렇고 다음으로는 교회 내에서도 그렇습니다. 성도들이 교회를 비아냥거리거나 목회자를 비난하고 더 나아가 예수님을 저주하는 말을 들으면 처음에는 아주 분개합니다.

그런데 여러 번 그런 말을 듣다 보면 그런 말이 별로 상관이 없게 느끼게 됩니다. 같은 밥상에 수저를 놓게 됩니다. 그리스도인이라면 그리스도의 이름을 발로 짓밟지 마십시오.

베드로는 '우리가 자유로운 사람이고 구원을 잃어버리지 않지만 자신의 온전함과 그리스도의 이름을 위해서 하지 말라'는 것입니다. 우리의 구원은 한번 받은 것이기에 취소되진 않습니다. 그래서 이런 것은 구원의 문제가 아니라 온전함, 성숙함의 문제입니다. 예수님 안에서 온전해진 성품이 내가 말한 것을 행하도록 합니다.

사람들은 나를 향하신 주님의 뜻을 알고 싶다고 말합니다.

성경은 하나님의 뜻이 무엇인가를 말해줍니다.

그리스도인들이 '자신이 말하는 바를 행함으로 온전하게 보여주는 것'이 하나님의 뜻입니다. 그리스도인들의 선한 행실로 자신들이 믿는 것을 불신자들에게 분명히 보여주는 것입니다. 직장에서나, 학교에서나 그리스도인들은 그리스도를 나타내는 사람이 되는 것이 하나님의 뜻입니다. 어느 곳에서는 내가 사람들이 읽을 수 있는 성경일 때가 있습니다. 나는 불신자들에게 성경이 되든지 아니면 그리스도의 이름을 손상시킬 수가 있습니다. 말과 행동으로 우리가 그리스도인임을 보여 주어야 합니다.

사람들이 내게 하는 거짓말은 내가 조절할 수가 없습니다. 그러나 우리는 진리를 다스릴 수 있습니다. 우리가 바르게 살아서 사람들이 우리를 비난하려면 거짓말을 해야만 되는 그런 사람들이 되기를 바랍니다. 이런 그리스도인들은 유혹을 피하여 사는 사람들입니다. 악을 이기는 비결은 악을 안 하려고만 힘쓰는 것이 아니라 그 대응책인 선을 힘써 행하는 것입니다.

"하나님을 따라 의와 진리의 거룩함으로 지으심을 받은 새 사람을 입으라/ 그런즉 거짓을 버리고 각각 그 이웃과 더불어 참된 것을 말하라 이는 우리가 서로 지체가 됨이라/ 분을 내어도 죄를 짓지 말며 해가 지도록 분을 품지 말고/ 마귀에게 틈을 주지 말라/ 도둑질하는 자는 다시 도둑질하지 말고 돌이켜 가난한 자에게 구제할 수 있도록 자기 손으로 수고하여 선한 일을 하라/ 무릇 더러운 말은 너희 입 밖에도 내지 말고 오직 덕을 세우는 데 소용되는 대로 선한 말을 하여 듣는 자들에게 은혜를 끼치게 하라"(에베소서 4:24-29)

2. 권위를 존중합니까?

두 번째는 바로 권위를 향한 순종이라는 질문입니다. 이 질문을 보자마자 분명 머릿속에는 많은 의문이 떠오를 것입니다.

'권위를 존중하는 것과 영향력을 미치는 것은 무슨 관계입니까?', '그렇다면 잘못된 법이라도 무조건 따라야 합니까?' 등등… 많은 질문이 떠오를 것입니다. 그러나 몇 가지 중요한 법칙에 위배되지 않는 한 일단은 권위에 순종하는 것이 하나님의 뜻입니다.

"혹은 그가 악행하는 자를 징벌하고 선행하는 자를 포상하기 위하여 보낸 총독에게 하라"(베드로전서 2:14)

권위를 인정하는 것이 질서를 유지하고 하나님이 세우신 자리를 인정하는 것이기 때문입니다. 당시 성도들에게 권력자들은 정말 피도 눈물도 없는 존재였을 것입니다. 신앙과 목숨을 저울질하는 두렵고도 무서운 존재였지만 베드로는 그런 총독에게도 순종하라고 권하고 있습니다. 이것이 때때로 기독교인들이 매우 보수적인 것처럼 보이게 만들고, 또한 많은 청년들의 반감을 사는 말씀이라는 것을 저도 압니다만 이 말씀이 무엇을 의미하는지를 분명히 알아야 합니다.

우리는 크리스천(성도)입니다.

권위가 붕괴된 요즘에 정부의 지도자들, 직장상사나 영적 지도자들, 부모나 선생 등 권위에 있는 분들에게 내가 어떻게 행동하느냐가 내가 얼마나 성숙한 성도인가를 보여줍니다.

제가 경험한 바로는 정서적으로 불안한 사람이 항상 자기가 원하는 대로만 하려고 합니다. 항상 자기 권리를 주장합니다. 늘 자기 방식대로만 주장하는 사람은 어느 면에 있어서는 내면적으로 두려움과 공포에 사로잡힌 사람입니다. 성인아이와 같습니다. 성숙한 사람은 안정감을 느끼며 항상 자기 방법대로만 하려고 하지는 않습니다. 항상 자기주장만을 내세우지는 않습니다. 하나님께서는 질서를 유지하기 위하여 정부를 세우셨습니다. 성경은 위정자들이 하나님께로부터 권위를 위임받았다고 말하고 있습니다. 하나님이 세운 권위입니다. 아무리 나쁜 정부라 할지라도 혼돈과 무질서보다는 낫습니다.

베드로가 정부를 공경하라는 말씀은 좀처럼 이해하기가 힘이 듭니다. 당시 기독교는 가장 급진적이고 행동하는 개혁단체의 모습과도 같았습니다. 예수님이 그 선두에 서서 모든 권력자와 위정자들의 아픈 곳을 찌르셨고 끝끝내 굴하지 않고 복음을 전파하다 십자가에 달리셨습니다.

예수님을 따르던 열두 제자와 많은 사람들 역시 평생 이와 크게 다를 것 없는 삶을 살았습니다. 사회에서 박해받고 소외된 소수자들이었고, 심지어 자유롭게 만나서 예배조차 드릴 수 없는 제한된 삶을 살았습니다.

베드로가 총독을 말하기 앞서 언급한 왕은 희대의 폭군으로 평가받는 네로였습니다. 그런데 도대체 베드로가 무슨 생각으로 그런 사람들에게 순종하라고 말하겠습니까? 당시 다른 종교지도자들처럼 돈을 받거나 권력의 자리를 받은 것도 아닌데 말입니다. 그런데도 이렇게 말하는 것은 그 사람의 위치를 존중해야 하기 때문입니다.

"뭇 사람을 공경하며 형제를 사랑하며 하나님을 두려워하며 왕을 존대하라"(베드로전서 2:17)

이 원리는 우리의 부모님에게도 똑같이 적용됩니다.

"자녀들아 주 안에서 너희 부모에게 순종하라 이것이 옳으니

라"(에베소서 6:1)

"부모님이 주정뱅이에 학대를 해도 순종해야 합니까?"
"나를 버리고 도망간 어머니라 하더라도 용서해야 합니까?"
베드로는 "그렇다"고 대답했을 것입니다. 저 역시 같은 대답을
드리고 있습니다. 부모님은 어쨌든 내가 세상에 존재하게 해준
고마운 분들입니다. 하나님께서는 우리의 부모를 통해서 우리를
이 세상에 내어 보내셨습니다. 그 사실 하나만으로 존경 또는 존
중해야 하고 섬길 이유가 충분히 있습니다. 부모가 안 계셨더라
면 우리가 세상에 있지 않을 것입니다. 그래서 우리는 부모의 인
격 때문이라기보다는 부모라는 위치 때문에 존경이나 존중해야
합니다. 그렇기 때문에 여력이 닿는 한 부모님께 순종해야 합니
다.

그러나 이 순종에는 분별력이 있어야 합니다.

제 아무리 부모에게 순종을 한다고 해도 부모가 나를 죽이려
고 한다거나, 죄를 짓는 일을 시킨다면 그 일에는 순종하면 안 되
듯이 나라와 정부가 하나님을 믿지 못하게 하고, 또 누가 봐도 분
명히 잘못된 불법을 행하고 있다면 이에 대해서는 선한 일을 선
택해야 합니다. 그 결과로 고통을 받더라도 적합한 방법으로 의
견을 제시해야 합니다.

'도베르 장군'이라는 영화에 이런 명언이 나옵니다.
"무슨 선택을 해야 할지 모르겠다면 항상 더 어려운 길을 선택

하라."

이 원리는 믿음 생활에 특히나 더욱 적용해야 합니다. 다니엘서에도 이런 이야기가 나옵니다. 다니엘과 세 친구가 죽음을 앞에 놓고도 두려워하지 않고 믿음을 지키는 선택이 지금 우리들에게도 있어야 합니다. 조금 더 나아가 지금 시대에 실제적으로 적용한다면 직장 상사에게도 순종해야 합니다.

베드로가 이 시대에 베드로전서를 썼다면 분명 이 내용도 추가했을 것입니다. 직장 상사의 태도가 좋고 나쁨에 상관없이 나는 순종의 의무를 다해야 합니다. 그리고 믿음을 더럽히는 유혹의 요구에 대해서는 단호히 대처해야 합니다. 고과에 반영이 된다 하더라도 불이익을 감수해야 합니다. 그것이 정체성을 지키는 성도의 삶이고 말씀의 영향력을 세상에 드러내는 삶입니다. 저는 이 말씀에 대한 잘못된 이해나 오해가 없기를 바랍니다.

그러면 정부의 요청과 하나님의 말씀이 충돌을 하면 어떻게 해야 할까요? 대답은 간단합니다. 무엇보다도 하나님께서는 우리가 맹목적으로 정부에 순종하라는 것이 아닙니다. 나라의 법이 이런 것들을 하라고 명령하는데 그런 것들이 하나님의 뜻을 어긴다면 우리는 먼저 하나님께 순종해야 합니다. 때로는 선한 일을 함으로써 고통을 받을 수도 있습니다.

좋은 예가 다니엘서에 나옵니다.

다니엘 3장을 보면 다니엘의 세 친구인 사드락, 메삭, 아벳느고의 이야기가 나옵니다. 그들이 우상 숭배하라는 명령을 받았습니다. 그러나 절대로 우상 숭배는 할 수 없었습니다. 그래서 그들은 왕의 명령에 순종해서 우상에게 절할 수 없다고 대답합니다. 그러나 그 벌로 풀무 불에 들어가라고 할 때에 시끄럽게 문제를 일으키지 않고 불 속으로 뛰어 들어갑니다.

우리는 그리스도인으로서 마땅히 예언자적 발언이 있어야 합니다. 하나님의 뜻을 어기는 것을 제외하고는 부모나 정부에 순복해야 합니다.

내가 참된 그리스도인임을 나타내는 세 가지 방법이다.

(1) 모든 사람을 존중하는 것입니다.

"혹은 그가 악행하는 자를 징벌하고 선행하는 자를 포상하기 위하여 보낸 총독에게 하라/ 곧 선행으로 어리석은 사람들의 무식한 말을 막으시는 것이라/ 너희는 자유가 있으나 그 자유로 악을 가리는 데 쓰지 말고 오직 하나님의 종과 같이 하라"(베드로전서 2:14-16)

그리스도인들은 편견을 가지지 말아야 합니다. 우리는 기본적으로 편향이 없는 자유법을 주장합니다. 성도들이 편견을 가지는 것은 절대로 금물입니다. 예수님의 십자가 때문에 우리는 다 동일합니다. 높고 낮은 종족이 없습니다.

(2) 모든 그리스도인들을 다 사랑하는 것입니다.

교회에 나오는 성도들이 다 마음에 들지 않을지 모르나 사랑해야 합니다. 그리스도 안에서 한 가족이기 때문입니다. 교파를 초월해서 예수님을 내 마음에 구세주로 영접한 사람들은 다 하나님의 자녀들입니다. 그러므로 어느 교파이건 예수님을 나의 구세주로 영접한 사람들은 형제요, 자매로 다 사랑해야 합니다.

(3) 하나님을 두려워하고 정부를 존중하는 것입니다.

예수님께서 이렇게 말씀하셨습니다.

"이르되 가이사의 것 이니이다 이에 이르시되 그런즉 가이사의 것은 가이사에게, 하나님의 것은 하나님께 바치라 하시니"(마태복음 22:21)

부모님의 잘못된 모습을 발견했을 때 어떤 생각을 합니까? 직장에서의 좋지 않은 대우에 어떻게 대처합니까? 다른 동료들이 내가 어떤 태도를 가지고 있다고 말합니까? 자신의 온전함을 보여 줍니까? 내게 일어나는 모든 일들을 온유하고 침착한 태도로 받아들입니까? 아니면 다른 사람들처럼 불평합니까? 어렵고 힘들지라도 되도록 순종하십시오. 그리고 옳은 선택을 하십시오.

이 모든 일련의 상황들이 나의 온전함을 보려는 세상 사람들의 시험이며, 하나님의 영광을 드러내는 일입니다. 또한 세상의 선한 영향력을 드러낼 수 있는 실제적인 행동입니다.

"사환들아(직장인들이여) 범사에 두려워함으로 주인(상사)들에게 순종하되 선하고 관용하는 자들에게만 아니라 또한 까다로운 자들에게도 그리하라"(베드로전서 2:18)

3. 고난 중에도 인내합니까?

우리가 세상에 살아가는 동안에는 고난을 당하게 될 것입니다. 단 한 명도 예외는 없습니다. 그것이 지금 이 세상의 구조이자 돌아가는 원리입니다. 하나님을 믿는다고, 교회를 다닌다고 고통이 사라지고 좋은 일만 생기지는 않습니다. 그러나 믿음은 삶의 문제를 해결하는 법을 알려주십니다. 어려움을 온전히 극복해내며 감당할 힘을 줍니다. 예수님이 바로 이 문제에 대한 본이 되셨습니다.

"부당하게 고난을 받아도 하나님을 생각함으로 슬픔을 참으면 이는 아름다우나 죄가 있어 매를 맞고 참으면 무슨 칭찬이 있으리요 그러나 선을 행함으로 고난을 받고 참으면 이는 하나님 앞에 아름다우니라 이를 위하여 너희가 부르심을 받았으니 그리스도도 너희를 위하여 고난을 받으사 너희에게 본을 끼쳐 그 자취를 따라오게 하려 하셨느니라 그는 죄를 범하지 아니하시고 그 입에 거짓도 없으시며 욕을 당하시되 맞대어 욕하지 아니하시고 고난을 당하시되 위협하지 아니하시고 오직 공의로 심판하시는 이에게 부탁하시며"(베드로전서 2: 19-23)

고난과 어려움을 참을 수 있는 것은 믿음 때문입니다.

고난에도 기뻐하고 즐거워하라고 성경이 말할 수 있는 것은 믿는 성도들에게 믿음이 있음을 알고 있기 때문입니다. 하나님을 향한 우리의 믿음은 어렵고 힘든 가운데에 가장 적나라하게 드러납니다.

우리가 이 세상을 살아가면서 내가 누구인가가 제일 잘 드러날 때는 고난 받을 때입니다. 문젯거리와 고통처럼 내가 어떤 성격의 소유자인지를 잘 나타내는 것이 거의 없습니다. 세상에서 진짜 친구는 어려울 때 분간한다고 합니다.

그런 이유 때문에 하나님께서는 우리를 고통에 처하게도 하십니다. 고난이 내가 어떠한 사람인가를 최고로 잘 나타냅니다. 그리스도인들은 다양한 차가 들어있는 티백과도 같습니다. 뜨거운 물에 넣어 보기 전에는 그 안의 내용물이 뭔지 알 수가 없습니다.

고난과 어려움, 감당할 수 없는 수치가 찾아올 때 어떻게 행동하고 극복해야 하는가를 우리는 예수님의 삶을 통해 가장 잘 배울 수 있습니다. 때로는 선을 행하고도 오해를 사고 누명을 쓰게될 때가 있습니다. 요즘은 길가다 어려움에 처한 사람을 돕고도 일이 잘못되어 벌금을 내거나 실형을 당하는 경우도 있습니다. 정말로 억울한 경우입니다만 그럼에도 잘 참아내야 합니다. 하나님의 뜻을 따르다가 받게 되는 고난은 오히려 영광이라는 생각을 가져야 합니다. 어떻게 그럴 수가 있습니까? 그것은 예수님이 이러한 심정을 누구보다 잘 이해하시기 때문입니다.

"우리에게 있는 대제사장은 우리의 연약함을 동정하지 못하실 이가 아니요 모든 일에 우리와 똑같이 시험을 받으신 이로되 죄는 없으시니라"(히브리서 4:15)

또한 심판자는 내가 아닌 하나님이시기 때문입니다.

"욕을 당하시되 맞대어 욕하지 아니하시고 고난을 당하시되 위협하지 아니하시고 오직 공의로 심판하시는 이에게 부탁하시며"(베드로전서 2:23)

그러나 사실 이렇게까지 심각한 문제가 우리에게 일어날 일은 별로 없습니다. 지극히 작은 오해를 받으면서도 때론 우리의 반응은 너무나 심각할 때가 많습니다. 억울한 일을 당하고 그것을 해소할 방법이 있다면 적법하게 대응하는 것이 당연합니다. 그러나 예수님의 본을 따라 필요 이상으로 감정과 말로 죄를 짓지 말아야 합니다. 특히 믿는 사람끼리도 요즘은 이런 모습이 보이지 않습니다. 하나님이 나를 변호하고 대신 심판하기를 기다리는 것보다 먼저 나의 생각과 행동이 빨라서는 안 됩니다. 이로 인해서 얻을 수 있는 유익은 하나님의 생각을 이해하고 예수님의 마음을 체험하는 것입니다.

예수님께서는 고난을 어떻게 다루셨는가를 보십시오.

로마 군병들이 예수님을 모독했을 때 예수님께서는 전투하거나 싸우시지 않으셨습니다. 복수하려고 하시지 않았습니다. 고통을 받으셨을 때에 위협하지 않으셨습니다. 그 대신에 모든 것을 의롭게 판단하시는 하나님께 맡기셨습니다. 이 점이 우리가 배워야 할 덕목입니다.

우리가 자신의 자유가 침해를 받는다고 생각할 때에 우리는 자신을 방어하게 됩니다. 우리는 대항해서 싸우고 복수하려고 합니다. 적어도 손해를 보지 않으려고 합니다. 수틀리면 고소를 합니다. 우리는 성경 말씀은 몰라도 변호사의 전화번호는 알고 있습니다. 기도할 생각은 못해도 고소할 생각은 합니다.

예수님께서 자신을 방어하거나 변호하는 비법이 무엇이었습니까? 예수님께서는 입을 다무시고 침묵을 지키시고 자신을 방어해 주시는 하나님 아버님께 맡기셨습니다. 예수님은 "나는 이 세상을 지나가고 있는 나그네이며 이 세상이 내 집이 아니다"라고 말씀하셨습니다. 그러므로 결국은 하나님 아버지께서 판결 내주실 것이라고 하셨습니다.

- 우리는 조금만 불편해도 성을 내곤 합니다.
- 음식이 조그만 늦게 나와도 화를 냅니다.
- 운전하다가 누가 끼어들기를 해도 화가 납니다.
- 참지 못하고 내가 얼마나 불편하고 화가 났는가를 즉각적으로 보여 줍니다.

그렇다고 그저 무조건 입을 다물고 있으라는 말은 아닙니다. 아무 생각도 없이 무조건 따르라는 말도 아닙니다. 여기서 주장하는 바는 우리가 자신을 변명하는 데에 너무나 빨라서 하나님께서 우리를 변명해 줄 시간과 기회를 드리지 않는다는 것입니다. 우리는 매사에 예수님처럼 행동하면 됩니다.

헬렌 로슨버 박사는 20년간 콩고에서 의료 선교를 했습니다.

그런데 반란이 일어나 내전 중에 포로로 잡혀 말 못할 고통을 당했습니다. 반란군은 의료 선교로 수많은 사람들의 생명을 구해 준 헬렌 박사인 걸 알면서도 감옥에 가둬놓고 폭행과 고문을 했고, 강간을 일삼았습니다.

몇 년이 지나고 국제적으로 각국의 용병(와일드 기스)들이 투입되어 가까스로 구조되었는데 박사는 자신의 이런 상처를 드러내며 말했습니다.

"어느 날 갑자기 반란군들이 포로를 죽이기로 결정했다는 소리가 들렸습니다. 저는 처형대 밑으로 끌려갔습니다. 비록 선교를 목적으로 왔지만 그렇게 갑자기 순교할 준비는 되어 있지 않았습니다. 저는 단지 의료 선교를 목적으로 이곳에 온 것이기 때문입니다. 그런데 오히려 죽음 앞에 직면한 순간 갑자기 알 수 없는 평안이 찾아왔습니다. 저는 하나님의 살아계심을 믿었고 천국에서의 삶을 오히려 기대하게 되었습니다. 하나님을 전적으로 신뢰하는 순간 모든 두려움이 눈 녹듯이 사라졌습니다. 그런데 그 순간 기적적으로 반란군이 처형을 멈췄습니다. 그 이후로도 저는 폭행을 당했고, 고문을 당했고, 강간을 당했습니다. 그러나 하나님께서 그 모든 것을 알고 계신다는 것을 깨닫게 되었습니다.

하나님은 제 마음에 '너의 고통을 나도 알고 있다, 너의 몸을 통해 나도 동일한 고통을 느끼고 있다. 그러나 내가 함께 한단다. 언제나 너와 함께 한단다'라고 말씀하셨습니다.

이 비극적이지만 감동적인 이야기는 이탈리아 영화 제작사가 직접 그곳에 들어가 다큐멘터리 영화로 제작해 우리나라에서도 개봉되었는데, 고난 중에도 하나님이 어떻게 임하시는지, 최악의 순간에 어떻게 하나님이 우리를 위로하시는지에 대해서 우리에게 많은 생각을 주었습니다.

저는 우리에게 이와 같은 가혹한 일이 일어나지 않기를 기도합니다. 그러나 이보다 더한 일을 당할지라도, 심지어 순교를 당한다 해도 그 과정을 통해 하나님을 체험한다면 우리에게는 그 순간 고난을 감당할 힘이 생길 것입니다. 오히려 마지막 순간에도 찬송을 하며 하나님으로 인해 기뻐하며 그 순간들을 축복으로 여기게 될 것입니다. 그리고 그런 모습들을 통해 세상의 빛과 소금과 같이 말씀의 영향력을 발휘하라는 예수님의 명령을 누구보다도 제대로 실천하는 성도로 성장하게 될 것입니다.

성경은 살면서 맞닥뜨리는 여러 시험에 내가 어떻게 대응하며 권위에 대해 어떻게 행동하며 고통을 받을 때에 어떻게 처신하는가를 사람들이 살펴보고 있다고 말씀해 줍니다. 예수님께서 이렇게 말씀하셨습니다.

"너희는 세상의 소금이니 소금이 만일 그 맛을 잃으면 무엇으로 짜게 하리요 후에는 아무 쓸 데 없어 다만 밖에 버려져 사람에게 밟힐 뿐이니라 너희는 세상의 빛이라 산 위에 있는 동네가 숨겨지지 못할 것이요 사람이 등불을 켜서 말 아래에 두지 아니하고 등경 위에 두나니 이러므로 집 안 모든 사람에게 비치느니라 이같이 너희 빛이 사람 앞에 비치게 하여 그들로 너희 착한

행실을 보고 하늘에 계신 너희 아버지께 영광을 돌리게 하라"(마태복음 5:13-16)

우리에게 빛이 되라고 말씀하십니다.

우리에게 타인의 모범이 되는 생활을 살라 하십니다.

고난을 받으면서도 내 권리보다는 상대방의 유익을 구하고 이웃의 유익을 구하는 삶을 살아야 합니다.

내가 간증을 하면 가까운 사람들(가족, 직장, 교회) 무엇이라고 말할까요?

참된 그리스도인이라고 말할까요?

내가 죽을 때에 내 약력이 어떻게 쓰일까요?

노벨상의 창시자인 알프레드 노벨에 대한 이야기입니다.

어느 날 아침 신문을 읽는데 자신의 사망 기사가 난 겁니다. 사실은 신문사의 실수로 그의 형이 죽은 것을 잘 못 알고 "알프레드 노벨 사망"이라고 낸 겁니다. 그런데 그에게 크게 충격을 준 것은 자신을 소개하는 기자의 글이었습니다.

"알프레드 노벨은 다이너마이트를 발명한 사람이다. 그는 무기를 생산한 사람이다. 그는 죽음의 장사꾼이었다."

이 기사가 그를 너무도 놀라게 했습니다. 주위에 있는 사람들이 자기를 어떻게 보는지를 깨닫게 됐습니다. 그는 그때부터 세계 평화를 위해 헌신하기로 결심하고 자신의 막대한 재산을 기부하여 세계 평화에 공헌한 사람들에게 노벨 평화상을 주게 되었습니다.

세상 사람들은 늘 우리들을 보고 있습니다.

그러나 더 중요한 것은 하나님께서도 늘 우리를 지켜보고 계십니다. 우리가 거룩하고 온전하게 바로 성서 영향력을 발휘해야 하는 것은 우리를 지켜보고 있는 세상 사람들에게 하나님의 영광과 역사하심을 보여줘야 하기 때문입니다. 그렇기 때문에 누가 보고 있을 때나, 혹은 보지 않을 때나 말씀에 비추어 바로 서며 살아가는 삶을 살아야 합니다.

믿지 않는 사람들을 존중하십시오.

특히 믿는 성도들과는 더욱 사랑하십시오.

권위를 인정하고 예수님처럼 고난에 대처하십시오.

이런 행동을 함으로 다시금 세상에 그리스도인의 권위가 서고 인식이 달라지고 믿고 구원 받는 사람들의 수가 달라질 것입니다.

"어느 때나 하나님을 본 사람이 없으되 만일 우리가 서로 사랑하면 하나님이 우리 안에 거하시고 그의 사랑이 우리 안에 온전히 이루어지느니라"(요한1서 4:12)

다른 사람을 도우며 살라

콜로라도 대학교의 연구에 따르면 소득이 오르면서
인생의 행복도도 올랐습니다. 그런데 그 돈을 자신에게 쓰는 것보다는
남을 위해 쓰는 것이 더 행복도를 높였습니다.
하나님의 원리를 따라 남을 도우며 베풀 때
우리는 참된 행복을 느낄 수 있습니다.

5

베드로전서 3:1-7

"아내들아 이와 같이 자기 남편에게 순종하라 이는 혹 말씀을 순종하지 않는 자라도 말로 말미암지 않고 그 아내의 행실로 말미암아 구원을 받게 하려 함이니 너희의 두려워하며 정결한 행실을 봄이라 너희의 단장은 머리를 꾸미고 금을 차고 아름다운 옷을 입는 외모로 하지 말고 오직 마음에 숨은 사람을 온유하고 안정한 심령의 썩지 아니할 것으로 하라 이는 하나님 앞에 값진 것이니라 전에 하나님께 소망을 두었던 거룩한 부녀들도 이와 같이 자기 남편에게 순종함으로 자기를 단장하였나니 사라가 아브라함을 주라 칭하여 순종한 것 같이 너희는 선을 행하고 아무 두려운 일에도 놀라지 아니하면 그의 딸이 된 것이니라 남편들아 이와 같이 지식을 따라 너희 아내와 동거하고 그를 더 연약한 그릇이요 또 생명의 은혜를 함께 이어받을 자로 알아 귀히 여기라 이는 너희 기도가 막히지 아니하게 하려 함이라"

 '1분이 만드는 백만장자'라는 책은 돈을 벌 수 있는 방법을 알려주는 자기계발서 입니다. 그런데 이 책의 목차를 보면 아주 특이한 항목이 있습니다. 바로 '십일조를 해라'라는 항목입니다. 부를 벌기 위한 목적으로 쓰인 책인데 그 내용 중에 십일조가 있으니 아주 이상한 일입니다. 물론 이 책이 말하는 십일조는 하나님께 바치는 헌금이 아닙니다. 다만 수익의 10%를 반드시 모으고, 또 다른 10%는 다른 사람을 돕거나 이웃을 위해 무언가를 하는 방식으로 사용하라는 이야기입니다.

요즘 교인들 중에는 십일조의 성경적 근거가 잘못됐다며 거부하는 사람들도 많은 추세인데, 가장 세속적인 자기계발서에서는 오히려 여러 가지 근거들을 대며 어떤 방식으로든 십일조를 하라고 권유하고 있습니다.

지금의 기독교를 동계 올림픽 경기중 스키에 비교해 봤습니다. 동계 스포츠의 스키는 산꼭대기에서 시작했다가 아주 빨리 산 밑으로 내려갑니다. 하지만 인간관계에 있어서는 먼저 최고로 좋게 시작했다가 빨리 최하의 상태로 내려가는 것이 그리 좋은 것은 아닙니다. 기독교의 부흥도 마찬가지입니다. 만약에 올림픽처럼 최고의 인간관계를 맺는 사람에게 금메달을 준다면 어떤 성품으로 평가해야 할까요?

아마도 헌신의 성품을 가진 사람이 될 것이라고 저는 생각합니다. 운동도 금메달을 타려고 하는 선수들은 수년간 한결같이 헌신하여 열심히 어느 특정 분야에 자신을 훈련시킵니다. 마찬가지로 하나님의 성품을 닮아 가려고 노력하지 않는 사람은 헌신을 제대로 알 수도 할 수도 없습니다.

먼저 인간관계 중에서도 특별히 부부관계를 생각해 봅시다.

많은 가정들이 사랑해서 결혼하여 수십 년을 살면서도 여전히 많은 문제를 안고 있습니다. 이런 문제를 어떻게 해결할 수 있을까요? 성경은 서로 헌신하는 복종을 바탕으로 가능하다고 말씀하고 있습니다. 책을 읽는 분들은 벌써 머리에 많은 생각이 떠오르실 텐데 이 원리에 대해서 먼저 나누겠습니다.

성경은 아내들은 남편들에게 복종하라고 분명히 말씀하고 있습니다.

베드로가 성령님의 감동을 받아 이 편지를 기록할 당시의 로마 사회는 여성들의 지위가 말이 아니었습니다. 당시 로마에는 이런 말까지 유행했습니다.

"아내를 빌려줄지언정 돈은 빌려줄 수 없다."

그만큼 여성의 지위가 격하되어 있었던 시대였습니다. 그런 사회 속에서, 더구나 예수님을 믿으면 핍박과 고난을 받는 사회 속에서, 불신자의 남편과 살고 있는 아내들에게 어떻게 신앙생활과 가정생활을 영위할 것인가를 말하면서, "아내들은 남편에게 복종하라"는 것일까요? 마치 불에 기름을 붓는 격의 말이 아닐 수 없습니다.

그러나 하나님의 뜻을 따라 살려면 인간관계에 있어서 남을 위해서 이타적인 삶을 사는 것이 중요한 요소 중에 하나입니다. 그래서 내가 가진 것을 남을 위해 사용하는 것, 그리고 내가 가진 권리를 나의 아내, 남편, 가족, 심지어 모르는 사람들을 위하여 사용하는 것은 매우 중요합니다. 이것은 주님의 말씀이며 우리가 순종하며 따라야 할 계명이기 때문입니다.

'돈이 더 많을수록 행복할까?'라는 질문에 답을 얻기 위해서 행복경제연구소에서는 소득계층을 9개로 나눠서 행복지수를 측정해 봤습니다. 특히 높은 소득계층은 과거에 비해서 소득이 오르며 행복도도 높아졌는지를 면밀하게 조사해 봤는데, 그 결과는 "어느 정도까지는 그렇다, 그러나 한계가 있다"로 나왔습니다. 가구별 소득이 천만 원이 될 때까지는 소득과 행복도가 어느 정도 비례하는 것 같았지만 천만 원이 넘어가면서부터는 여러 가지 이유로 오히려 행복도가 급격하게 떨어졌습니다. 다만 이 단계에서도 행복도가 증가하는 사람들이 있었는데, 소득에 비례해서 더 많은 돈을 기부하고, 자원봉사 시간을 늘리는 사람들이었습니다.

이와 비슷한 실험을 미국과 영국에서도 했었습니다. 그리고 두 곳 모두 행복은 소득보다는 남을 위해서 봉사하는 시간과 기부금에 비례한다는 결과가 나왔습니다.

우리는 지난 장을 통해 지금 기독교의 위상이 땅에 떨어진 것을 회복하기 위해서는 다른 이가 아닌 바로 나부터 달라져야 하며, 그러기 위해서는 세상에 영향력을 끼쳐야 한다는 내용을 나넜습니다. 그리고 그런 삶을 준비하기 위한 3가지 질문을 던져 점검까지 마쳤습니다. 그런데 여기서 한 계단을 더 올라가려고 할 때 반드시 일어나는 변화가 있는데 그것은 바로 다른 사람들을 돕는 삶으로의 변화입니다.

이 변화에 대해서 어떻게 생각하십니까? 만족합니까?

아마 이런 생각이 들 수도 있습니다.

'나는 내 인생이 변화되고 싶어서 이 책을 읽고 있는데 이 분은 도대체 나라, 남편, 심지어 직장 상사에게까지 순종하라더니 이제는 생판 모르는 사람들까지 도우라고 하는군...'

맞습니다, 충분히 그렇게 생각할 수 있습니다. 그러나 하나님의 말씀은 우리에게 순종을 넘어 복종을 하라고 말씀하고 있습니다. 그렇다면 왜 내 생각도 아닌 말씀을 따라 살아야 할까요?

인생을 사는 방법은 세 가지가 있습니다.

- 내 방법대로 사는 인생
- 다른 사람의 방법대로 사는 인생
- 하나님의 방법대로 사는 인생

대부분 1,2번의 방법으로는 인생이 변화되고 행복해지지 않기 때문에 절망에 빠집니다. 그런 인생의 유일한 대안은 오직 3번 하나님의 방법대로 사는 것입니다. 그 시작점이 이 책의 첫 계단에서 말한 소망의 시작입니다. 그리고 하나님의 방법대로 사는 인생이 되기 위해서는 '순종'을 넘어선 '복종'이 필요합니다.

사전을 찾아보면 복종이란 단어에는 좋은 뜻이 하나도 없습니다. 그러나 성경적인 의미로 복종의 뜻을 살펴보면 '복종'이란 '다른 사람의 필요를 채워주기 위해서 자신의 권리를 포기하는 용기 있고 아주 수준 높은 행동'입니다. 생명을 버리면서까지 인류를 구원하고자 했던 예수님의 본을 따라 복종하는 삶을 사는 것이 진정한 그리스도인이며 또한 세상의 가장 큰 영향력을 미칠 수 있는 방법입니다.

많은 사람들이 복종이란 '다른 사람의 뜻대로 행하는 것'이라고 생각하는데 실상은 그렇지 않습니다. 다른 사람의 뜻대로 사는 것은 내가 문 앞의 구두 흙털이개가 되는 것입니다. 사람들이 내 삶을 마음대로 짓밟아 그들이 원하는 것들이 내 삶에 일어나는 것입니다.

이런 삶은 바람직한 삶이 아닙니다. 내가 탱크가 되어서 많은 사람들을 짓밟는 것도 구두 흙털이개가 되어서 다른 사람들이 나를 마음대로 짓밟는 것도 바람직한 성경적인 삶의 방법은 아닙니다.

복종이란 말은 내 뜻대로 사는 것과 다른 사람의 뜻대로 사는 것의 중간 지점에 속하는 말이라고 할 수 있습니다. 복종이란 말은 현대어로 말하면 이타적인 삶을 사는 것입니다. 내 뜻으로 이웃을 위해 헌신하면서 사는 삶입니다. 인간관계에 있어서 이타적으로 되는 것을 배우는 것입니다.

자기 뜻을 따라, 또는 남의 뜻을 따라 산다는 것이 무슨 뜻이겠습니까? 조금이라도 더 나은 것을 많이 가지기 위해서 불법도 개의치 않고 행하며 남을 밀쳐내는 인생 아니겠습니까? 그렇기에 이런 것들을 과감히 포기하라는 말씀에 복종을 하는 것이 인생의 바른 해답을 찾는 방법이며, 도저히 방법이 없는 기존의 삶에서 진정한 소망을 찾을 수 있는 방법입니다. 우리가 오늘 함께 생각할 '다른 사람을 돕는 삶'은 가장 하나님의 방법대로 사는 삶입니다. 하나님이 주신 새 계명의 첫 번째는 "목숨을 다하여 하나님을 섬기는 것"과 "이웃을 내 몸과 같이 사랑하는 것"이기 때문입니다.

그러나 안타깝게도 요즘은 너무 극단적인 개인적 이기주의로 시대가 흘러가고 있습니다. 대중가요를 비롯해 드라마까지 하나같이 '내 멋대로 인생'을 표방하고 있습니다. 자기가 하고 싶은 것만 하며 사는 삶이 일시적인 행복이나 만족을 가져다 줄 수 있지만 그런 삶은 세상에 어떤 영향력도 미치지 못하고 그로 인한 유익 역시 오래 가지 못합니다.

그러나 워낙 문화적으로 '자기만족', '자기중심', '물질만능'의 사상이 퍼져 있기 때문에 그리스도인들조차 남을 위한 삶에 의문을 품으며 이런 말씀을 본능적으로 회피합니다. 성공하기 위해서 종교생활을 하는 말도 안 되는 현상도 일어나고 있습니다.

그러면 왜 우리가 굳이 남을 위해서 사는 것을 이처럼 중요하게 여겨야 하는지 즉 왜 이타적으로 살아야 하는지 그 이유를 몇 가지 살펴보겠습니다.

첫째는, 갈등의 원인인 이기심을 제어하기 위해서 입니다.

베들레헴 철강의 사장인 찰스 슈왑은 일반사원으로 회사에 들어와 백만 달러의 연봉을 받은 세계 최초의 인물입니다. 그는 특히 직원들을 잘 다루기로 아주 유명한 사람이었는데, 그 원칙 중 하나는 어떤 상황에서도 자기의 감정을 내세우지 않고 상대방의 입장에서 생각하는 것이었습니다.

한 번은 그가 공장의 시설을 점검하러 돌아다니고 있었습니다. 그러다 흡연 금지구역에서 담배를 피우는 3명의 직원을 발견했습니다. 흡연이 큰 화재로 이어질 수 있는 지역이었기에 찰스는 이 일로 불같이 화를 낼 수도 있었고, 심지어 그 일을 빌미로 직원들을 해고할 수도 있었습니다. 그런데 찰스는 갑자기 자신의 담배를 직원들에게 나눠 주며 말했습니다.

"일하느라 힘들 텐데 나와도 잠깐 피우며 쉬지 않겠나? 아차 근데 여긴 금연구역이야! 우리 잠깐 밖에서 피우고 오게나."

찰스는 충분히 직원에게 혼을 내고 벌을 줄 수도 있는 상황이었습니다. 직원들은 충분히 잘못을 했고, 그는 사장이었습니다. 사장은 충분히 그럴 권한이 있었습니다. 그렇게 한다 해도 아무도 사장이 잘못을 했거나 이기적이라고 할 수 없는 상황이었지만 그럼에도 찰스는 예의를 갖춰 지혜롭게 잘못을 일러 주었습니다. 그리고 사장의 이런 세심한 배려와 양보 덕분에 그 직원은 분명히 변했고 더 성실해진 직원으로 인해 회사의 생산성도 올라갔습니다.

화를 내는 것이 당연한 상황일지라도 배려와 권유는 상황을 더 낫게 만들고 사람을 변화시킵니다. 화를 내는 것이 당연한 상황일지라도 주장과 어투를 잘못 사용하면 갈등이 생기고 관계가 깨집니다.

성경은 이런 이기심에 대해서 강하게 경고하는 주제로 연결되어 있습니다.

"불의의 값으로 불의를 당하며 낮에 즐기고 노는 것을 기쁘게 여기는 자들이니 점과 흠이라 너희와 함께 연회할 때에 그들의 속임수로 즐기고 놀며"(베드로후서 2:13)

"너희 중에 싸움이 어디로부터 다툼이 어디로부터 나느냐 너희 지체 중에서 싸우는 정욕으로부터 나는 것이 아니냐"(야고보서 4:1)

우리 가정에서 생기는 갈등의 이유도 바로 이기적인 데에 근거를 두고 있습니다. 다툼과 충돌을 깊이 파헤쳐서 분석해 보면 그 누군가 어느 면에서 이기적이기 때문입니다. 싸우고 다투는 곳에는 꼭 이기심이 관련되어 있습니다.

집에서도 그렇고 사회에서도 화평을 도모하기 위해서는 우리가 이타적이 되어야 합니다. 이타심이 평화를 가져옵니다. 전쟁터와 같은 가정의 문제를 해결하는 데에 있어서 이타심이 문제 해결의 열쇠입니다.

가장 최근에 누군가와 다퉜던 일을 떠올려 보십시오.

그것이 나로부터 시작했든 타인으로부터 시작했든 분명 누군가의 이기심으로 시작된 갈등일 것입니다. 하다못해 한 피를 나눈 가족만 해도 그렇습니다. 가장 행복하고 따스해야 할 가정마저도 작은 이익 때문에 서로 이기적이 되어 등을 돌리고 반목하는 경우를 쉽게 볼 수 있습니다. 사람과 사람 사이에 일어나는 갈등을 해결할 수 있는 유일한 방법은 바로 양보입니다. 남을 먼저 생각하는 이타심입니다. 조금 더 고급지게 말하자면 바로 이웃을 사랑하는 것입니다.

그런데 이런 용기 있고 유익한 행동인 이타심이 너무나도 어리석은 행동으로 여겨지는 시대가 찾아왔습니다. 제가 이런 말을 할 때마다 사람들은 한 명도 빠짐없이 이렇게 말을 합니다.

"도대체 왜! 나만 양보하고 희생해야 합니까!"

이 말이 무슨 소리입니까? 나는 절대로 양보할 수 없으니 무조건 상대방이 양보해야 한다는 고집입니다. 이보다 더 이기적인 마음이 있을까요? 예수님의 말씀처럼 "왼 뺨을 때리면 오른 뺨을 대라"고 까지는 말하지 않겠습니다.

그러나 최소한 예수님을 따라 살기로 결심한 그리스도인이라면 적어도 내가 양보할 만한 상황이라면 눈치 보지 말고, 잘잘못을 따지지 말고, 이익을 생각하지 말고 그냥 쿨하게 양보하십시오. 그 일이 더 큰 손해로 이어질지도 모르는 큰 갈등을 막을 것이며 더 나아가 우리가 그리스도인으로 하나님의 사랑을 세상에 전하고 있다는 것을 보여줄 것입니다.

"오직 너 하나님의 사람아 이것들을 피하고 의와 경건과 믿음과 사랑과 인내와 온유를 따르며 믿음의 선한 싸움을 싸우라 영생을 취하라 이를 위하여 네가 부르심을 받았고 많은 증인 앞에서 선한 증언을 하였도다"(디모데전서 6:11,12)

둘째는, 나의 성품을 올바르게 변하도록 돕기 때문입니다.

에반 올마이티라는 영화에서 주인공은 하나님께 이런 질문을 합니다.

"하나님! 왜 제 기도를 들어주시지 않으십니까?"

그러자 갑자기 하나님이 나타나셔서 이런 대답을 해주십니다.

"만일 누가 인내심을 달라고 하면 바로 마법처럼 인내심을 줄까? 인내심을 발휘할 기회를 줄까? 어느 것이 진정한 응답일까?

만일 누가 용기를 달라고 기도하면, 갑자기 생겨나는 용기를 줄까? 용기를 발휘할 기회를 줄까?

만일 누가 가족과 더 가까워지게 해달라고 기도를 한다면 갑자기 서로 특별한 감정을 느끼게 변화시켜 줄까? 아니면 그럴 수 있는 기회를 허락할까?"

비록 영화 속의 상황이지만 지금 시대의 그리스도인들이 충분히 받을 만한 질문입니다. 이 질문에 한 번 대답해 보십시오. 어떤 것이 정답이라고 생각합니까? 또 정말로 원하는 응답은 어떤 모습입니까?

우리는 매일 열심히 기도합니다. 하나님을 사랑한다고, 하나님 뜻대로 살기를 원한다고, 예수님만을 섬기며 살겠다고 말입니다. 그러나 막상 기도를 끝낸 뒤의 삶은 어떻습니까? 예배를 마치고 교회 밖으로 나온 모습은 어떻습니까? 정말로 우리의 기도가 진심이라는 것을 하나님께 보여드릴 수 있는 상황마다 우리는 돌변합니다.

'나약한 인간이라...'

'사람은 어쩔 수 없어요...'

'요즘은 다 그래요...'

'안 그럼 나만 손해본다고요...'

너무 많아 핑계를 다 댈 수도 없을 정도입니다. 그러나 사람이 변화되는 데에는 그리고 누군가를 변화시키는 데에는 인내함으로 양보하는 성품이 너무나 중요합니다.

한쪽은 믿고 한쪽은 믿지 않기 때문에 신앙으로 인해 부부간에도 문제가 생기는 경우가 많습니다. 이와 같은 상황에 처한 가정이 정말로 많습니다. 저는 목회자이기 때문에 이런 상황에 대해서 너무나 잘 알고 있습니다. 그런데 당시에도 이런 가정이 아마 많았던 것 같습니다.

그런 가정 문제를 해결할 수 있는 방법이 바로 이 말씀입니다.

"아내들아 이와 같이 자기 남편에게 순종하라 이는 혹 말씀을 순종하지 않는 자라도 말로 말미암지 않고 그 아내의 행실로 말미암아 구원을 받게 하려 함이니"(베드로전서 3:1)

잠언27장17절입니다.

"철이 철을 날카롭게 하는 것 같이 사람이 그의 친구의 얼굴을 빛나게 하느니라'"

우리가 변화되거나 성숙하는데 있어서 이 관계가 무엇보다 중요합니다. 혹시 우리 중에 관계로 인하여 힘들어 하는 분이 있다면 그런 분들은 '성숙의 훈련'을 받고 계신 것이라고 봅니다. 내가 이타심을 발휘하는 것이 다른 사람들을 변화시키고 성장하게 하는 최고의 선한 방법입니다.

예수 그리스도는 이 세상에 사셨던 사람 가운데 가장 이타적으로 사신 분입니다. 그것이 영향력입니다. 예수님께서는 다른 사람을 위해서 자신의 삶을 온전히 바치셨습니다. 얼마나 많은 사람들을 주님께서 바꾸어 놓으셨는지를 살펴보십시오.

자신의 삶을 살펴볼 때에 누가 가장 영향을 많이 주었다고 생각합니까? 이기적인 사람입니까? 물론 아닙니다. 내가 변화하도록 가장 영향을 많이 끼친 사람들은 헌신적인 즉 이타적인 사람들입니다. 이타적(헌신)이 되는 것이 사람을 좋게 변화시키는 비결입니다. 그래서 베드로는 "너희가 악행한다고 하는 세상에서" 이 이타적이고 헌신적인 삶을 살아 사람들에게 선한 영향력을 끼치라고 말씀하는 것입니다.

말씀이 그렇게 우리에게 순종을 강요하고 복종하라고 명령하는 이유도 바로 이것입니다. 우리가 그토록 해결하고 싶어 하는 문제들을 해결하기 위해서, 지옥과도 같은 상황을 변화시키고 하나님이 주시는 소망을 삶에서 찾도록 하기 위해서 입니다.

하나님의 말씀에 순종할 때, 즉 이기심을 내려놓고 남을 돕는 이타심을 우리 안에 가득 채울 때 내가 바로 서고 나와 연결된 사람들과의 관계가 변화됩니다. 다시 말하지만 사람의 변화에 가장 큰 영향력은 '이타적인 삶, 즉 헌신적인 삶'입니다.

부부간에도 한 사람이 그리스도인이고 다른 배우자가 아닐 때에도 이타적인 삶이 사람을 변화시켰던 것입니다. 전도를 위해 필수적인 것입니다.

남편이 하나님 말씀을 따라 아내를 사랑하면 아내가 변화됩니다. 마찬가지로 아내들이 하나님 말씀을 따라 남편에게 순종하면 남편들이 변화됩니다. 굳이 손해를 보면서도 남을 위해야 하는 것, 나의 이기심을 잠깐 내려놓아야 하는 이유는 바로 성숙의 훈련이 우리 모두에게는 필요하기 때문입니다. 이기심을 내려놓고 남을 위한 사랑의 마음을 품고 말씀을 따라 순종하는 것이 나를 죽이고 말씀으로 신앙을 성장하게 만드는 최고의 선한 방법입니다. 모든 생애를 남을 위해 살았고 심지어 목숨까지 바치신 분이 있습니다. 바로 예수님입니다.

예수님이 얼마나 많은 사람들을 변화시키셨습니까?

내 삶에 영향을 주고 변화시킨 것은 헌신적이고 이타적이며 충만한 사랑이었습니다. 그것이 바로 이기심을 버리고 다른 사람을 위해 헌신해야 할 두 번째 이유입니다.

"아무 일에든지 다툼이나 허영으로 하지 말고 오직 겸손한 마음으로 각각 자기보다 남을 낫게 여기고"(빌립보서 2:3)

셋째는, 기도의 응답을 받기 위해서 입니다.

이기심은 우리의 기도를 막습니다.

"남편들아 이와 같이 지식을 따라 너희 아내와 동거하고 그를 더 연약한 그릇이요 또 생명의 은혜를 함께 이어받을 자로 알아 귀히 여기라 이는 너희 기도가 막히지 아니하게 하려 함이라"(베드로전서 3:7)

이웃에 대한 나의 태도가 하나님과 나의 관계에 직접적인 영향을 미칩니다. 우리들은 자신의 힘을 이기적으로 사용하여 자신의 방법대로 할 수도 있고 하나님의 제한 없는 능력을 사용하여 하나님의 방법대로 할 수도 있습니다.

이기심이란 그 최고의 상태가 자신을 의지하는 것입니다. 반면 기도는 그 중심이 '내가 하나님을 의지한다는 것'을 나타내는 것입니다. 그런데 이기심은 분명히 우리 삶에서 기도의 능력을 막아 버립니다. 그래서 머리로는 어떤 것이 먼저인지를 알지만 우리가 이타적인 삶을 살고자 하면 내면에서 전쟁이 일어남을 느낍니다.

중세 시대의 가장 뛰어난 신학자이자 철학자 중 한명인 엘로이즈는 인간에게는 '여섯 가지 감옥'이 있다고 말했습니다.

1. 자신의 아름다움만을 보려고 하는 감옥

2. 다른 사람의 단점만을 보려고 하는 감옥

3. 내일을 절망적으로 생각하고 염려하는 감옥

4. 과거만을 그리워하고 오늘을 찌꺼기로 여기는 감옥

5. 남이 가진 것을 부러워하는 감옥

6. 남의 성공을 질투하고 싫어하는 감옥

그리고 이 여섯 가지 감옥에 대해서 다음과 같이 말했습니다.

"이 감옥들은 잠긴 자물쇠와 같습니다. 그러나 이 자물쇠를 풀기 위해서는 딱 한 가지 열쇠만 있으면 되는데 그것은 바로 하나님을 향한 기도입니다."

위의 감옥들은 모두 이기심과 직결되어 있습니다. 이기적인 마음이 주는 폐해는 여기서 끝이 아닙니다. 이기심은 나의 변화를 막고 다른 사람과의 관계를 악화시킬 뿐 아니라 하나님과 나의 관계까지도 안 좋은 영향을 직접적으로 미칩니다.

우리는 모든 상황에서 두 가지 선택을 할 수 있습니다.

하나는 하나님의 편에 서서 하나님의 방법대로 하고자 마음먹는 것이고 다른 하나는 내 편에 서서 내 마음대로 행동을 선택하는 것입니다. 이기심은 하나님을 무시하고 내 멋대로 하는 행위의 가장 높은 행위입니다. 반면에 하나님께 드리는 기도는 이런 나를 내려놓고 오직 하나님의 뜻에 따라 살겠다고 고백하며 다짐하며 하나님에게 영광을 올려 드리는 일이기 때문에 이기심과는 절대로 양립할 수 없습니다. 기도하는 사람이 이기적일 수는 없습니다. 만약 정말로 그렇다면 그 기도는 거짓이고 하나님이 받으시지 않는 기도입니다.

조금 더 솔직해진다면 이 사실을 안다고 우리의 상황이 별로 달라지지 않을 수도 있습니다. 바로 실천을 안 하기 때문입니다. 사실 몰라서 우리가 하나님의 방법을 선택 안하는 것은 아니지 않습니까?

우리가 기도로 하나님을 의지할 때, 그리고 우리 삶에서 이기심을 조금씩 몰아내고 다른 사람을 위한 삶을 살고자 노력하면 이 내면의 전쟁이 서서히 막을 내립니다.

그러나 가장 원초적이고 강력한 이기심에 마음이 잠식 당하면 기도가 막히며 말씀이 우리 삶을 통해 세상에 전해질 수 없게 됩니다. 내면의 전쟁에서 승리하지 못하고 있다면 더욱 기도하십시오. 이기심으로, 나의 방법대로 사는 삶이라면 더욱 기도하십시오 그것이 유일한 방법입니다.

이제 우리가 이기심을 버리고 왜 남을 위한 삶을 살아야 하는지 알았을 것입니다. 그리고 성경이 왜 그렇게 사랑을 강조하고 봉사와 구제를 말하고 있는지도 알았을 것입니다.

가장 중요한 것이 하나님과 나와의 관계이고 믿음과 순종이라면 그 다음으로는 이웃을 향한 사랑과 양보, 그리고 선행입니다.

그러면 조금 더 구체적으로 '다른 사람을 위한 삶을 살 수 있는 세 가지 방법'에 대해서 알아보겠습니다.

1. 다른 사람의 필요를 이해해야 합니다.

미국의 한 농부는 오랜 연구와 노력 끝에 농사에 반드시 필요한 트랙터를 훨씬 저렴한 가격에 다양하게 응용할 수 있는 기술을 개발했습니다. 가격은 8배나 더 저렴했고, 게다가 지형과 농사의 특색에 맞게 손쉽게 개조할 수 있는 정말로 획기적인 방법이었습니다. 그 기술을 잘만 활용하면 미국에서만 팔아도 억만장자가 되는 것은 시간 문제였습니다. 그런데 그는 돌연 그 트랙터의 설계도를 인터넷에 공개했습니다. 그리고 다음과 같이 그 이유를 밝혔습니다.

"이제 누구든 적은 비용으로 원하는 트랙터를 만들 수 있습니다. 기술의 결핍이 사라지게 하는 것이 저의 목표입니다."

그의 이런 포부는 전 세계적으로 폭발적인 반응을 불러 일으켰습니다. 비슷한 일에 종사하는 전문가들이 그의 설계도를 더 개선했고, 무료로 공개했습니다. 전 세계에서 그의 방법을 응용해 만들어진 저렴한 트랙터들이 농부들에게 제공되었습니다. 야쿠보우스키라는 폴란드계 한 농부의 이런 운동은 '하드웨어 오픈소스'라는 운동으로 발전되어 지금도 다양한 분야에 긍정적인 선례가 되었습니다.

야쿠보우스키는 자신의 발명품으로 인해 얼마든지 떼돈을 벌수 있었습니다. 그렇게 한다고 해도 아무도 그를 비난하지 않았을 것입니다. 그러나 그는 그러지 않았습니다. 자기에게 필요한

돈보다 지금 자신의 발명품을 필요로 하는 사람들이 있다는 것을 알았기 때문에 모든 것을 포기하고 위대한 결단을 내렸습니다. 이 농부가 크리스천인지는 알 수 없지만 모든 크리스천들이 본받을만한 삶이라는 건 분명합니다.

성경도 다른 사람의 필요를 아는 것이 매우 중요하다는 것을 말하고 있습니다.

"남편들아 이와 같이 지식을 따라 너희 아내와 동거하고 그를 더 연약한 그릇이요 또 생명의 은혜를 함께 이어받을 자로 알아 귀히 여기라 이는 너희 기도가 막히지 아니하게 하려 함이라"(베드로전서 3:7)

이 말씀에 나오는 "지식을 따라 아내와 동거하라"는 말씀은 "상대방에 대해서 알라"는 말씀입니다. 다른 사람을 위한 삶을 시작하려면 먼저 "그 사람에게 필요한 것이 무엇일까?"라는 질문에서 출발해야 합니다.

이 태도를 가지게 되는 것이 모든 원만한 인간관계의 기초가 됩니다. 누구를 만나던지 이 생각을 먼저 한다면 관계에서는 절대로 실패할 염려가 없습니다.

그래서 성경은 이런 삶을 거듭, 거듭, 거듭 강조합니다.

"너희 관용을 모든 사람에게 알게 하라 주께서 가까우시니라" (빌립보서 4:5)

"오직 위로부터 난 지혜는 첫째 성결하고 다음에 화평하고 관용하고 양순하며 긍휼과 선한 열매가 가득하고 편견과 거짓이

없나니"(야고보서 3:17)

"아무도 비방하지 말며 다투지 말며 관용하며 범사에 온유함을 모든 사람에게 나타낼 것을 기억하게 하라"(디도서 3:2)

이 말씀들이 모두 말하는 것은 이타적인 삶을 살라는 것입니다. 그런 삶을 통해 크리스천들이 이타적으로 산다는 것을 모든 세상이 알게 하라는 것입니다. 그러면 사람들은 우리가 왜 이런 삶을 사는지, 그런 삶을 살게 하는 원동력이 무엇인지 궁금해 할 것이고, 관심을 가질 것이고, 동참할 것입니다.

그렇기에 매일 만나는 사람이 누구든지 그동안 나와 어떤 관계를 맺었는지에 상관없이 이제 우리는 제로 베이스에서 출발해야 합니다. 위에 나온 말씀들을 따라 다시 관계를 맺어야 합니다. 오늘부터 만나는 모든 사람들의 말을 먼저 들으십시오. 상대방의 필요를 알 수 있는 방법은 그들이 처한 상황에 대한 관심과 하는 말에 경청하는 것입니다. 그러기 위해서는 다음의 세 가지 요령이 필요합니다.

(1) 듣는 것

미국의 저명한 정신분석학자인 칼 메닝거 박사는 이렇게 말했습니다.

"듣는 일은 신비한 자력을 가진 창조적인 힘입니다. 사람들은 자기 말을 잘 들어주는 친구의 곁에 머물고 싶어 합니다. 누군가 우리말에 귀 기울여 줄 때, 우리의 존재는 만들어지고 열리고 확장됩니다. 나는 이 진리를 깨달은 뒤부터 모든 사람에게 애정을 갖고 그들의 말에 귀를 기울입니다. 처음에는 건조하고 하찮고 지루한 이야기뿐 일지 모르지만 곧 그들은 거기에 마음을 담기 시작합니다. 그리고 그때부터 놀랍고 생생한 자신의 진정한 모습을 드러냅니다."

세계최고의 갈등해결 전문가이자 평화운동가인 로젠버그 박사는 이런 경청에는 훈련이 필요하다고 말합니다. 말을 하는 것이 연습과 노력이 필요하듯 듣는 것 역시 그러한데, 이상하게도 사람들은 말하는 것에는 훈련을 하고 공을 들이면서도 경청은 가만히 앉아 있기만 하면 저절로 되는 것으로 생각하는 것이 대부분인데, 이는 굉장히 잘못된 생각이라는 주장입니다. 사람은 본능적으로 듣기보다 말하기를 좋아합니다. 그러므로 듣는 노력과 훈련을 해야 합니다.

사람과의 관계는 그냥 알아가는 게 아닙니다. 이렇게 하려면 중요한 기술을 발전시켜야 합니다. 이 기술이 바로 "잘 듣는 것" 입니다. 우리가 듣는 기술을 발전시킬 때에 다른 사람들의 필요를 잘 도와줄 수가 있게 됩니다. 좋은 믿음은 인내와 경청에서 나옵니다. 특별히 우리나라 문화가 이런 것을 잘 못합니다. 남자들이 더 그렇습니다. 그래서 아내들에게 말을 듣습니다.

"당신. 지금 듣는 거야 안 듣는 거야?"

듣고 있지만 훈련되지 않았기 때문에 딴청을 피우는 겁니다. 그리고 다른 사람과의 대화 도중에도 나만의 생각에 사로잡혀 있을 때가 많습니다. 그러나 이제 경청의 중요성을 알았기 때문에 조금씩 상대방의 말을 중요하게 생각하고 내 말을 조금 줄이면 어느덧 자연스럽게 경청의 습관이 몸에 밸 것입니다.

"내 사랑하는 형제들아 너희가 알지니 사람마다 듣기는 속히 하고 말하기는 더디 하며 성내기도 더디 하라"(야고보서 1:19)

(2) 인내심

10명의 사람이 있으면 10명의 말하기 방법이 있습니다. 사람마다 표현하는 방법들이 다릅니다. 어떤 사람은 장황하게 설명하며 결론이 뒤에 오게 말하고, 어떤 사람은 본론만 말하고 말이 짧은 사람이 있습니다. 나이 많으신 분들이 계속 반복해서 이야기를 할 때에 젊은 사람들은 요점만을 듣길 원합니다. 일단 요점을 파악하면 그 다음은 더 이상 듣지를 않습니다. 그래서 인간관계가 어렵게 됩니다.

듣는 사람의 성향에 따라 어떤 사람의 말하기는 인내심이 필요할 수도 있고 너무 힘들 수도 있습니다. 그렇다고 그 말을 가로막거나 "본론이 뭐야?", "요점만 말해"라고 말해서는 안 됩니다. 상대방이 편하게, 자기 방법대로 말을 해야 속마음이 나오고 편하게 대화할 수 있기 때문입니다. 상대방이 자기 방법대로 말하게 하고 허락하고 그들의 감정이 어떻고 그들에게 무엇이 필요한가를 알 수 있어야 합니다.

"아무 일에든지 다툼이나 허영으로 하지 말고 오직 겸손한 마

음으로 각각 자기보다 남을 낮게 여기고"(빌립보서 2:3)

(3) 시선 집중

심리학자 알버트 매러비안은 사람이 서로 대화를 할 때 영향을 미치는 감각에 대해서 연구를 했는데 그 결과는 다음과 같았습니다.

-표정: 35%, 태도: 20%, 목소리: 38%, 말의 내용: 7%

대화의 전부일 것 같은 말의 내용은 겨우 7%밖에 되지 않았고 소리가 아닌 비언어적인 표현이 대화의 무려 93%를 차지하고 있었습니다. 매러비안의 이 연구는 매러비안 차트로 발전되어 지금도 커뮤니케이션 구성 요소의 바이블 역할을 하고 있습니다.

경청의 의도를 표현하는 좋은 방법은 말이 아닌 다른 90%의 비언어적인 것으로 나타내는 것입니다. 시선을 마주치고, 고개를 끄덕이고, 몸은 상대방 쪽으로 살짝 기울여 감정에 동조하십시오. 이런 행동들이 처음에는 익숙지 않겠지만 "내가 지금 당신의 이야기를 듣고 있습니다"라는 표현은 충분이 될 수 있습니다.

시선을 집중시키는 것은 내가 당신의 말을 듣고 있다는 것을 나타내는 것입니다.

"당신이 내게 중요합니다"를 표현하는 것입니다. 상대방의 눈을 잘 맞추십시오.

그리고 조금 더 숙달되면 "당신은 나에게 중요한 사람입니다"라는 메시지까지 전달할 수 있습니다. 듣는 연습을 잘 발전시키는 것이 다른 사람의 필요를 더욱 더 잘 돌봐 주는 시발점이 됩니다. 우리가 상대방이 말하는 것을 정말로 잘 듣는다면 그들의 필요를 더욱 분명하게 알아듣고 그들을 더 잘 도와 줄 수 있는 계기가 됩니다.

"구제를 좋아하는 자는 풍족하여질 것이요 남을 윤택하게 하는 자는 자기도 윤택하여지리라"(잠언 11:5)

2. 다른 사람의 가치관을 존중해야 합니다.

인도 선교로 평생을 바친 스탠리 존스 선교사는 다른 선교사들에게 항상 다음의 세 가지를 강조했습니다.

첫째, 예수 그리스도처럼 살아가기 위해서 노력할 것.

(삶으로 예수님을 보여준다면, 그 삶에 동화된 현지인들은 거부하지 못할 것이다)

둘째, 현지 문화와 종교를 공부할 것, 그리고 그들의 생활방식은 존중하며 인정할 것,

(그러나 성경의 가르침은 타협하지 않고 기회가 될 때마다 그대로 전해야 한다.)

셋째, 사랑을 강조할 것,

(기독교의 핵심이 사랑이라는 것을 항상 잊지 말아야 한다.)

스탠리 존스 선교사는 힌두교가 곧 삶인 인도 사람들에게 복음을 전할 때에도 그들의 삶의 방식과 가치관을 존중했습니다. 선교란 내가 믿는 예수 그리스도를 말과 행동으로 설명하는 것이지 강제로 믿게 하는 것이 아니라고 생각했기 때문입니다. 얼핏 소극적인 태도로 보일 수도 있지만 스탠리 선교사는 이런 자세로 수만 명이 넘는 사람들을 주님께로 인도했습니다.

우리가 상대방을 존중하지 않으면 최소한 우리의 생각과 하나님의 복음을 전할 기회조차 얻을 수 없습니다. 그래서 베드로 역시 순종을 말함과 동시에 존중을 언급합니다.

"남편들아 이와 같이 지식을 따라 너희 아내와 동거하고 그를 더 연약한 그릇이요 또 생명의 은혜를 함께 이어받을 자로 알아 귀히 여기라 이는 너희 기도가 막히지 아니하게 하려 함이라"(베드로전서 3:7)

베드로는 본문에서 남편들에게 아내를 존중하라고 말합니다. 그리고 에베소서 5장에서 바울은 아내들에게 남편을 존경하라고 말합니다.

"아내들이여 자기 남편에게 복종하기를 주께 하듯 하라 이는 남편이 아내의 머리됨이 그리스도께서 교회의 머리됨과 같음이니 그가 바로 몸의 구주시니라 그러므로 교회가 그리스도에게 하듯 아내들도 범사에 자기 남편에게 복종할지니라 남편들아 아내 사랑하기를 그리스도께서 교회를 사랑하시고 그 교회를 위하여 자신을 주심 같이 하라 이는 곧 물로 씻어 말씀으로 깨끗하게 하사 거룩하게 하시고 자기 앞에 영광스러운 교회로 세우사 티나 주름 잡힌 것이나 이런 것들이 없이 거룩하고 흠이 없게 하려 하심이라"(에베소서 5:22-27)

이 말씀을 통해 우리가 알 수 있는 것은 성경이 말하는 질서는 모두 상호보완적이라는 것입니다. 성경은 남편에게 아내가 순종할 것을 명하지만 또한 남편에게 아내를 사랑하라고 명합니다.

남편과 아내 관계에 있어서 존경은 상호관계이지 어느 한 쪽에만 국한되는 것이 아닙니다. 우리들은 배우자의 가치를 발견하고 존경해야 합니다. 내가 다른 사람을 귀하게 여길 때에 그들의 필요를 발견하고 그 필요를 채워 주려고 힘쓰게 됩니다.

그렇기에 말씀을 따라 사는 일은 곧 질서를 회복하는 일이며 갈등을 해소하는 일이며 상처를 치유하는 일입니다. 성경의 가르침처럼 부부가 서로 배우자를 존중하며 귀하게 여기면 상대방의 필요를 알게 됩니다. 그리고 그것을 채워주려고 노력하다보면 대부분의 부부문제는 해결되고 하나님이 애초에 계획하신 사랑과 믿음이 가득한 가정이 됩니다. 이와 같은 마음으로 우리는 상대방을 존중해야 합니다. 특히 그 사람의 가치관을 존중해야 합니다.

"아무 일에든지 다툼이나 허영으로 하지 말고 오직 겸손한 마음으로 각각 자기보다 남을 낮게 여기고"(빌립보서 2:3)

이 말씀은 비단 부부관계 뿐만 아니라 만나는 모든 사람들을 존중하라는 말씀입니다. 그러나 이 말씀이 나를 낮게 여기라는 뜻으로 받아들이시면 안 됩니다. 이 말씀은 나를 낮게 여기거나 덜 존중하라는 말이 아닙니다.

남을 먼저 존경하라는 말씀은 나를 천히 여기라는 말씀도 아니고 덜 귀하게 여기라는 말도 아닙니다. 그리고 내가 존경받을 필요가 없다는 말도 아닙니다. 먼저 남을 더 존경하라는 말씀입니다.

우리는 하나님이 엄청난 값을 주고 드래프트 1순위로 영입한 하늘나라의 에이스라는 것을 잊지 않으시길 바랍니다. 이 말씀이 의미하는 것은 단지 조금 더 먼저 조금 더 존경하라는 뜻입니다. 그러기 위해 시간을 내서 다른 사람들에게 감사함을 표하십시오.

'감사하다'는 말씀은 남의 가치를 더 귀히 여기고 높이는 것을 의미합니다. 내가 남의 가치를 높이는 것입니다. 이는 그들의 가치관을 존경하는 것입니다. 그래서 교만이 아니라 겸손이 요구됩니다.

누군가 나를 칭찬하면 더 좋은 칭찬을 해주십시오. 이렇게 상대방을 높여주면 상대방도 진심으로 나를 높이고 존중할 것입니다. 그리고 하나님이 나를 높여주실 것입니다. 이보다 우리 삶에 더 중요하고 반드시 해야 할 일은 없습니다.

"그러므로 하나님의 능하신 손 아래에서 겸손하라 때가 되면 너희를 높이시리라"(베드로전서 5:6)

3. 다른 사람을 위해 희생할 각오가 되어 있어야 합니다.

남제용 선장은 원양어선을 타고 부산항으로 귀항하는 도중 남중국해에서 보트를 타고 표류하고 있는 96명의 난민을 발견했습니다. 워낙 바다 한 가운데에서 떠돌던 보트라 망망대해에 그대로 두고 떠나면 모두 죽을 것이 뻔했습니다. 급한 마음에 회사에 무전을 쳤지만 돌아온 응답은 "괜히 귀찮은 일에 엮이지 말고 그냥 귀항하라"였습니다. 그러나 상태마저 안 좋아 보이는 난민들을 그냥 두고 볼 수는 없어 자신이 모든 책임을 지겠다며 선원들을 설득해 모두 구조했습니다. 구조된 난민 가운데는 심한 상처를 입은 아이들을 비롯해 임산부까지 있었습니다. 물론 회사에서는 명령 불이행을 이유로 선장이 돌아오자마자 해고했습니다. 게다가 여러 국가기관까지 찾아와서 조사를 했습니다.

그렇게 일자리를 잃고 힘들게 고향에서 양식업을 하며 지금도 어렵게 살고 있지만 남제용 선장은 지금도 그때의 선택을 1% 도 후회하지 않는다고 자신의 양심을 따라 행한 일을 자랑스럽게 여기고 있습니다.

태어나서 난생 처음 보는 사람들을 구하려고 자기 직업과 모든 것을 버리면서까지 희생하는 일은 결코 쉽지 않은 일입니다. 그러나 그런 각오가 있었기에 망망대해에서 표류하던 많은 사람들이 목숨을 구할 수 있었습니다.

누구나 이기심을 버리고 남을 위해 살라고 말할 수는 있지만 실제로 이기심을 버리고 남을 위해 사는 행동을 하는 것은 힘이 듭니다. 우리는 매일 같이 고민하고 있습니다. 마음으로는 너무나도 돕고 싶고 나서고 싶지만 그럼에도 우리의 행동은 미동도 하지 않습니다. 남을 돕는 일에는 언제나 희생이 따르기 때문이고 그 희생을 감수할 용기가 없기 때문입니다.

이타적으로 말하는 것과 **이타적으로 행동하는 것** 사이에는 아주 큰 **차이**가 있습니다. 이타적으로 말하기는 쉬우나 행동하기는 힘이 듭니다. 이타적인 행동을 하는 것에 우리는 고전하고 있습니다. 이타적인 행동에는 반드시 희생이 따르기 때문입니다.

"자녀들아 우리가 말과 혀로만 사랑하지 말고 행함과 진실함으로 하자"(요한1서 3:18)

우리가 이타적으로 말할 때에 우리의 기분이 아주 좋습니다. 그러나 이타적인 행동은 우리의 희생을 요구하기 때문에 이런 행동을 하려면 먼저 겁부터 먹게 됩니다. 이타적으로 사는 것은 한두 번 크게 양보하는 것으로 그치는 것이 아니라 수백 가지의 크고 작은 분야에서 희생을 요구하기 때문입니다. 매일 매일 큰 것들의 몇 가지는 물론이거니와 작은 여러 분야에서 수많은 희생을 요구합니다.

그러나 실제로 남을 도우려고 행동을 할 때, 그런 기회가 생길 때는 희생이 두려워 겁이 덜컥 납니다. 남을 돕는 삶이 습관처럼 이루어지려면 한 두 번의 큰 결심이 아니라 매일 매일 수백 번에 달하는 작은 결심들이 필요합니다. 그것이 우리를 망설이게 만들고, 또 말로만 남을 위해 사는 거짓된 바리새인으로 살게 만듭니다. 그러나 이것은 사랑의 속성이 아니며 예수님이 우리에게 바라시는 삶은 더더욱 아닙니다.

"(사랑은) 무례히 행하지 아니하며 자기의 유익을 구하지 아니하며 성내지 아니하며 악한 것을 생각하지 아니하며"(고린도전서 13:5)

예수님을 사랑하십니까? 그 말씀을 실천하며 살기를 원하십니까? 사랑은 희생을 하는 것입니다. 예수님은 우리를 사랑하사 십자가에서 돌아가시는 희생을 치르셨습니다. 이 사실을 매일 잊지 않고 기억할 때 매일 만나는 선택의 순간에 큰 도움이 됩니다.

남을 위한 삶을 산다는 것은 결코 쉽지가 않습니다. 정말 작은 양보라도 결코 쉽지 않습니다. 그래서 이 말씀을 실천하기 위해선 하나님의 도움이 절대적으로 필요합니다. 쉬지 말고 기도해야 하며 나의 이기심과 자아를 내려놓아야 합니다.

우리는 나의 의지대로 얼마든지 살 수 있습니다. 그러나 그 인생이 어떤 결과를 가져다 주는지 너무나 잘 알고 있습니다. 우리는 다른 사람의 의지에 따라 살 수도 있습니다. 그러나 그 인생은 내가 원하는 길도, 하나님이 원하시는 길도 아닙니다. 오직 하나님의 방법대로 사는 것이 선한 결과를 일으키고 온전한 영육으로 변화시킵니다.

지친 삶의 소망을 위해 우리는 다른 사람을 돕는 삶으로 전환해야 합니다. 이기심을 버리고 이타심을 품기 위해서는 큰 결심과 많은 용기가 필요합니다. 내가 아닌 다른 사람을 위한 삶을 산다는 것은 매우 힘들고 두려운 일입니다. 그러나 예수님이 우리에게 보여주신 사랑으로, 또 예수님을 향한 나의 사랑으로 이런 두려움은 이겨낼 수 있습니다.

"사랑 안에 두려움이 없고 온전한 사랑이 두려움을 내쫓나니 두려움에는 형벌이 있음이라 두려워하는 자는 사랑 안에서 온전히 이루지 못하였느니라"(요한1서 4:18)

이타적인 사람이 되는 것은 두려운 일입니다. 그러므로 이타적인 사람이 되려면 두려움을 없애야 합니다. 이타적인 사람이 되려고 할 때에 우리가 느끼는 두려움은 "그 사람이 나를 이용하면 어떻게 하나, 내가 이타적이 되면 내가 내 자신을 줄 뿐만 아니라 심지어 나를 잃을 수도 있다"와 같은 생각이 대부분입니다. 이런 두려움을 이길 수 있는 힘을 어디서 얻을 것이냐는 아주 큰 문제가 됩니다. 또 이 점이 이타적이 되는 것을 막아 버리는 걸림돌이 됩니다.

그러나 예수님은 나를 완전히 사랑하시기에 목숨을 값으로 치르셨습니다. 온전한 사랑으로 죽음이라는 최고의 두려움을 이겨내신 것입니다. 나를 향한 예수님의 이 절대적인 사랑이 내가 남을 돕고 위하는 삶을 살 수 있게 변화시켜 주십니다. 내 영혼이 이 사랑으로 가득 찰 때, 진리의 성령님으로 가득할 때 우리는 남을 진정으로 사랑할 수 있고, 그들을 도우며 살아갈 수 있습니다. 그 사랑을 품을 때 하나님은 내가 생각할 수도 없고, 이전에는 도저히 해보지도 못한 방법으로 사람들을 사랑할 수 있는 힘과 능력을 주십니다.

국제 자선단체 머시십(Mercy Ships)이 운영하는 '아프리카 머시'(Africa Mercy)호는 150미터 남짓 되는 크기의 병원선으로 그 내부는 최신식 의료장비들로 이루어져있습니다. 아프리카의 라이베리아는 오랜 내전을 겪으며 의료시설의 95퍼센트가 사라진 상태입니다. '아프리카 머시'에 승선한 의료진들은 시간과 기술을 기부하고 필요한 비용은 스스로 해결합니다. 이들의 활동은 사랑과 섬김으로 소외된 이들에게 소망과 치유를 전했던 예수님의 사역의 2천 년대 판입니다.

이를 통해 라이베리아 연안에서 4년 동안 7만 1,800건에 이르는 수술이 이루어지고, 3만 7,700명의 치과 환자를 치료했다고 합니다. 값없이 의료혜택을 주었던 의료진과 승무원들의 활동은 다른 이들을 위해 희생하고 헌신하는 것의 좋은 본보기가 됩니다.

이렇듯 크리스천은 예수님의 모범을 따라가는 사람들입니다. 예수님이 우리를 위해 가진 걸 다 내어주셨습니다. 그러므로 우리 역시 주님을 본받아 사랑으로 이웃들을 섬기면서 가진 걸 모두 하나님께 돌려 드려야 합니다. 왜냐하면, 그게 바로 그리스도가 하셨던 일이기 때문입니다.

사랑은 희생을 하는 것입니다.

우리가 살아가면서 한두 가지를 양보하는 것이 그렇게 어려운 것이 아니지만 계속해서 작은 분야에서 희생을 하는 것이 우리에게 도전이 됩니다. 그래서 우리가 해야 할 것은 '하나님의 도우심을 구하는 것'입니다. 이렇게 행하려면 하나님의 도움이 절대적으로 필요합니다. 하나님께서 우리가 이전에는 도무지 해보지 못한 방법으로 사람들을 사랑할 수 있는 힘과 능력을 주십니다.

"너희가 진리를 순종함으로 너희 영혼을 깨끗하게 하여 거짓이 없이 형제를 사랑하기에 이르렀으니 마음으로 뜨겁게 서로 사랑하라"(베드로전서 1:22)

다른 사람과 조화롭게 살라

철을 따라 이동하는 기러기들은 절대로 혼자 이동하는 법이 없습니다.
언제나 V편대를 이루어 서로를 위한 상승 기류를 만들어줍니다.
세상 모든 만물, 모든 사람은 하나님이 창조하셨습니다.
그렇기에 나만큼 남도 귀히 여기는 마음으로 서로 합력해야합니다.

6

베드로전서 3:8-11

"마지막으로 말하노니 너희가 다 마음을 같이하여 동정하며 형제를 사랑하며 불쌍
히 여기며 겸손하며 악을 악으로, 욕을 욕으로 갚지 말고 도리어 복을 빌라 이를 위
하여 너희가 부르심을 받았으니 이는 복을 이어받게 하려 하심이라 그러므로 생명
을 사랑하고 좋은 날 보기를 원하는 자는 혀를 금하여 악한 말을 그치며 그 입술로
거짓을 말하지 말고 악에서 떠나 선을 행하고 화평을 구하며 그것을 따르라"

서울여대의 한 학생이 교목인 장경철 목사님을 찾아가 배우자의 조건에 대해서 물었답니다. 결혼을 해도 될 만한 사람인지 알 수 있는 조건이 '믿음'인지 혹은 '경제력'인지 '성품'이나 '외모'인지 궁금했던 것인데, 목사님이기에 그래도 신앙이 먼저 나올 줄 알았던 여학생의 생각과는 완전히 다른 대답이 나왔습니다.

"친구들과 함께 있을 때 그 남자를 불러놓고 다투는 상황을 만들어 보세요. 그런 상황에서 잘잘못을 따지기보다는 사람들 기분이 상하지 않게 문제를 해결하려는 사람이라면 결혼해도 후회할 일은 전혀 없습니다. 상황을 평화롭게 만드는 능력은 어디서 배운다고 되는 게 아니거든요."

실제로 스탠포드 대학교 심리학과의 연구에 따르면 동네 놀이터에서 5,6명의 아이들만 모여도 자연스럽게 패가 갈리고 서로간에 은근한 경쟁과 다툼이 시작된다고 합니다. 아직 교육이 덜된 어린 시절부터 우리 마음에는 자연스럽게 편을 가르고 갈등을 일으키는 안 좋은 성향이 자리 잡고 있습니다.

길이 보이지 않는 어둠 뿐인 세상에서 어떻게 소망을 품을 수 있는지, 그 소망이 어떻게 위로가 되고 우리의 삶을 새롭게 더 높은 가치로 이끄는지 우리는 베드로전서를 통해 계속해서 하나씩 알아가고 있습니다. 그 소망의 말씀은 우리에게 위로가 되고, 새로운 비전을 제시하고, 주변에 영향력을 발휘하게 만들고, 나의 삶을 다른 사람을 위해 살아갈 수 있게 변화시킵니다.

그리고 거기서 주님의 사랑으로 한 걸음 더 나아갈 때에 내가 다른 사람에게 행하는 차원을 넘어서 서로에게 쌍방적으로 작용하는 관계의 조율이라는 놀라운 축복이 찾아옵니다. 사실 이 관계라는 것은 정말로 중요하면서도 너무도 어려운 인생의 요소입니다. 우리는 가장 가까운 사람들과 조차도 제대로 관계하지 못합니다. 평생 살을 맞대고 사는 부부, 피붙이인 부모 자녀와도 관계가 너무 힘이 들 때가 많습니다.

어떤 부부들은 저에게 찾아와 이렇게 하소연합니다.
"남편은 저랑 너무 달라서 잘 안 맞아요."
"아내는 저랑 너무 비슷해서 오히려 갈등이 생깁니다. 서로의 부족한 부분을 채워주질 못해요."
성격이 비슷해도 고민 안 비슷해도 고민, 맞아도 고민 안 맞아도 고민인 것이 바로 관계입니다.
자녀와의 관계도 이와 비슷합니다. 어떤 분은 자녀가 자기를 너무 닮아서 화가 난다고 하고, 어떤 분은 도대체 자기는 안 그랬는데 누구를 닮아서 저러는지 모르겠다고 말합니다.
가장 가까운 사람과도 이런 지경인데 그렇지 않은 사람들과는 어떻겠습니까?

이 모든 문제들이 일어나는 원인은 하나님이 우리에게 다양성을 허락한 이유를 제대로 모르기 때문입니다. 합력하여 선을 이루기를 바라시는 하나님은 이런 다양성을 통해 우리에게 '조화'를 이루라고 말씀하시지만 귀가 막혀 있는 우리는 서로 자기가 옳다는 고정관념에 사로잡혀 매일같이 '불협화음'을 만들어 내고 있습니다. 우리가 정말로 하나님의 말씀을 통해 살기를 원한다면, 하나님이 우리에게 허락하신 진정한 위로와 소망을 만나고 싶다면 관계의 조화가 반드시 일어나야 합니다.

신학 용어 중에는 '통일성과 다양성'이란 말이 있습니다.

창조와 삼위일체의 원리도 역시 이와 같습니다. 하나님은 분명히 다양성을 가지신 분입니다. 그 증거로 우리 모두는 똑 같지 않습니다. 게다가 나와 닮은 사람보다도 오히려 정반대되는 사람들에게 끌려 종종 결혼까지 하곤 합니다.

그런데 결혼하고 나서는 양상이 달라질 수가 있습니다. 배우자와 나와 다른 점이 너무나도 많다는 사실을 곧 알게 됩니다. 심지어는 "저 인간과는 닮은 게 하나도 없어"라고 푸념합니다. 결혼하기 전에는 서로 다른 것들에 대해 매력을 느낍니다. 그러나 결혼한 후에는 바로 이런 점들이 공격의 대상이 됩니다. 결혼하기 전에는 멋있게 보이던 매력들이 결혼한 후에는 신경을 건드리는 가시가 되어 있습니다. 이것을 이해하지 못하고 극복하지 못해서 이혼한 부부들이 정말 너무도 많습니다.

오늘 본문은 이렇게 야기된 인간관계에서의 충돌을 어떻게 해결할 수 있는가를 말씀해 주고 있습니다. 하나님께선 우리 모두

가 함께 잘 지내기를 원하십니다. 그러기 위해선 우리가 서로 다름에도 불구하고 함께 잘 어울려 협력하고 사는 법, 즉 피스메이커의 삶을 배워야 합니다. 하나님은 성도들을 교회로 모이게 하셨고, 또 세상으로 나가 믿지 않는 사람들과 빛과 소금으로 섞이라고 명령하셨습니다. 관계의 조화가 우리 삶에 절대적으로 필요한 이유입니다.

"너희가 이방인 중에서 행실을 선하게 가져 너희를 악행한다고 비방하는 자들로 하여금 너희 선한 일을 보고 오시는 날에 하나님께 영광을 돌리게 하려 함이라"(베드로전서 2:12)

우리는 베드로전서 2장 12절을 통해 세상 사람들이 우리를 어떤 시각으로 보는지, 그리고 어떻게 생각하는지에 대해서 묵상했습니다. 그리고 이제는 그런 오해와 시선을 해소하고 관계를 조화롭게 만들 수 있는 또 하나의 비결을 제시합니다.

"마지막으로 말하노니 너희가 다 마음을 같이하여 동정하며 형제를 사랑하며 불쌍히 여기며 겸손하며"(베드로전서 3:8)

성경은 이 같은 삶이 지금 우리들에게 "악행한다"(베드로전서 2:12)고 비방하는 이 세상에 영향력을 발휘할 수 있다고 말씀하고 있습니다. 이 구절은 다양성에서 조화를 이룰 수 있는 원칙들입니다. 이런 원칙들이 적용되면 우리 삶의 불협화음은 현저히 줄어들 것입니다. 이 말씀의 원칙만 잘 적용해도 부부 관계, 부모와 자녀 관계, 직장에서의 상하관계, 친구 관계 등에서 분명 영향력을 발휘할 수 있으리라 확신합니다.

이 짧은 한 절의 말씀에서 우리는 다른 사람과 조화롭게 사는 4가지의 놀라운 비결을 발견할 수 있습니다. 그 비결을 한 가지씩 우리 삶에 적용해 나갈 때 내가 맺고 있는 모든 관계는 하나님의 말씀으로, 그리고 성령의 충만함으로 조화가 되어 다른 사람들에게 퍼져나갈 것입니다.

그럼 관계의 불편함을 해결하는 5가지 비결을 한 가지씩 살펴보도록 하겠습니다.

1. '공감'(동정하며)

명문대를 다니고 미모까지 뛰어난 한 여대생이 불의의 사고를 당했습니다. 교통사고로 화상을 당해 전신에 3도 화상을 입었는데, 이전의 아름다운 모습은 온데간데 없고 흉측한 흉터만 온몸에 남아 있었습니다. 고통스런 피부이식 수술과 재활을 수차례 받았음에도 여전히 흉터는 남아 있었고 변해버린 자신의 모습은 스스로가 보기에도 너무 참혹했습니다. 거울을 볼 때마다 자살 충동이 생겼습니다.

'그냥 옥상으로 가서 뛰어내릴까? 아니면 하나님께 따져볼까?'

교회를 그렇게 열심히 다니고 열심히 신앙생활을 하던 자신에게 왜 이런 일이 생겼는지 이해할 수가 없었습니다. 그런데 그때 마음에 어떤 감동이 왔습니다.

"네가 어떤 모습을 하던 너는 나의 사랑하는 딸이란다. 이제 새로운 모습으로 세상의 빛과 소금이 되지 않겠니?"

그 감동을 느끼는 순간 온 몸에 전율이 일었습니다. 그리고 비록 여전히 고통스럽고 완전히 이해가 되진 않지만 당한 고난을 통해 비슷한 아픔을 가진 사람들에게 나아가는 것이 앞으로의 사명이라는 것을 깨닫게 되었습니다.

그 후로부터 그녀는 사고를 '당했다'고 표현하지 않고 '만났다'라고 표현하며 몸이 불편한 장애인들을 돕고 복음을 전하는 일에 전력을 다하고 있습니다.

'지선아, 사랑해'의 주인공으로 TV 힐링 캠프에도 나와 온 국민에게 행복한 복음을 전한 이지선 씨의 이야기입니다.

베드로전서 3장 8절 상반절 말씀입니다.

"마지막으로 말하노니 너희가 다 마음을 같이하여..."

여기서 '마지막으로'라는 표현은, 앞에서 '우리보고 악행을 한다'는 오해를 푸는 데 있어서 먼저는 모범적인 삶을 살고(유혹, 권위, 고난) 그리고 이타적인 삶(부부관계)을 살고, 오늘의 주제인 대인관계에서 화평하게 지내게 될 때 영향을 미칠 수 있다는 교훈의 결론으로서의 '마지막'입니다.

그리고 "마음을 같이 하여"라는 단어는 바로 공감, 소통을 나타내는 문장입니다. 이 말씀은 관계의 불편함을 해소하기 위해서는 먼저 "서로 공감해야 한다"는 것을 알려주고 있습니다. 공감한다는 것은 내 자신의 생각이나 감정이 아니라, 다른 사람의 감정이나 생각을 이해하고 인정하고 지지하는 것을 뜻합니다. 다른 사람의 감정에 민감해지면 업신여기거나 깎아내리지 않습니다.

상대방의 심정과 마음을 같이 하지 못하기 때문에 나도 상대방의 마음을 모르고, 상대방도 내 마음을 모릅니다. 그렇기 때문에 서로 소통이 될 리 없고, 소통이 안 되니까 서로 자기주장만 하다가 감정과 마음이 상해버리고 관계가 틀어지게 됩니다.

이건 이타심과도 연결이 된 내용인데 내 생각이나 감정을 잠시만 내려놓고 단 하루만 상대방의 입장에서 이해하고 인정하고 지지하는 삶으로 살아보십시오. 그렇다면 "대접을 받고자 하는 대로 남을 대접하라."는 이 말씀이 왜 '황금률'로 불리는지 깨닫게 될 것입니다.

사람들은 모두 다른 사람들이 자기를 이해해주기를 바랍니다. 누군가 상대방의 이런 욕구를 충족시켜주면 그때 그 사람은 마음을 열고 나를 이해하고자 노력합니다. 그렇기에 먼저 상대방의 처지에 공감하며 다가가는 것이 필요합니다. 그러나 이 공감은 경청과 이해의 공감이지 상대방의 처지와 상황을 논리적으로 따지고 분석하는 이성의 영역이 아님을 유념해야 합니다. 아무리 맞는 말이라 하더라도 '직설적인 충고와 조언'은 결코 공감의 영역에 머무를 수 없습니다. 단순히 잘 듣기만 하더라도 사람들은 '상대방이 나에게 큰 관심을 가지고 있다'고 생각합니다.

"내 사랑하는 형제들아 너희가 알지니 사람마다 듣기는 속히 하고 말하기는 더디 하며 성내기도 더디 하라"(야고보서 1:19)

듣는 것보다 말을 많이 하는 데에서 모든 문제가 생깁니다.

오해가 생기고 다툼이 생깁니다. 쓸데없는 감정의 소비가 생기고 관계의 균열이 벌어집니다. 정말 내가 이해할 수 없는 상황이나 당연히 비웃을만한 상황이라도 참고 상대방을 먼저 이해하려고 노력하십시오. 누군가 나의 힘든 상황을 별 거 아니라며, 혹은 이야기를 다 하기도 전에 자기도 예전에 다 그랬다며, 누구나 그 정도는 겪는 일이라며 깎아내리거나 업신여긴다고 생각해 보십시오. 진정한 공감은 상대방의 느낌이나 슬픔을 멋대로 가정하고 의심하지 않고 두려움 없이 인정해 주는 것입니다.

성경은 "이웃을 기쁘게 함으로 선을 이루고 덕을 세우라"고 말씀했습니다. 바로 공감이 그 첫걸음입니다.

"우리 각 사람이 이웃을 기쁘게 하되 선을 이루고 덕을 세우도록 할지니라"(로마서 15:2)

공감은 우리가 살아가면서 필요한 욕구 두 가지를 충족시켜 줍니다.

(1) 다른 사람들로부터 인정받는 욕구

(2) 내가 그렇게 느끼는 것이 괜찮다는 것을 다른 사람들이 이해해 주는 것

누구나 다른 사람으로부터 인정받고 싶은 마음이 있습니다.

'내가 잘 하고 있나? 나처럼 느끼는 사람이 또 있을까?'

이런 생각이 들 때에 내게 "내가 너를 충분히 이해한다!"라고 말해 줄 수 있는 옆 사람이 필요합니다. 이 문제는 옳고 그름을 가리는 것이 아닙니다. 베드로는 관계의 충돌을 피하는 첫 단계

가 옆 사람을 이해해 주는 것이라고 말합니다. 그들의 배경, 기질과 자라난 환경을 이해하는 것입니다.

혹시 내가 얼마나 남에게 공감하는 사람인지 궁금하십니까? 간단히 테스트 해 볼 수 있는 두 가지 방법이 있습니다.

첫 번째는 가까운 몇 사람들에게 직접 물어보는 것입니다.

10점 만점으로 1점 단위로 평가해달라고 하되 규칙이 있습니다. 절대로 상대방의 채점에 토를 달지 말 것!

두 번째는 미국의 사회심리학자들이 만들어 낸 '관점 바꾸기'라는 테스트입니다.

자기 이마에 영어 알파벳 'L'을 써보십시오. 상대방이 보기 좋게 썼다면 공감지수가 높은 것이고, 자기 위주로 썼다면 공감지수가 낮은 것입니다. 굉장히 간단한 테스트지만 1980년대부터 지금까지 사용되고 있을 정도로 신뢰도가 높은 테스트입니다.

스티븐 코비가 쓴 '성공한 사람의 7가지 습관'의 다섯 번째는 '내가 먼저 이해하고 남을 이해시켜라' 입니다. 성공에서도 역시 중요한 것은 상호 존중입니다.

성경은 이것을 지혜라고 했습니다. 성경에서 말씀하는 지혜의 사람은 인내의 사람임을 말해줍니다. 이해하게 되면 그 사람에 대하여 공감하게 됩니다. 이해하게 되면 그 사람의 부족한 것을 채워 줄 수가 있고 받아들이고 도와주기가 훨씬 쉽습니다.

충돌과 다툼이 생기는 많은 이유 중의 하나가 다른 사람의 배경을 고려하지 않기 때문입니다. 다른 사람들이 말하고 있는 것이 그들의 과거 배경에 근거함을 믿지 않고 이해하지 못하기 때문입니다.

공감은 단순히 "내가 당신의 느낌을 인정합니다"라고 말하는 것입니다. 깊이 이해하지 못한다 할지라도 그들의 느낌이나 슬픔, 가정이나 의심 또는 두려움을 업신여기거나 깎아 내리거나 놀리거나 조롱하지 않는 것입니다.

이 점이 충돌을 제거하고 다른 사람과 조화롭게 사는 첫 단계로서. 다른 사람의 느낌을 인정하지 않으면 문제가 있게 됩니다.

2. '인정'(형제를 사랑하며)

영국의 엘리자베스 여왕과 남편 필립 공이 찍은 사진이 최근 화제가 된 적이 있습니다. 결혼 60주년 기념식에서 팔짱을 낀 채로 서로 마주보며 행복한 미소를 지은 모습이 사진에 담겼는데, 이 모습이 60년 전 둘의 결혼식에서의 포즈와 표정과 너무나 똑같았기 때문입니다. 둘이 60년 전의 일을 기억하고 이런 포즈를 취했을 리는 없습니다. 평소에 항상 서로를 바라보며 취하던 포즈가 자연스럽게 나온 것이 분명합니다.

모든 사람들의 시선이 집중된 상황, 게다가 여러 가지 유혹이 난무하는 자리에서 이 둘의 사랑은 조금의 잡음도 없이 60년이 넘게 한결 같았던 사랑의 비결을 '인정'으로 꼽았는데, 남편 필립 공은 아내의 여왕이라는 자리를 인정하고 자신이 나서지 않고 언제나 뒤에서 보필하려고 했습니다. 조금도 욕심을 내지 않았습니다. 그리고 여왕은 이런 남편을 항상 고맙게 생각하고 부부 관계에 있어서는 항상 남편을 인정하고 위해줬습니다. 특수한 위치에 있는 부부가 한결같이 서로를 위하고 사랑할 수 있는 비결은 바로 인정이었습니다.

베드로전서 3장 8절 말씀도 바로 이와 같은 인정의 중요성을 말하고 있습니다.

"마지막으로 말하노니 너희가 다 마음을 같이하여 동정하며 형제를 사랑하며 불쌍히 여기며 겸손하며"

'형제를 사랑하며' – 이 문장에서 우리는 특히 두 가지 단어가 나타내는 뜻에 집중해야 합니다.

(1) 먼저는 '형제'입니다.

'형제', 혹은 '자매'라는 단어는 예수님의 자녀로서 하나된 사이라는 것을 강조할 때 쓰는 단어입니다. 말씀은 우리가 만나는 모든 사람들, 다시 말하면 이웃들을 형제라고 지칭합니다. 외모, 성격, 생각, 때로는 인종까지 다른 사람들과 어떻게 형제가 될 수 있을까요? 그것은 우리가 모두 같은 나라, 같은 팀의 일원이라는 일종의 팀워크, 즉 협동심을 통해 가능합니다.

스포츠에서 승부하기 위해 가장 중요한 것이 바로 협동심입니다. 아무리 실력이 뛰어난 스타 선수들이 모인 팀이라고 해도 팀워크가 없으면 결코 승리를 쟁취할 수 없습니다. 축구, 야구, 농구, 배구, 그 어떤 스포츠를 봐도 팀워크가 가장 중요합니다. 어떤 선수는 공격을 잘하고, 어떤 선수는 수비를 잘하고, 어떤 선수는 리더십이 있으며, 어떤 선수는 순발력이 좋습니다. 각자의 재능에 맞는 포지션에서 최선을 다할 때 승리할 수 있습니다. 저는 스포츠에서 발견할 수 있는 이 원리가 우리들의 관계에서 충돌의 문제를 해결하고 조화롭게 만드는 비밀이라고 생각합니다.

서로의 다름을 인정하고 서로가 아군이자, 이웃이자, 한 팀이자, 형제라고 생각하면 서로 공격하는 일을 멈추게 되어 있고 곧 함께 문제를 해결하고자 하는 자세를 갖게 됩니다. 논쟁하거나 다툴 일이 생기면 언제나 우리가 한 팀이라는 걸 기억하십시오. 아내와 남편은 서로 적이 아닙니다. 자녀와 부모, 친구는 내가 사랑하며 평생 함께 하며 선을 이루어 나갈 동역자이자 협력자입니다. 우리는 원수가 아닙니다. 모두 한 팀입니다. 이것이 본문 말씀의 '형제'의 의미입니다.

"내 사랑하는 자들아 너희가 친히 원수를 갚지 말고 하나님의 진노하심에 맡기라 기록되었으되 원수 갚는 것이 내게 있으니 내가 갚으리라고 주께서 말씀하시니라"(로마서 12:19)

(2) 그 다음 '사랑'입니다.

'사랑'은 헌신을 나타냅니다. 문제가 있고, 의견의 차이가 있을 때에는 반드시 조율의 과정을 거칩니다. 그 조율의 과정이란 헌신과 양보입니다. 그러나 전에도 살펴봤듯이 사람은 매우 이기적인 존재입니다. 자기만 손해보고 싶어 하는 사람은 아무도 없습니다. 이런 이기심을 극복하고 헌신을 하게 만드는 것이 바로 상대방을 향한 사랑이며, 그 사랑이 다른 사람과 나를 한 팀으로 묶어줍니다. 하나님이 나에게 주신 사랑을 통해서만 이 일이 가능합니다.

"모든 것을 참으며 모든 것을 믿으며 모든 것을 바라며 모든 것을 견디느니라"(고린도전서 13:7)

사랑을 하면 인내하게 됩니다. 그리고 이해하게 됩니다. '도대체 세상에 그런 사랑이 어디 있단 말인가?'라고 생각할 수도 있겠지만 우리 모두는 이런 사랑을 이미 경험했습니다. 바로 나를 향한 하나님의 사랑입니다.

우리는 다른 사람과 서로 다른 게 많습니다. 결코 일치하지 않습니다. 그러므로 헌신하지 않으면 다투게 됩니다. 부부가 100년 해로하는데 있어서 기본은 서로에 대한 헌신입니다. 형제와 친구들의 우정도 마찬가집니다. 다투고 충돌하게 될 때마다 우리는 한 팀이라는 것을 재강조하는 것이 필요합니다. 우리는 원수까지는 아니지만 서로 문제가 있고 의견의 차이가 있는 것을 인정해야 합니다. 그러면서 헌신해야 화평을 유지할 수 있습니다.

"그러므로 그리스도께서 우리를 받아 하나님께 영광을 돌리심과 같이 너희도 서로 받으라"(로마서 15:7)

여기서 '받아들인다'라는 말이 다른 사람이 하는 모든 것을 다 인정한다는 것은 아닙니다. 다만 상대방이 바뀌지 않는 부분이 있다는 걸 먼저 알아야 합니다. 저도 아내와 오래 부부로 살아 왔기 때문에 서로가 절대로 바뀌지 않는 부분이 있다는 걸 알고 있습니다. 이 사실을 인정 못할 때 그것이 부부생활의 갈등으로 생겨나지만 서로 부족함을 인정하면 달라집니다. 그러므로 '받아들인다'는 말은 "나도 잘못이 있고 이웃도 허물이 있는 것을 인정하는 것"입니다.

서로 부족할 수 있음을 인정하는 것입니다.

형제애는 팀워크입니다.

형제애는 우리가 같은 팀에 속한 것처럼 행동하는 것입니다. 경쟁하는 것이 아니라 서로 세워주고 협조하는 것입니다. 서로 전부 일치하는 것이 아니라 서로 칭찬하는 것입니다. 서로 협조하는 것입니다. 우리들의 관계에 충돌을 줄이는 데 있어서 이 사실이 아주 중요합니다. 서로의 다름을 인정하는 것입니다. 다 똑같아 지길 원하면 화평은 깨지게 됩니다.

팀워크는 서로 공격하는 것을 멈추게 하고 함께 문제를 해결하려고 힘쓰게 합니다. 내가 문제를 해결하고 푼다고 하는 대신에 우리가 문제를 풀자고 하게 됩니다. 내 개인의 문제가 아니라 우리의 문제입니다. 다른 사람을 원수로 보는 대신에 협력자로 봐야 합니다. 논쟁하거나 다툴 일들이 생기면 우리가 한 팀에 속한다는 것을 기억하는 것이 도움이 됩니다. 이것이 바로 형제애입니다.

아마도 이 세상에서 제일 가까운 관계가 형제 일겁니다. 형제들은 자라면서 다투기도 합니다. 그러나 다른 사람들이 형제나 자매를 공격하면 자신의 형제와 자매와 한 팀이 되어 돕습니다. 이것이 바로 형제애입니다.

"형제를 사랑하여 서로 우애하고 존경하기를 서로 먼저 하며"

(로마서 12:10)

완전하신 하나님이 허물 많은 나를 받아 주셨습니다. 그렇기 때문에 우리도 다른 사람의 허물을 이해하고 용납해야 합니다. 다만 하나님과 나의 관계처럼 한 쪽이 온전한 상태에서 베푸는 것이 아니라 나도 약점이 많기 때문에 상대방의 허물도 받아들이겠다는 자세여야 합니다. 하나님이 이미 나의 모든 것을 용납하셨다는 생각만 가지고 있다면 모든 문제는 해결됩니다.

3. 겸손과 관대한 행위(불쌍히 여기며)

우루과이의 호세 무히카 대통령은 '세계에서 가장 검소한 대통령'으로 불립니다. 철저히 국민들, 그 중에서도 서민들을 위한 정책을 추구하는 대통령은 취약계층을 위해 5만 가구의 주택을 설립하는 정부의 사업에 자신의 월급의 일부를 계속해서 기부하고 있었습니다. 정부 구성원의 한 사람으로서 정말로 이런 사업을 진실성 있게 추진하고 있다는 것을 알리고 싶어서였습니다. 우루과이 대통령의 월급은 천만 원이 넘지만 그는 재임 기간 동안에 80%가 넘는 금액을 기부했습니다.

그렇다고 그가 부자인 것은 더더욱 아닙니다. 지금도 대통령 궁이 아니라 허름한 농장에서 지내고 1987년에 나온 구식 소형 자동차를 타고 다닙니다. 한 아랍 부호는 이 대통령이 타고 다니는 차를 10억에 구매하겠다고 했지만 거절했습니다. 집안에는 변변찮은 가구도 없습니다. 낡은 책장에 책만 한 가득 있습니다. 직접 마트에서 장을 보고 아내와 식사를 해먹습니다. 그가 이런 삶을 사는 이유는 단 하나입니다. 국민들을 위하여 헌신하는 모습을 겸손함으로 보여주기 위해서 입니다.

우리가 서로 충돌할 때를 보면 자기의 주장이 강할 때라는 것을 발견하게 됩니다. 그런 상태를 성경은 교만이라고 말씀합니다. 다투는 곳에는 언제나 교만과 고집이 자리를 잡고 있음을 보게 됩니다.

"교만에서는 다툼만 일어날 뿐이라 권면을 듣는 자는 지혜가 있느니라"(잠언 13:10)

저는 대단히 고집이 세고 자기주장을 잘하는 사람입니다.

때때로 누구와 의견이 일치하지 않으면 상대방을 노려보며 먼저 태도를 바꾸기 전에는 조금도 타협할 수 없다는 태도를 취합니다. 그런데 제가 교만하고 완강한 태도를 가지는 한 결론도 없고 일치도 없고 조화도 없는 것을 깨달았습니다. 한 사람이 자신을 겸손히 하여 마음을 부드럽게 하게 되면 하나님의 역사하심이 일어납니다.

성공적인 삶을 살기 위해서 필요한 것 중 하나는 바로 겸손입니다. 다른 사람들을 용서해 줄 수 있는 준비가 된 사람은 "내가 잘못했어", "나를 용서해줘"라고 말할 수 있습니다. 이런 말을 못하면서 남을 용서해줄 수 있다고 하면 그는 교만한 사람입니다.

용서는 남에게 실수를 할 때 구하는 것이며, 실수를 하지 않는 완전한 사람은 없기 때문에 많든 적든 누구나 잘못을 인정하고 용서를 구해야 할 순간이 있기 때문입니다. 겸손한 사람들은 도움을 요청합니다. 그리고 잘못을 인정하고 용서를 구할 줄 압니다. 겸손하지 못하면 지금까지 나온 조화의 요소들을 실천할 수 없습니다. 남을 인정할 수도 없고, 용서할 수도 없고, 사랑할 수도 없습니다. 그러므로 이런 일들을 실천하는 것이 너무나 힘들다면 혹시 지금 내가 너무 마음이 교만한 상태는 아닌지 점검해 봐야 합니다.

그런데 요즘은 개인주의가 팽배한 시대입니다. 자신의 약점을 드려내는 것이 쉽지가 않습니다. 내가 다른 사람의 도움이 필요하다고 인정하는 것은 자신의 약점을 쉽게 노출하기 때문에 위험을 내포하게 됨으로 그런 말을 하기가 어렵습니다. 그렇지만 하나님의 말씀은 우리가 서로의 짐을 나눠지라고 말씀하고 계십니다.

"너희가 짐을 서로 지라 그리하여 그리스도의 법을 성취하라"
(갈라디아서 6:2)

다른 사람이 그의 짐을 내게 말하지 않으면 내가 어떻게 그 짐을 질 수가 있겠습니까? 내가 다른 사람에게 나의 짐을 말하지 않으면 어떻게 다른 사람이 내 짐을 질 수 있겠습니까? 내가 고전하고 괴로워하고 있는 것을 다른 사람과 나누지 않으면 어떻게 서로 짐을 나누어 질 수 있겠습니까? 그래서 겸손한 사람들만 이 "나는 당신의 도움이 필요합니다."라는 말을 할 수 있습니다.

"그러므로 너희는 하나님이 택하사 거룩하고 사랑 받는 자처럼 긍휼과 자비와 겸손과 온유와 오래 참음을 옷 입고"(골로새서 3:12)

앞에서 공감이란 다른 사람의 느낌을 이해하는 것이라고 했습니다. 베드로전서 3장 8절에서 '불쌍히 여기며'는 관대한 행위로 한 걸음 더 나아가서 행동으로 보여주는 것입니다. 다른 사람을 돕기 위해서 행하는 것입니다.

우리가 서로의 관계에 있어서 관대함을 보여주는 두 가지 방법이 있습니다.

첫 번째는, "이웃에게 무엇을 말하느냐?"입니다.

"무릇 더러운(썩은, 부패한, 쓸모없는) 말은 너희 입 밖에도 내지 말고 오직 덕을 세우는 데 소용되는 대로 선한 말을 하여 듣는 자들에게 은혜를 끼치게 하라"(에베소서 4:29)

이 말씀은 우리의 말씨를 지적하는 것입니다.

남을 세워 주는 말을 하십니까? 다른 사람을 기분 좋게 해 주는 편인가요? 아니면 말에 가시가 있어서 남을 찌릅니까? 혹시 독이 있어서 남에게 상처를 주지는 않는지요?

세상에서도 "말 한마디에 천 냥 빚을 갚는다"고 하는데 말을 들어보면 그 사람의 성숙도를 볼 수 있습니다.

두 번째는, "서로 어떻게 행동 하느냐?"입니다.

아는 데서 그치지 않고 실제로 행동하는 것입니다.

"자녀들아 우리가 말과 혀로만 사랑하지 말고 행함과 진실함으로 하자"(요한1서 3:18)

먼저 배워야 합니다. 그리고 실천해야 합니다. 내가 어떻게 다른 사람의 삶을 쉽게 해줄 수 있는가를 발견하고 행하는 것입니다. 우리들은 내가 사랑하는 사람들의 삶을 쉽고 편하게 해 주기 위하여 계속 노력해야 합니다.

예를 들면 요즘은 부부가 직장생활을 하시는 분들이 많습니다.

집에 돌아오면 할 일이 너무나 많습니다. 이 가사노동을 나누지 않으면 감당할 수가 없는데 서로 상대방을 생각하고 도움이 되는 일을 함으로써 삶을 조금이라도 편하게 해주는 것이 바로 관대한 행동이고 겸손입니다.

4. 공휼(악을 악으로 갚지 말며)

미국 캘리포니아의 비행청소년 9명이 밤길에 교회 유리창에 돌을 던지며 난동을 부렸습니다. 주정부에서 지정한 문화재인 '오션게이트 교회'의 아름다운 유리창은 73장이나 깨졌습니다. 복원하는 데에 드는 돈만 해도 엄청난 액수였습니다. 소년들은 바로 체포되어 수감되었는데, 이 교회의 담임인 웰스 목사님과 성도들이 탄원서를 냈습니다.

"아직 어린 학생들입니다. 우리 교회가 제 역할을 못해 학생들을 제대로 가르치지 못한 탓입니다. 그러니 소년들을 용서해주시고 되도록 정상을 참작해 주시기 바랍니다."

거듭되는 간절한 탄원 때문에 결국 주정부에서는 소년들을 석방해 주었습니다. 그런데 이 소년들이 갑자기 동네를 돌아다니면 이런 말을 사람들에게 하기 시작했습니다.

"웰스 목사님과 교인들이 사랑으로 우리를 용서해 주었습니다. 우리는 나쁜 짓을 했지만 덕분에 교도소를 가지 않게 되었습니다. 대신에 거리에 나와서 여러분께 이렇게 외칩니다. 그 교회에 가서 교인들을 만나보세요. 은혜와 사랑이 무엇인지 여러분도 알게 될 것입니다."

이 사건 때문에 오션게이트 교회는 폭발적으로 부흥하기 시작했고 '사랑과 은혜'의 대명사가 되었습니다.

영국의 철학자 베이컨은 "원수에게 복수하면 똑같은 사람이 되고 만다. 그러나 용서하면 더 위에 있는 사람이 된다."고 말했습니다. 앤드류 카네기는 "우리 자신의 건강과 행복을 위해 원수를 용서하고 잊어버리자. 그것이 현명한 길이다."라고도 말했습니다.

앞에서 우리는 '공감'이 무엇인지 배웠습니다.

그 공감이 행동으로 옮겨지게 만드는 것이 바로 긍휼입니다. "불쌍히 여기고..."란 말씀은 '불쌍히 여기는 것'만으로는 충분하지 않고, 그 뒤에 행동이 따라야 함을 말합니다. 굶주린 아이들을 보고 정말로 긍휼히 여기는 사람들은 말로만 안됐다고 하지 않고 작은 도움이나마 직접 실천합니다. 실제적인 행동이 없는 사람들은 진실함이 결여된 잘못된 긍휼의 마음을 가진 것입니다.

베드로전서 3장 9절도 긍휼에 대한 말씀입니다.

"악을 악으로, 욕을 욕으로 갚지 말고 도리어 복을 빌라 이를 위하여 너희가 부르심을 받았으니 이는 복을 이어받게 하려 하심이라"

사실 긍휼이란 우리가 생각하는 친절보다 훨씬 더 깊고 진지한 뜻을 가지고 있습니다. 긍휼은 상식이 요구하는 것보다 더 친절한 것을 의미합니다. 예수님은 베드로에게 용서에 대해서 이렇게 말씀하셨습니다.

"예수께서 이르시되 네게 이르노니 일곱 번뿐 아니라 일곱 번을 일흔 번까지라도 할지니라"(마태복음 18:22)

이때의 가르침 때문인지 본문에서 베드로는 우리에게 저주를 축복으로 갚으라고 말하고 있습니다. 사실 우리는 칭찬과 축복이 필요한 상황에서도 그렇지 못할 때가 있습니다. 오히려 분노와 화를 정당화하며 일부러 속을 긁을 때도 있고 서로 심한 상처를 줄 때가 종종 있습니다. 그래서 서로 제자리로 원상 복귀하려면 대량의 긍휼을 베푸는 것이 요구됩니다. 우리가 마음 속 깊이 상처를 입으면 감정적으로 크게 자극을 받습니다. 우리는 감정적으로 복받쳐 오르는 힘을 복수하기 위해서 사용할 수도 있고 자신을 새롭게 결단하기 위해서 사용할 수도 있습니다.

성경은 말씀하고 있습니다.

"네 원수가 주리거든 먹이고 목마르거든 마시게 하라 그리함으로 네가 숯불을 그 머리에 쌓아 놓으리라 악에게 지지 말고 선으로 악을 이기라"(로마서 12:20,21)

하나님의 명령은 "저주도 축복으로 갚아라"입니다. 이것이 가능할까요? 우리에게 이런 상황이 실제로 닥치면 정말로 힘이 듭니다. 저 역시 자신 있게 "이런 상황에서 제가 이랬으니 여러분도 이렇게 하십시오!"라고 외치면 더 없이 좋은 일입니다만 이 말씀을 실천하며 사는 것은 정말로 힘든 일입니다. 그래서 그럴 때마다 어떤 목사님은 이렇게 기도했다고 합니다.

"하나님 아버지, 제 마음에 상처를 준 그 사람을 용서하기 싫습니다. 자비를 베풀기 싫습니다. 복수를 하고 싶고 뒤통수를 치고 싶습니다. 관계를 끊고 저주를 퍼붓고 싶습니다. 저는 목사이지만 사람입니다. 말씀대로 살고 싶지만 지금 제 마음은 도저히 그럴 수가 없습니다. 그러나 주님! 그렇기에 기도합니다. 제가 긍휼을 베풀지는 못하더라도 이 악한 마음을 밖으로 내어놓지 않게 도와주십시오. 깊이 생각하고 가만히 있을 수 있도록 도와주십시오. 하나님의 방법을 다시 한 번 가르쳐 주시고 절대로 인간적인 방법으로 해결하지 않도록 평안과 지혜를 주십시오. 도와주십시오."

그 목사님이 약한 모습을 보인 것 같지만 이것이 솔직한 우리의 심정일 때가 있습니다. 자비를 베푸는 것이 불가능한 것처럼 느껴질 때가 있습니다. 그럴 땐 솔직한 심정을 고백하십시오. 그렇게 주님과의 대화를 다 나누고 나면 두 가지 말씀이 응답으로 올 것입니다.

"누가 누구에게 불만이 있거든 서로 용납하여 피차 용서하되 주께서 너희를 용서하신 것 같이 너희도 그리하고"(골로새서 3:13)

"무례히 행하지 아니하며 자기의 유익을 구하지 아니하며 성내지 아니하며 악한 것을 생각하지 아니하며"(고린도전서 13:5)

너무 상대방을 잘 알아 상대방에게 깊은 상처를 줄 수 있기 때문에 우리는 상대방의 속 깊이 그들 자신의 가치와 능력, 달성한 업적과 재능에까지 큰 상처를 주게 됩니다. 때로는 모든 일이 끝난 뒤에도 "아무래도 그 일은 너무 심했다", "도가 지나쳤다", "너무나 상처가 켜서 용서해 줄 수가 없다"고 생각하게 될 때가 있습니다. 그때 하나님의 음성이 들려옵니다.

"너는 내가 너를 용서해 준 것 이상으로 상대방을 용서해 줄 필요는 없다. 내가 너를 용서해 준 것처럼 다른 사람을 용서해 줘라."

그러면 하나님께 무릎을 꿇고 기도합시다.

"하나님 아버지 내가 상대방을 용서할 수 있도록 내게 긍휼을 더 베풀어 주시옵소서, 내가 내 힘이 아니라 하나님의 긍휼로 용서할 수 있게 해 주시옵소서."

어떤 분들은 잘못한 것들을 다 기억할 뿐만 아니라 그것을 다 분류까지 해서 마음속에 간직하고 있습니다. 그러다가 상대방이 잘못할 때마다 거기에 해당되는 모든 나쁜 기억들을 총동원해서 논쟁과 다툼을 일으킵니다. 이렇게 하는 것은 하나님의 방법이 아닙니다.

"악한 것을 생각지 아니하며..."(고린도전서 13:5)

우리가 자신을 그리스도인이라고 부른다면 용서해 주는 것을 배워야 하고 하나님께서 나를 용서해 주신 것처럼 나도 상대방에게 긍휼을 베풀어야 합니다. 용서해 주는 것은 한 번에 그치는 것이 아닙니다. 우리의 삶을 통하여 계속 배우고 실천해야 될 사항입니다. 용서해 주는 것은 계속 반복해서 배우고 또 배워야 합니다. 예수님께서는 "일흔 번씩 일곱 번이라도 용서해 주라"(마태복음 18:22)고 말씀하셨습니다. 용서는 우리가 계속 배워야 하는 것이고 계속 실천해야 하는 것입니다.

하나님의 은혜를 생각할 때 상대방의 악행을 기억하지 않게 됩니다. 하나님께 힘을 구함으로 용서했기 때문입니다. 하나님의 은혜를 통한 용서가 아니라면 우리는 결국 말로만 용서를 하고 모든 일을 마음속에 담아두게 됩니다. 그리고 그 사람과의 오랜 관계를 거쳐 안 좋은 일이 생길 때마다 반복해서 그 일이 튀어나옵니다. 만약 상대방의 지난 잘못이 또 떠올라 분노의 마음이 생긴다면 용서에 실패한 것입니다. 다시 기도함으로 다시 용서하십시오. 주님이 나에게 베푸신 긍휼을 상대방에게 베푸십시오.

5. 성숙과 언어(도리어 복을 빌라)

성경은 "악을 악으로 욕을 욕으로 갚지 말라"고 합니다.

"왜 욕이 아니라 고운 말을, 부정적인 말보다 긍정적인 말을 사용해야 하나요?"라는 질문에 뇌를 연구하는 과학자들은 다음을 가장 큰 이유로 꼽습니다.

"내가 가장 먼저 듣기 때문에"

욕이든 칭찬이든 그 말을 가장 먼저 듣는 것은 나 자신입니다. 그렇기에 설령 상대방이 욕먹을 짓을 해서 욕을 한다 하더라도 가장 먼저 내가 욕을 듣고, 그 욕을 들음으로 인해 생기는 안 좋은 반응들이 일어납니다. 그러므로 안 좋은 말이 하고 싶어질 때는 항상 이 사실을 기억하십시오.

"내가 하는 말을 가장 먼저 듣는 것은 나다!"

본문의 짧은 말씀을 통해 관계가 회복되고 조화가 일어나면 궁극적으로는 신앙이 성숙해지게 됩니다. 신앙이 성숙해진다는 것은 하나님의 마음을 더 알게 되고, 말씀이 실천하는 삶의 모습으로 변화되고, 그로 인해 내 삶이 변화되고 주변 사람들이 변화되는 것입니다.

베드로전서 3장 10절에는 이런 신앙의 성숙에 필요한 한 가지 덕목이 더 추가되어 있습니다.

"그러므로 생명을 사랑하고 좋은 날 보기를 원하는 자는 혀를 금하여 악한 말을 그치며 그 입술로 거짓을 말하지 말고"

성숙이란 나이에 비례하는 것은 아닙니다. 나이를 먹는다고 저절로 성숙해지는 것은 아닙니다. 야고보는 감정적이고 영적인 성숙이 "말을 조절할 줄 아는 것"이라고 했습니다. 대개 보면 우리는 나쁜 생각과 감정을 말로 다 쏟는 경우를 보게 됩니다. 그래서 야고보는 내 말을 조심하고 혀를 조절하는 것이 성숙을 나타내는 지표라고 했습니다. 베드로도 같은 내용을 표현하고 있습니다. 자신의 성숙의 도를 말을 사용하는 것으로 측정할 수가 있습니다.

우리나라에도 말에 대한 속담과 격언이 많습니다.
말을 다 조심하라는 것입니다.
1. 발 없는 말이 천리간다.
2. 가는 말이 고와야 오는 말이 곱다.
3. 죽마고우도 말 한 마디에 갈라진다.
4. 남의 말 다 들으면 목에 칼 벗을 날 없다.
5. 말 많은 집은 장맛도 쓰다.
6. 입은 비뚤어져도 말은 바로 하랬다.
7. 거짓말은 눈사람 같아서 오래 굴리면 그만큼 더 커진다.
8. 개가 짖는다고 해서 용하다고 볼 수 없고 사람이 지껄일 수 있다고 해서 영리하다고 볼 수 없다.
확실히 신앙의 성숙은 언어생활에 달렸습니다. 말 한마디가 관계를 좋게도 하고 악화시키기도 합니다. 말은 엎질러진 물과 같습니다. 담을 수가 없습니다. 그래서 조심해야 합니다.

그리스도인은 사용하는 말부터 다릅니다.

잠언에도 말의 중요성이 반복적으로 언급됩니다.

"칼로 찌름 같이 함부로 말하는 자가 있거니와 지혜로운 자의 혀는 양약과 같으니라"(잠언 12:18)

"죽고 사는 것이 혀의 힘에 달렸나니 혀를 쓰기 좋아하는 자는 혀의 열매를 먹으리라"(잠언 18:21)

말은 사람을 죽이기도 하고, 살리기도 합니다. 물리적인 폭력은 외상을 남기지만 언어적인 폭력은 내상을 남깁니다. 몸에 난 상처는 치료할 수 있고, 약을 바를 수 있지만 마음에 난 상처는 꿰맬 수도 없고, 약을 바를 수도 없습니다. 때때로 마음에 받은 상처는 10년, 20년, 평생 동안 가슴에 남아 있습니다.

결국 말을 제대로 다룰 줄 모르는 사람은 지금까지 나온 말씀을 제대로 실천할 수 없게 됩니다. 그렇기 때문에 예수님을 믿고 따른다고 하는 우리들은 상대방을 격려하고 힘을 주는 말을 의도적으로라도 반복해야 합니다. 그것은 상대방을 위한 것이기도 하지만 나를 위한 것이기도 합니다. 다윗이 하나님께 반복해서 구했던 기도를 우리도 해야 합니다.

"여호와 하나님이시여 내 입에 파수꾼을 세우시고 내 입술의 문을 지키소서"(시편 141:3)

이렇게 조화로운 관계를 막고 있는 장애물들과 그것들을 해결할 수 있는 5가지 요소에 대해서 알아봤습니다.

우리들을 지켜보고, 또 나쁘게 생각하고 있는 세상 사람들에게 영향력을 미칠 수 있는 방법은, 그리고 지금 기독교가 세상 사람들로부터 겪고 있는 여러 가지 문제들은 우리의 행동에 따라 모두 해결될 것입니다. 아니 더 나은 방향으로 개선될 것입니다.

하나님은 우리를 다 다르게 창조하셨고 특별한 목적이 있으셔서 그렇게 하셨습니다. 어느 누구도 혼자서는 삶을 온전히 살아갈 수 없고 균형 잡힌 시각으로 볼 수가 없습니다. 우리에게는 서로가 필요하기 때문입니다. 하나님께서 서로가 필요하도록 만드셨습니다. 내가 모든 것을 다 할 수가 있고 옳다고 생각하고 계시다면 잘못된 것입니다.

하나님께서는 하나님의 진리의 일부를 각 사람에게 심어 주셨습니다. 그래서 서로 다른 개성을 능력으로 주셨습니다. 우리가 서로 함께 할 때에만 하나님께서 주신 최고의 것을 서로 즐길 수가 있습니다. 다른 사람과 조화롭게 사는 5가지의 놀라운 비결을 배워 실행할 때 우리의 삶이 풍요롭게 될 것입니다.

"보라 형제가 연합하여 동거함이 어찌 그리 선하고 아름다운고"(시편 133:1)

세상에 소망을 전하라

유언과 묘비명은 어떤 사람의 인생을 단 한 줄로 파악할 수 있게 해줍니다.
예수님께서는 생의 마지막에 "다 이루었다"라고 말씀하셨습니다.
십자가의 죽으심으로 완전한 구원을 이루신 예수님을 통해
우리는 소망을 가질 수 있으며 또 그 소망을 전해야 합니다.

7

베드로전서 3:15-20

"너희 마음에 그리스도를 주로 삼아 거룩하게 하고 너희 속에 있는 소망에 관한 이유를 묻는 자에게는 대답할 것을 항상 준비하되 온유와 두려움으로 하고 선한 양심을 가지라 이는 그리스도 안에 있는 너희의 선행을 욕하는 자들로 그 비방하는 일에 부끄러움을 당하게 하려 함이라 선을 행함으로 고난 받는 것이 하나님의 뜻일진대 악을 행함으로 고난 받는 것보다 나으니라 그리스도께서도 단번에 죄를 위하여 죽으사 의인으로서 불의한 자를 대신하셨으니 이는 우리를 하나님 앞으로 인도하려 하심이라 육체로는 죽임을 당하시고 영으로는 살리심을 받으셨으니 그가 또한 영으로 가서 옥에 있는 영들에게 선포하시니라 그들은 전에 노아의 날 방주를 준비할 동안 하나님이 오래 참고 기다리실 때에 복종하지 아니하던 자들이라 방주에서 물로 말미암아 구원을 얻은 자가 몇 명뿐이니 겨우 여덟 명이라"

제프 핸더슨은 미국에서 가장 극심한 빈민가인 할렘에서 태어났습니다.

이혼한 어머니 밑에서 거의 보살핌을 받지 못한 채로 자란 그는 마약밀매를 비롯한 각종 범죄에 손을 댔다가 스물 네살에 징역 20년이라는 중형을 선고 받게 됩니다. 단지 돈을 벌기 위해서 마약에 손을 댔던 제프는 교도소에 들어가 인생을 거의 포기한 채로 살아갑니다. 그러던 그가 교도소에서 시키는 일들을 제대로 처리하지 않아 독방 신세도 졌다가 우연히 주방 설거지 팀에 합류하게 되었는데, 거기서 요리를 만나고 자신의 꿈을 발견하게 됩니다. 그렇게 요리를 통해 인생의 빛을 발견한 그는 계속해서 요리를 연구하고 배웠습니다. 교도소 안에서 이런 일이 쉽지는 않았지만 그의 굳건한 의지를 누구도 꺾을 수 없었습니다.

드디어 출소를 하고 본격적으로 요리업계에 뛰어든 그는 요리계에 만연한 인종차별까지 넘어서며 흑인으로는 최초로 라스베이거스 벨라지오 호텔의 총주방장이 되며 일약 스타가 됩니다. 할리우드에서 영화로 제작 중인 제프 핸더슨의 이야기는 책으로도 발간이 되었는데 그는 자신의 책 제목을 이렇게 지었습니다.

"나는 소망이다"

예수님은 삶을 통해 '길과 진리'임을 보이셨습니다. 그리고 우리에게 세상의 '빛과 소금'이 되라고 말씀하십니다. 아니, 명령하십니다. 우리의 삶과 신앙 자체가 위 제프 핸더슨처럼 '예수님은 소망입니다'라고 보여줄 수 있어야 합니다.

그런데 어떻습니까? 오히려 오늘날의 크리스천들은 지금 시대는 너무나도 전도가 힘든 시대라며 입을 모아 말합니다. 사람들은 세상의 즐거움에 깊이 빠져 있고, 기독교의 분위기와 판은 나빠져만 가고, 외롭고 메마른 마음을 가진 사람들이 많지만 도무지 복음이 들어가지 않는다는 것입니다.

그러나 저는 조금 다른 생각을 가지고 있습니다.

요즘처럼 복음을 자유롭게, 또 다양하게 전달할 수 있는 시대가 지금까지 있었을까요? 초대교회 성도들에게는 TV나 라디오도 없었고, TAPE나 CD도 없었습니다. 극동방송처럼 세계 곳곳에서 복음을 전하는 기독교 계통의 방송국도 없었습니다. 자동차에 붙이는 전도용 스티커도 없고, 대형집회도 없고, 마음만 먹으면 누구든 볼 수 있는 생중계도 없었습니다. SNS의 문자나 전화로 복음을 전하고 믿음을 표현할 수도 없었습니다.

지금은 마음만 먹으면 전 세계인에게 복음이 전해질 통로가 확보된 시대입니다. 그런데 지금 우리들이 초대교회 성도들에게 복음을 전하기가 어렵다고 불평할 수 있겠습니까? 오히려 초대교회 성도들은 이런 사회적 제도나 장치가 없었음에도, 심지어 억압받고 때로는 죽임을 당해야 했음에도, 그들은 흥왕하였고 왕성하게 부흥했습니다.

그 비결이 무엇일까요? 그들은 가장 단순한 방법, 즉 예수님을 구세주와 주님으로 받아들인 개개인이 이웃에게 복음을 증거함으로써 가능했습니다. 복음에 만족한 성도들이 이웃에게 간증을 함으로써 부흥했습니다. 평범한 성도들이 성령체험을 하고 "내가 예수님을 영접하고 나니 이런 일들이 일어납니다."라고 개인 신앙 체험을 이웃에게 나눔으로써 믿는 사람들이 증가되었습니다. 요즘 판매업계에서 가장 중요하게 생각하는 입소문 마케팅은 이미 초대교회 성도들로부터 입증된 것입니다.

저는 오늘날 아무리 매스미디어가 발달한 시대라 해도 이 방법만큼 확실하고 효과적인 것은 없다고 믿습니다. 내가 믿는 하나님을 내 인격을 통해 그 감격을 이웃에게 말하는 것만큼 리얼리티한 것이 또 어디 있겠습니까? 그 때와 지금의 차이는 우리 신앙의 선배들은 생명의 복음을 생명을 바치며 전했고, 우리는 그렇지 못하기 때문입니다.

힘들게 사역을 하고 계시던 개척교회 목사님이 오랜 친구인 유명 코미디언을 만났습니다.

코미디언은 목사님이 사역하시는 지역에 스탠드 업 코미디쇼를 하러 왔는데, 암표가 기승을 부릴 정도로 많은 사람들이 몰려왔습니다. 쇼가 끝난 뒤에 축하하러 왔던 목사님에게 코미디언이 물었습니다.

"여기까지 와 줘서 정말 고맙네, 그래 먼 타지에 와서 목회하느라 많이 힘들지?"

"물론이야, 힘들다마다... 그런데 정말 이해가 안 되네. 이런 실없는 이야기를 들으려고 이렇게 많은 사람들이 오는데, 어째서 진리의 복음을 들으려는 아무도 안 오는지 모르겠네."

코미디언은 잠시 생각에 빠져있다 이렇게 말했습니다.

"글쎄...? 그거야 나는 없는 일도 진짜처럼 얘기하고, 자네는 진짜 있는 일을 가짜처럼 얘기하기 때문이 아닐까?"

이 모습이 우리의 모습일 수도 있습니다. 말로는 주님을 정말 만났다고, 그분의 은혜를 느끼며 산다고 하지만 우리의 행동과 관계없는 이런 모습들이 마치 믿지 않는 사람들이 보기에는 거짓인 것처럼 느껴질 수 있습니다. 또한 이런 상태일 때 복음을 자신 있게 전하기가 쉽지 않습니다. 나 역시도 진짜라고 생각하지 않는 것을 누구에게 전할 수 있겠습니까? 그러나 하나님은 정말로 존재하는 분이시고, 예수님은 실제로 하나님의 아들이십니다. 그 모든 것을 기록한 성경 역시 진리의 말씀입니다. 이 사실을 우리는 흔들림 없이 믿어야 합니다.

이스라엘의 역사학자 파인즈 박사는 이런 말을 했습니다.

"기독교를 심하게 반대하는 사람들조차 예수님이 실존 인물이라는 사실에 대해서는 의심한 적이 없습니다."

예수님이 행하신 기적이나 그밖의 일들에 대해서는 의견이 분분해도 예수님의 존재에 대해서는 공부를 좀 한 사람이라면 의심을 하지 않습니다. 심지어 어떤 유명한 무신론자는 오히려 예수님은 신의 아들은 아니지만 실존 인물인 것은 분명하다고 자신을 지지하는 무신론자들과 논쟁을 벌인 적도 있습니다. 반면에 여러 역사학적 지식들은 제외하고서라도 그렇게밖에 볼 수 없는 아주 강력한 이유를 다음과 같이 공통적으로 설명합니다. C. S. 루이스는 다음과 같은 논지의 주장을 한 적이 있습니다.

"예수님의 제자들을 생각하면 쉽습니다. 그들은 핍박 받았으며, 권력이나 부를 얻지도 못했습니다. 지금의 종교 지도자들처럼 대접이나 인정을 받지도 못했습니다. 그런데도 심지어 순교를 당하면서까지 예수님을 전하기 위해서 전 세계를 돌아다녔고, 목숨까지 바쳤습니다. 모든 제자들이 거의 다 비슷한 삶을 살았고, 그들의 가르침을 받은 사람들도 그랬습니다.

도대체 무엇이 이들을 이렇게 움직이게 만들었을까요? 신약성경에 나오는 예수님의 행적이 사실이라면? 그것을 제자들이 정말로 목격했다면? 어떨까요, 가능성이 있을까요? 예수님을 체험한 사람들의 변화된 삶이 성경에 나오는 내용들이 가장 강력한 증거라고 저는 생각합니다."

맞습니다. 초대교회 성도들에게는 바로 예수님에 대한 확신이 있었습니다. 그것은 단순히 "네, 저는 믿습니다"라는 외침이 아니라 때로는 목숨을 잃는다 해도 두려워 않는 확신이었습니다. 이 모습들이 믿지 않는 사람들에게 복음을 생각하게 만들었고 믿게 만들었습니다. 이 복음을 통해 새로운 소망을 품는 사람들은 점점 늘어났습니다. 확신의 복음을 통해 소망을 품은 사람들의 삶이 다른 사람들의 소망이 되었고, 그래서 지금 우리들이 믿고 있는 복음의 소망이 그토록 척박하고 힘든 환경 속에서도 전 세계로 퍼져 나갔습니다. 그래서 저는 지금 우리가 살고 있는 이 시대가 오히려 복음을 전할 수 있는 정말로 축복받은 시대라고 생각합니다. 다만 우리의 확신이 부족하기 때문입니다.

만약 정말 복음에 대한 확신이 있다면 사람의 삶을 통해 벌써 많은 분들이 복음에 대해서 진지하게 생각하고 또 받아들였을 것입니다. 예수님을 하나님의 아들이자 구세주라고 확신한 제자들은 누가 시키지 않아도 스스로 복음을 전했고, 고통을 감내했고, 용서와 사랑을 베푸는 사람으로 변화되었습니다.

초대교회에서 통했던 복음의, 그리고 소망의 전달 방식은 지금 이 시대에도 여전히 유효합니다. 아니, 우리에게 진정한 확신과 약간의 지혜만 있다면 지금이 훨씬 더 유효할 것입니다.

그러나 이러한 확신이 없고, "맞는 것 같긴 한데... 글쎄, 예수님이 구세주가 맞나 잘 모르겠어..." 이렇게 긴가민가 한다면 주님을 전할 수 없습니다. 확신이 있는 성도의 삶은 굳이 직접 말로 하거나 전도지를 내밀지 않아도 그 삶 자체가 그리스도의 향기를 전하는 좋은 전도의 방법이 됩니다. 그러나 불확실한 성도의 삶은 설령 용기를 내어 직접 전도를 실행한다 하더라도 효과가 없을 것입니다.

내가 만난 예수님을 통해 복음을 믿고 삶이 변화되고 그로 인한 감격을 이웃이 느끼게 하는 것, 이것만큼 실제적이고 확실한 전도의 방법은 없습니다. 내가 하나님을 만나고 이 캄캄한 세상에서 발견한 한 줄기 소망을 남에게 전할 수 있는 유일한 방법이 바로 전도입니다.

그래서 베드로전서 3장에는 "유일한 소망이 되는 복음을 전할 때 알아야 할 4가지 원리"에 대해서 나옵니다. 이 법칙을 한 가지씩 살펴보면서 과연 나는 예수님을 향한 분명한 믿음이 있는지도 살펴보십시오.

1. 대상자에게 맞는 소망을 전해야 합니다.

곤충학자 파브르가 하루는 날벌레를 관찰하고 있었습니다. 날벌레들은 궤도를 그리며 제자리에서 계속 도는 특성이 있었는데 그 원인이 무엇인지 연구 중이었습니다. 그런데 날벌레들이 처음부터 궤도를 도는 것은 아니었습니다. 처음에 한 마리가 어떤 이유에서든 돌기 시작하면 나머지도 갑자기 그 날벌레를 따라서 돌기 시작했습니다.

날벌레들이 계속해서 자리를 도는 이유는 어떤 신호도 아니었고, 먹이나 물을 원해서도 아니라 그냥 알 수 없는 이유로 다른 날벌레가 그렇게 돌기 때문이었습니다. 무려 87% 정도의 날벌레들이 이렇게 무턱대고 제자리에서 굶어 죽을 때까지 궤도를 돌았습니다. 그러나 나머지 13% 정도는 자리에서 벗어나 먹이를 구하고 짝을 찾으러 떠났습니다.

이렇듯 올바른 목표가 없는 사람은 인생을 허비하게 됩니다.

그리고 온전한 소망이 없으면 올바른 목표를 세울 수도 없습니다. 그저 남이 하니까, 혹은 좋아보여서 평생을 남의 모습만 따라서 살다가 인생을 낭비하게 됩니다.

그리스도인은 언제나 간증이 준비되어 있어야 한다는 말을 들어보셨을 겁니다. 간증이란 과거에 나의 삶 속에서 어렵고 힘든 순간에 역사하신 하나님이 나를 어떻게 도우셨고 인도하셨는지를 이야기로 전하는 것입니다. 하나님의 은혜를 체험한 것을 나누는 것이기에 간증은 믿는 사람들 사이에도, 믿지 않는 사람들을 상대할 때도 아주 중요합니다. 그런데 성경은 오늘 본문에서 믿지 않는 사람들에게 '소망'으로 대답하라고 말합니다.

"너희 마음에 그리스도를 주로 삼아 거룩하게 하고 너희 속에 있는 소망에 관한 이유를 묻는 자에게는 대답할 것을 항상 준비하되 온유와 두려움으로 하고"(베드로전서 3:15)

간증과 소망, 얼핏 이 둘은 비슷한 것을 나타내고 있는 것 같지만 차이가 있습니다. 소망은 앞으로 행하실 것을 선포하는 것으로 미래에 시점을 둡니다. 이 힘들고 어렵고, 조금의 소망도 없어 보이는 세상 속에서 "왜 나는 자신 있게 살아갈 수 있는가?"를 믿지 않는 사람들에게 대답할 수 있게 준비하라는 것이 본문의 내용입니다. 이 소망이 필요한 이유는 무엇일까요? 세상 사람들도 소망을 가지고 살아가고 있지만 그 소망은 대부분 근거 없는 소망이며 때로는 잘못된 소망이기 때문입니다. 이런 사람들에게 확신에 찬 변화된 삶을 보여주면 그들은 분명 이런 삶을 살게 되는 원동력이 무엇인지 궁금해 할 것입니다. 그리고 물어볼 것입니다. 그럴 때에 대답할 말을 준비해 두라는 것이 오늘의 말씀입니다.

세상의 모든 사람들은 저마다의 소망을 가지고 있습니다. 새해가 되면 사람들은 저마다의 소망을 품습니다. '더 나은 직장, 행복한 가정, 건강, 배우자와의 만남, 물질적인 풍요...'

그러나 이 소망에는 아무런 근거가 없습니다. 그저 자신의 바람에 지나지 않기 때문에 그 누구도 보장해 줄 수 없습니다. 참된 소망은 한 사람의 인생을 변화시켜야 하고 고난을 이겨낼 원동력이 되어야 합니다. 보장이 없는 소망은 그저 '소망고문'에 그칠 뿐입니다.

그렇다면 그리스도인들이 가진 소망은 무엇입니까? 우리가 세상 사람들에게 근거가 있다고 가르쳐 주어야 할 소망은 무엇입니까? 그리스도인의 소망은 강력한 약속에 근거한 것입니다.

세상의 소망은 약속이 아닌 낙관적인 견해에 근거를 두고 있습니다. 차원이 다릅니다. 그러나 우리가 전해야할 소망은 단순한 낙관이나 긍정론에 기반을 둔 것이 아닙니다. 그리스도인이 품는 소망은 이런 소망과 차원이 다릅니다. 그리스도인의 소망은 하나님이 약속한 분명한 근거가 있는 소망이기 때문입니다.

예를 들어 보겠습니다.

●안전="내가 너희에게 분부한 모든 것을 가르쳐 지키게 하라 볼지어다 내가 세상 끝날까지 너희와 항상 함께 있으리라

하시니라"(마태복음 28:20)

- 잘됨="모든 일들이 합력해서 선을 이루게 하시고"(로마서 8:28)
- 계획="모든 일을 그의 뜻의 결정대로 일하시는 이의 계획을 따라 우리가 예정을 입어 그 안에서 기업이 되었으니"(에베소서 1:11)
- 지켜주심="여호와께서 너를 실족하지 아니하게 하시며 너를 지키시는 이가 졸지 아니하시리로다 이스라엘을 지키시는 이는 졸지도 아니하시고 주무시지도 아니하시리로다 여호와는 너를 지키시는 이시라 여호와께서 네 오른쪽에서 네 그늘이 되시나니"(시편 121:3-5)

하나님께서 너무나 많은 훌륭한 약속들을 우리에게 주시기 때문에 우리가 하나님 안에서 소망을 가집니다. 이 세상 사람들이 가지는 소망과는 너무나 다른 종류의 소망입니다.

어렵고 힘든 환경에서 무엇이 우리에게 자신감을 줍니까? 이 문제에 대한 답변은 우리의 소망에 관한 초점이 잘 맞추어져 있느냐에 달려 있습니다. 우리 가운데도 이 소망에 관함이 불분명할 때가 있습니다. 새롭고 어려운 환경에서 우리에게 소망을 주는 것이 무엇입니까? 때로는 그것이 내 명성일 수도 있습니다. 내가 타고 다니는 자동차, 직업, 사는 집, 인맥...일 수도 있습니다. 사업이 잘 되는 것일 수도 있습니다. 사람들이 소망을 가지는 이유는 여러 가지일 수가 있습니다. 그럼에도 유일한 내 소망이 주님이신가요? 성경은 그것에 대한 분명한 주관이 있어야 한다고 말합니다. 예수님이 여러 가지 가운데 하나가 아니라 주님만이 내 유일한 소망임을 고백해야 한다는 것입니다.

소망의 초점이 '내가 바라는 것'에서 '하나님이 약속하신 것'으로 옮겨 맞춰져 있어야 합니다. 그러나 그리스도인인 우리들은 얼마나 '내가 바라는 것'의 수준에서 소망을 품고 정체되어 있습니까? 어렵고 힘든 상황에서 무엇이 소망이 됩니까? 이 질문에 대한 해답이 우리의 초점이 어디에 맞춰져 있는지, 그리고 우리가 품은 소망이 근거가 있는 바른 소망인지에 대한 답을 줄 것입니다. 우리가 세계에서 가장 돈이 많은 부자라 해도, 노벨상을 받은 사람이라 해도, 모두가 좋아하는 지혜로운 사람이라 해도 우리가 품은 소망은 우리의 능력, 부, 인기가 아니라 오직 주님이 그리고 주님의 말씀이 그 근거가 되어야 합니다. 또한 이렇게 고백해야 합니다.

"이르되 주여 그러하외다 주는 그리스도시요 세상에 오시는 하나님의 아들이신 줄 내가 믿나이다"(요한복음 11:27)

2. 누구에게나 전할 수 있는 소망을 전해야 합니다

무신론자 로버트 잉거솔이 대학에서 강의하다가 갑자기 시계를 꺼내더니 이런 말을 한 적이 있습니다.

"여러분이 알다시피 저는 무신론자입니다. 지금 간단히 하나님이 왜 존재하지 않는지 증명해보겠습니다. 제가 하나님을 5분 동안 아주 심각하게 모욕할 건데, 그래서 제가 죽으면 하나님은 살아계십니다. 그러나 제가 아주 멀쩡히, 또 건강하게 여기서 살아있다면 하나님은 없고 오로지 인간만이 전부입니다."

그리고 5분 동안 마구 하나님을 욕한 잉거솔은 의기양양한 미소를 짓고 강의실을 빠져나갔습니다. 그런데 이 소식을 들은 신학자 파커는 웃으며 이런 말을 했습니다.

"글쎄, 내가 보기엔 하나님의 인내심을 5분 정도로 생각한 잉거솔이 실패한 것 같은데..."

하나님은 믿는 사람들에게나 믿지 않는 사람들에게나 동일하게 물과 햇빛과 같은 은혜를 베푸신다는 말씀이 있습니다.

"이같이 한즉 하늘에 계신 너희 아버지의 아들이 되리니 이는 하나님이 그 해를 악인과 선인에게 비추시며 비를 의로운 자와 불의한 자에게 내려주심이라"(마태복음 5:45)

하나님이 모든 사람들에게 생존에 필요한 은혜를 베푸시고 당장 행한 일을 따라 심판하지 않으시는 것은 모든 사람들이 구원을 받기를 기다리시기 때문입니다. 이 구원은 어둔 세상의 유일한 빛이자 모두에게 필요한 또 약속된 단 한 가지 소망이기 때문입니다. 그렇기 때문에 모든 그리스도인들은 이 소망을 전할 수 있는 준비를 하고 있어야 합니다.

이 소망은 언제, 어디서나, 누구에게나 기회만 주어진다면 전해야 합니다. 그러나 많은 성도님들이 이 일을 어려워합니다. "성경을 잘 몰라서요...", "아직 다닌 지 얼마 안돼서요...", "말을 잘 못해서요..."등 그밖에 여러 가지 핑계들을 말합니다.

그러나 내가 누구든지, 어떤 상태이든지 간에 이 소망을 나눠줄 수 있어야 합니다. 내가 전해야 하는 그 소망은 바로 나의 소망이기 때문입니다. 내 것이 아닐 땐 어렵습니다. 그러나 내 것이니까 어려울 필요가 없습니다. 이 소망을 전하기가 어렵다면 먼저 이 책을 통해 전해주시는 하나님의 말씀들을 통해 소망을 품어야 합니다. 내 소망을 나누기 위하여 다른 사람들이 묻는 모든 철학적인 변론에 답변할 필요는 없습니다. 다른 사람의 것이 아니라 나의 것을 나누면 됩니다.

어떻게 할 수 있을까요? 내가 하나님의 약속의 말씀을 붙들고 내 상황에 적용한 것을 나누는 것입니다.

한 예를 들어 보겠습니다.

홀로 자식들과 사는 어느 어머니가 같은 상황에 처한 다른 어머니에게 이렇게 고백합니다.

"내가 어떻게 해야 할지 모르겠어요. 자식을 다스릴 수가 없어요. 집에 붙어 있지를 않아요. 집에 없을 때는 그가 어디에 있는지도 알 수가 없어요. 그가 무엇을 하는지도 모릅니다. 같이 어울려 다니는 아이들도 하나같이 마음에 들지를 않아요. 아이가 집에 있을 때도 도무지 이야기 하거나 서로 대화할 시간이 안 생겨요. 집에 오면 방문을 닫고 혼자 있고. 공부에는 손을 뗀지가 벌써 오래 됐습니다. 성적이 자꾸 떨어지고... 이렇게 하다가는 학교나 졸업할 수 있지 걱정이 돼요. 내가 무엇을 해야 좋을지 모르겠어요. 이럴 때 걔 아버지라도 있었으면 좋을 터인데......."

그때 다른 어머니가 이렇게 대답합니다.
"당신만 그렇게 느끼는 게 아니에요 나도 늘 그렇게 느끼곤 했어요. 그래서 당신을 이해할 수 있어요... 어느 누구도 혼자서 자식을 키우는 게 보통 힘든 일이 아니죠! 나도 자녀에게 다 해주질 못합니다. 그런데 하나님께서는 아버지가 없는 자들의 아버지라고 말씀해 주셨어요. 그래서 나는 전 남편이 하지 못하는 것을 하나님께서 해주실 것을 믿고 살아가요. 내가 하나님을 믿기에 지금은 힘들지만 최선을 다해 자녀들을 양육시키면 하나님께서 그 다음은 책임져 주실 것을 믿어요... 나는 우리 애들이 분명히 하나님의 말씀대로 될 것을 믿어요..."
두 홀어머니의 대화를 보면 철학적인 변론이 전혀 없습니다. 이와 같이 이웃과 내가 하나님께서 주신 공감할만한 소망을 함께 나누십시오.

한 가지 더 예를 들어 보겠습니다.
해고된 어느 사람이 다른 해고된 사람에게 말합니다.
"나도 때로는 무엇을 해야 좋을지 모를 때가 있어요. 당신과 똑같은 처지에 놓여 있어요. 나는 현재 직장이 없고 내 미래가 어떻게 될지 몰라요. 그러나 하나님께서는 내가 하나님께 간구하기도

전에 내 필요를 아신다고 말씀하셨어요. 하나님께서는 무엇을 먹을까, 무엇을 입을까, 어디서 살까를 걱정하지 말라고 하셨어요. 하나님께 초점을 맞추고 하나님을 위해 살면 하나님께서 필요한 것을 채워 주신다고 말씀하셨어요. 내가 직장이 없을 때 내 필요가 채워지기를 바래요. 저는 하나님의 약속을 믿고 하나님께서 채워 주실 것을 믿습니다."

여기도 철학적인 변론이 없습니다. 여기서 말하고 있는 어느 누구도 신학 학위를 소유하고 있지 않습니다. 성경의 어느 특정한 구절을 보이면서 말하는 것도 아닙니다. 우리가 불신자에게 "삼위일체니 하박국"이라고 말한다면 그들은 우리가 무엇을 말하는 지도 도무지 알 수가 없습니다. 하나님의 단순한 약속을 믿고, 하나님의 약속을 그들의 일상생활에 적용한 것입니다. 자신이 가지고 있는 소망을 이웃과 나눌 준비가 되어 있는 사람들입니다. 소망을 나누는 것은 이렇게 간단합니다. 어렵지 않습니다.

어떻게 소망을 나눌 준비를 할 수 있을까요?

하나님의 약속 몇 가지를 마음속에 새기고 지금 실생활에 적용하십시오. 내 환경이 바뀜에 따라 거기에 해당되는 다른 약속들을 붙잡고 삶에 적용하십시오. 그렇게 하면 항상 이웃에게 나눌 소망이 있게 될 것입니다.

우리가 오해하는 것 중의 하나는 "용감한 사람들만이, 대담한 사람들만이 전도할 수 있다"는 생각인데 결단코 아닙니다! 본래 타고난 전도인이 있는 것이 아닙니다. 내가 하나님의 약속을 붙잡고 사는 것을 내 말로 나누면 되는 것입니다. 소망 없는 이웃에게 약속의 말씀으로 소망을 주십시오.

전도자 D.L.무디 선생님은 20세기 최고의 부흥사로 정말로 많은 사람들에게 복음을 전하신 분입니다. 그러나 그분은 어려운 환경 탓에 초등학교도 졸업하지 못해 사역을 처음 시작할 때는 배우지 못한 것에 대한 콤플렉스가 있었습니다.

영국에 들렀을 때는 설교의 황태자 스펄전의 설교를 듣고 해박한 지식과 깊이에 놀라 일종의 좌절감을 느꼈는데 이후에 조지 뮬러와 헨리 발러를 통해서 "사람이 무엇을 하는가?"가 중요한 것이 아니라 "하나님이 어떻게 사용하시는가?"가 중요하다는 깨달음을 얻었습니다.

그래서 비록 발음도 정확하지 않고 맞춤법도 제대로 맞지 않는 문장들이었지만 사람들 앞에서는 열정적으로 복음을 전했으며, 강단을 내려와서는 매일 새벽 4시까지 말씀을 공부했습니다. 또한 나중에 유명한 부흥사로 모두의 인정을 받았을 때도 "내가 한 것이 아니라 하나님이 나를 통해 하신 일일 뿐이다."라고 겸손한 모습을 보였습니다.

우리가 정말로 하나님의 말씀을 통한 소망을 품었다면 누군가 묻는 "당신은 어떻게 그렇게 살 수 있습니까?"라는 질문에 당황하지 않고 금방 그 이유에 대해서 대답할 수 있습니다.

무디는 초등학교도 졸업을 못했지만 말씀에 대한 확신이 있었고, 분명한 체험이 있었기에 하나님이 사용하셨습니다. 철학적인 변론이나, 하나님의 말씀이 진리라는 증거나, 요즘 교회의 잘못된 행태에 대한 판단이 조금도 들어갈 이유가 없습니다.

지금 분명 하나님의 약속 몇 가지를 이미 마음에 품고 살아가고 계실 줄을 믿습니다. 그리고 그 과정 중에 많은 역사들을 체험하고 계실 줄도 믿습니다. 말씀도 하나씩 적용해 가고 있으실 줄 믿습니다. 그렇다면 항상 이웃에게 나눌 소망이 있을 수밖에 없습니다. 말씀을 통해 소망을 믿으십시오. 소망을 체험하십시오. 그리고 소망을 전하십시오.

"나의 영혼아 잠잠히 하나님만 바라라 무릇 나의 소망이 그로부터 나오는도다"(시편 62:5)

3. 온유하고 신실한 마음으로 소망을 전해야 합니다.

지금 시대에서 가장 영향력 있는 복음주의자 중 한 분인 베들레헴 교회의 존 파이퍼 목사님은 자신의 은퇴설교에서 다음과 같은 말을 했습니다.

"복음을 흥미와 축복, 약간의 농담을 섞어 오로지 기쁨만 존재한다고 설교를 하면 사람들이 모일지는 모릅니다. 그러나 진정한 그리스도의 영광과 예수님이 걸어간 갈보리 언덕을 제대로 보여주지는 못할 것입니다. 세상이 정말로 필요로 하는 것은 고통과 절망이 없을 것이라는 거짓된 약속이 아니라 고통과 절망 속에서도 변하지 않고 꺾이지 않는 복음의 기쁨입니다. 세상이 봐야 할 크리스천들의 모습은 때로 고통과 슬픔이 찾아오더라도 하나님으로 인해 느끼는 기쁨이지 언제나 즐겁고 행복한 것처럼 연기하는 성도들의 모습이 아닙니다. 세상의 부와 행복을 약속하는 복음을 믿지 말고 오로지 그리스도로 인해 기뻐하고 즐거워하는 여러분이 되시길 바랍니다."

저 역시 존 파이퍼 목사님과 같은 말을 지금 드리고 싶습니다.

우리가 복음의 소망을 나누기 위해서 꼭 간증을 하며 돌아다니는 유명인이 되지 않아도 됩니다. 소망을 전하는 온유하고 신실한 태도나 자세면 충분합니다. 한마디로 꾸미지 말고 진실하게 하자는 것입니다. 가끔 어린 아이들이 엄마 몰래 화장대에 가서 제 딴에는 예쁘게 보인다고 화장을 열심히 합니다. 옷장에서 옷도 꺼내 입고, 신발장에 가서 구두도 신어봅니다. 그런데 어색하고 우스꽝스럽습니다. 내가 좀 더 특별한 사람이 되어야만 내가 전하는 소망이 더 효과적으로 전달 되는 것은 아닙니다. 덧붙여진 것을 거둬 내십시오. 나를 더 특별하고 멋진 사람으로 보이게 하려는 탐심을 내려놓으십시오. 내가 다른 사람들을 존중하는 마음이 있고, 그들의 아픔을 들어주고 공감하고자 하는 관심, 즉 온유함이 있다면 조건은 충분합니다. 이 조건은 우리가 조금만 신경 쓰면 누구나 얻을 수 있는 자격입니다.

요즘의 기독교는 너무나 치장이 많습니다. 덧붙여진 것이 너무 많아서 본래의 복음이 무엇인지 헷갈릴 정도입니다. 그런 영향을 받아서인지 사람들도 자꾸 복음을 전하는데 특별한 자격, 특히나 세상적인 성공이 필요하다고 생각합니다. 그래서 작은 성공도 크게 부풀리고, 실패나 어려움은 감추려고 합니다. 그러나 그렇게 꾸밀수록 하나님은 점점 우리와 멀어지게 됩니다. 하나님이 허락하신 그대로를 보여 주며 전하십시오. 하나님은 교만한 자를 물리치시고 겸손한 자에게 은혜를 주시는 분이십니다.

"그러나 더욱 큰 은혜를 주시나니 그러므로 일렀으되 하나님이 교만한 자를 물리치시고 겸손한 자에게 은혜를 주신다 하였느니라"(야고보서 4:6)

"여호와는 교만한 자의 집을 허시며 과부의 지계를 정하시느니라"(잠언 15:25)

하나님의 말씀은 그 자체로 능력이 있습니다. 온유함과 진실함만이 말씀이 약속하는 소망을 온전히 전달할 수 있습니다. 나의 능력과 성공은 아무런 필요도 의미도 없습니다.

"하나님의 말씀은 살아 있고 활력이 있어 좌우에 날선 어떤 검보다도 예리하여 혼과 영과 및 관절과 골수를 찔러 쪼개기까지 하며 또 마음의 생각과 뜻을 판단하나"(히브리서 4:12)

이런 온유함과 진실함이 있는 사람들은 하나님의 말씀을 전할 때에 자신을 내세우지 않고 오직 하나님만을 내세웁니다. 세상의 유일한 진리인 복음이기 때문에 자기 자신을 내세울 이유도, 필요도 없습니다. 그렇기에 오직 복음에만 집중을 하고, 두려움과 떨리는 마음으로 온전한 통로가 됩니다.

"너희를 대면하면 유순하고 떠나 있으면 너희에 대하여 담대한 나 바울은 이제 그리스도의 온유와 관용으로 친히 너희를 권하고"(고린도후서 10:1)

우리가 정말로 온유하고 겸손하면 사람들이 우리에 대한 생각을 바꾸게 됩니다. 설령 믿음이 없더라도, 교회를 싫어하더라도 '그 사람은 정말 전형적인 그리스도인과는 다른 면이 있다. 정말로 예수님을 믿는 사람 같다. 아마 내가 기독교에 대해 생각하고 있는 것이 잘못된 생각일 수도 있겠다'라고 말입니다. 칭찬이 어디선가 들려올 것입니다. 그런 매력을 가진 사람들에게 사람들은 점점 찾아올 것입니다. 위로가 필요할 때, 세상에서 빛을 발견하지 못할 때, 진리를 알고자 할 때, 찾아올 것입니다.

우리가 얼마나 잘나고 성공했는지를 보여줄 때는 이런 일이 일어나지 않습니다. 다만 우리가 "나같이 부족한 사람도 하나님의 은혜를 받습니다."라는 것을 보여줄 때에 소망이 전달되고 사람들이 우리를 통해 하나님을 만나게 됩니다. 이 일이 바로 예수님이 세상에 오셔서 하셨던 일이고, 또 지금 그 예수님을 믿는 우리들이 세상에서 해야 하는 일입니다.

"수고하고 무거운 짐 진 자들아 다 내게로 오라 내가 너희를 쉬게 하리라 나는 마음이 온유하고 겸손하니 나의 멍에를 메고 내게 배우라 그리하면 너희 마음이 쉼을 얻으리니"(마태복음 11:28-29)

내가 소망을 온유하게 나누면 사람들이 하나님께 매력을 느끼고 끌려옵니다.

"너희가 이방인 중에서 행실을 선하게 가져 너희를 악행한다고 비방하는 자들로 하여금 너희 선한 일을 보고 오시는 날에 하나님께 영광을 돌리게 하려 함이라"(베드로전서 2:12)

나의 강력한 카리스마와 능력 때문이 아니라 온유한 성품 때문에 사람들이 하나님께로 오게 됩니다. 좋은 믿음의 3요소는 온유, 경청, 인내입니다. 내가 얼마나 강하고 잘났는가를 보여주는 것이 아니라 나같이 부족한 사람도 "하나님의 말씀이 나를 얼마나 강하게 붙들어주는가"를 온유하게 나타낼 때에 사람들이 하나님께로 나오게 됩니다.

누구나 예수 안에서 소망을 가진 자는 자신이 가지고 있는 소망을 개인적으로 나눌 수가 있습니다. 또 반드시 나누어야 합니다. 내가 내 능력을 나누는 것이 아니라 모든 사람을 깨닫게 해주고 소망을 안겨 주는 하나님의 약속의 말씀을 나누는 것입니다. 내가 온유하고 겸손한 마음으로 하나님의 강력한 약속에 근거한 말씀을 나누면 사람들이 주님께로 오게 됩니다.

"하나님의 약속은 얼마든지 그리스도 안에서 예가 되니 그런즉 그로 말미암아 우리가 아멘 하여 하나님께 영광을 돌리게 되느니라"(고린도후서 1:20)

4. 담대하게 용기를 가지고 소망을 전해야 합니다

스코틀랜드의 한 교회의 목사님이 교회 운영위원회로부터 사임을 요청받았습니다. 10년이 넘게 교회를 담임했지만 새로운 성도가 한 명, 그것도 아주 어린 아이밖에 없었다는 것이 그 이유였습니다. 그러나 그 목사님은 사역을 하는 동안 그 한 명의 어린이를 아주 귀하게 여기고 양육했습니다. 그리고 어쩔 수 없이 교회를 사임하고 다른 지역으로 떠났으나 그 어린이는 나중에 자라서 선교사가 되었습니다. 그리고 무려 53년 동안이나 쉬지 않고 사역을 하며 지역을 복음화하고, 아프리카 선교의 전진기지의 초석을 세우는 중요한 역할을 했습니다.

목사님이 맺은 열매가 바비 모팻이었다는 걸 알았다면 아마도 교회 운영위원회는 목사님에게 사임을 요구하지 않고 격려와 감사를 평생 동안 보냈을 것입니다.

지금까지 너무 소망적인 이야기만 했던 것 같은데, 때로는 우리가 말씀을 실천하고 소망을 품고 살아도 또 그 소망을 사람들에게 전해도 결실이 없을 때가 있습니다. 그러나 그런 결과로 인해 너무 상심할 필요는 없습니다.

베드로 역시 이런 사람들에게 노아의 이야기를 상기시켜 주며 용기를 줍니다.

"그들은 전에 노아의 날 방주를 준비할 동안 하나님이 오래 참고 기다리실 때에 복종하지 아니하던 자들이라 방주에서 물로

말미암아 구원을 얻은 자가 몇 명뿐이니 겨우 여덟 명이라"(베드로
전서 3:20)

노아는 120년 동안 방주를 지으면서 하나님을 전했습니다. 그
는 의인이었고, 온유한 사람이었으며 진실한 사람이었습니다. 그
런데 단 한 명도 하나님께 돌아오지 않았습니다. 오히려 노아는
놀림과 조롱을 당했습니다. 그러나 노아는 하나님께 의인으로 인
정받았습니다. 그리고 구원의 역사의 한 축을 담당하는 사람이
되었습니다. 이 사실은 우리에게 엄청난 용기를 줍니다.

결실이 없더라도 우리의 신앙이 바르다면 주님이 우리와 동행
하신다는 것입니다. 노아는 하나님의 말씀을 따라 묵묵히 방주를
지었습니다. 비가 무엇인지 알지도 못했지만 그는 묵묵히 말씀을
실천했습니다. 비록 단 한명도 마음을 돌리게 하지 못했지만 그
럼에도 하나님은 노아와 함께 하셨습니다. 그 하나님이 지금도
살아서 역사하시고 우리와 동행하십니다. 노아 같은 사람이 120
년 동안 허탕을 쳤다면 우리도 역시 그럴 수 있습니다.

우리의 임무는 뿌리는 것이지 거두는 것이 아닙니다. 사람들에
게 모욕을 받고 조롱을 당한다 해도 그것은 내가 잘못 살고 있음
을 나타내지 않습니다. 그러므로 어떤 상황에서도 용기를 잃지
말아야 합니다. 우리가 말씀이 약속한 소망을 붙들고 있다면 그
어떤 것도 두려워할 이유가 없습니다. 그리고 혹시 아무도 나를
통해서 주님을 받아들이지 않으면 어떻게 할 것인가를 염려하지
마십시오.

노아가 우리에게 3가지 사실을 상기시켜 주는 것에 주목해야 합니다.

'그들은 전에 노아의 날 방주를 준비할 동안 하나님이 오래 참고 기다리실 때에 복종하지 아니하던 자들이라 방주에서 물로 말미암아 구원을 얻은 자가 몇 명뿐이니 겨우 여덟 명이라'(베드로전서 3:20)

노아는 120년 동안 방주를 지으면서 하나님을 전했습니다. 120년 동안 증거했는데도 아무도 하나님께로 돌아오지 않았습니다. 달랑 자기 가족 식구 여덟 명만 구원했습니다. 그러나 더욱 놀라운 사실은 영원하신 하나님의 아들인 예수 그리스도께서 영으로 노아와 함께 하셨다는 사실입니다.

이 사실이 우리를 세 가지 방면으로 격려해 줍니다.

(1) 예수님께서 노아와 동행하셨다면 우리와도 동행하신다는 사실입니다.

노아 시대에 영원하신 하나님의 아들이 노아와 함께 일하셨습니다. 주님은 지금도 성령님으로 우리와 함께 하십니다. 우리가 그리스도인이 될 때에 우리 인생 계기판에 안전하다는 표시등이 켜졌습니다. 하나님의 영이 내주하시며 영원히 중단되지 않고 계속되는 파이프라인이 하늘에까지 연결되어 있습니다. 하나님의 영이 내 안에서 강하게 역사하십니다. 하나님의 영이 나를 통하여 말씀하십니다. 노아에게 예수님께서 함께 하셨다면 우리와도 함께 하십니다.

(2) 노아 같은 믿음의 사람도 120년간 전도했음에도 큰 결과가 없었다면 우리에게도 그럴 수가 있습니다.

그럼 노아는 실패자였습니까? 절대로 그렇지 않습니다. 노아는 인류 역사상 생존했던 위대한 믿음의 영웅 중 한 사람입니다.

"믿음으로 노아는 아직 보이지 않는 일에 경고하심을 받아 경외함으로 방주를 준비하여 그 집을 구원하였으니 이로 말미암아 세상을 정죄하고 믿음을 따르는 의의 상속자가 되었느니라"(히브리서 11:7)

노아에게는 눈에 보이는 결과가 없었습니다. 그렇다고 노아의 전도가 보잘 것 없었던 것은 아닙니다. 오히려 그 시대에 얼마나 복음 전하기가 어려웠으며 사람들의 마음이 강퍅했는가를 말해 줍니다. 이 같은 현상이 지금 우리 현장에 나타나고 있습니다. 그렇게 교회를 세워보려고 하지만 오히려 '더 기울어 가는 십자가는 아닌지' 묻게 됩니다. 구원받은 사람의 숫자로써 사역자들의 질을 평가해서는 안 됩니다. 노아가 만일 우리 시대에 살았다면 성공한 목자는 아닐 것입니다. 겨우 여덟 명밖에 구원하지 못했으니까요. 그러나 그는 하나님의 말씀을 따라 모든 것을 견디며 성실했습니다.

우리가 주님의 일을 하면서 복음을 전하는 것은 우리의 일이요, 구원하시는 것은 하나님의 일인 것을 알아야 합니다. 가능한 것을 하는 것이 나의 일이라면 불가능한 것임을 이루시는 분은 하나님이십니다. 그러므로 결과는 하나님께 맡겨야 합니다. 구원시키고 안 시키는 것은 주님의 고유 권한이기 때문입니다. 노아는 눈에 보이는 결과가 없었어도 하나님께서 인정하셨기 때문에 그가 위대한 신앙의 영웅 중에 한 사람이 되었습니다. 우리도 어떤 때에는 눈에 보이는 결과가 없어도 하나님께서 노아처럼 위대한 신앙인으로 보실 수가 있음을 기억해야 합니다.

(3) 그때 노아가 다른 사람들의 모욕과 박해를 다룰 수 있었음으로 우리도 그럴 수 있습니다.

성경은 노아가 살았던 시대에 모든 사람들의 생각과 의도가 항상 악하였음을 말해 줍니다.

"여호와께서 사람의 죄악이 세상에 가득함과 그의 마음으로 생각하는 모든 계획이 항상 악할 뿐임을 보시고"(창세기 6:5)

노아는 그런 환경에서 120년을 하나님을 전파하며 살았습니다. 그 시대가 얼마나 도덕적으로 부패했는가를 창세기 6장 13절에서 알 수 있습니다.

"하나님이 노아에게 이르시되 모든 혈육 있는 자의 포악함이 땅에 가득하므로 그 끝 날이 내 앞에 이르렀으니 내가 그들을 땅과 함께 멸하리라"

그런 시대에 120년 동안이나 복음을 전했습니다. 그러면서 노아가 받은 박해와 조롱이 어느 정도였을 지를 생각해 보십시오. 그래서 베드로는 1세기에 살고 있었던 그리스도인들은 자신이 살고 있었던 시대와 노아와의 시대를 비교해 보게 된 것입니다. 그 당시에도 도덕적인 부패와 말할 수 없는 어두움이 그 땅에 가득 차 있었습니다. 그리고 그들은 숱한 고난을 받기 시작했습니다. 노아가 결과가 없는 것 같아도 계속 하나님의 뜻을 따라 복음을 전하며 의로운 삶을 산 것같이 그들도 그렇게 살라고 권면하는 베드로 사도의 모습을 볼 수가 있습니다.

지금 우리의 시대가 정말로 복음을 전하기 어려운 것임은 맞습니다. 그러나 노아의 때보다는 낫고, 초대교회의 상황보다는 낫습니다. 물론 지금 시대에도 세상에 소망은 존재하지 않습니다. 빛 되신 예수님이 없는 세상에선 그 어떤 것도 무의미합니다. 우리는 지금도 그 세상을 향해 나가야 합니다. 거기서 살아가는 사람들을 만나야 합니다. 그 사람들을 살펴보십시오. 다들 헛된 소망을 품고 있고, 무언가를 찾기 위해 애쓰고 있습니다. 그 사람들이 찾은 소망이 무엇인지 살펴보십시오.

안타깝습니다. 때론 눈물이 날 정도로 애석합니다. 그런 잘못된 것들에 소망을 걸고 인생을 살아가는 사람들이 너무나도 많습니다. 그러나 방법이 있습니다. 예수님이라는 참된 소망이 있습니다. 그리고 그 소망을 우리가 전달해야 합니다.

"그런즉 그들이 믿지 아니하는 이를 어찌 부르리요 듣지도 못한 이를 어찌 믿으리요 전파하는 자가 없이 어찌 들으리요 보내심을 받지 아니하였으면 어찌 전파하리요 기록된 바 아름답도다 좋은 소식을 전하는 자들의 발이여 함과 같으니라"(로마서 10:14-15)

물론 그 과정에서 때로는 모욕을 당할 수도 있습니다. 당연히 수치를 당하고 조롱을 당합니다. 그러나 예수님은 더한 고난을 받으셨고, 노아는 단 한 명도 결실을 맺지 못했습니다. 그럼에도 예수님은, 노아는, 그리고 많은 성도들은 계속해서 굽히지 않고 소망을 전했습니다. 도대체 왜 그랬을까요? 그것이 그들이 찾고 경험한 참된 소망이었고, 하나님이 명하신 말씀이기 때문입니다. 그리고 그런 것에 아랑곳하지 않고 계속해서 소망을 전하던 수많은 신앙의 선배들 때문에 지금 기독교가 비록 위기라고는 하지만 여전히 전 세계에 퍼져가고 있으며 많은 사람들에게 구원을 전할 교두보를 확보하게 된 것입니다. 그러므로 우리는 이제 마땅히 세상을 향해 담대히 나가야 합니다. 소망을 체험해야 합니다, 그리고 증거해야 합니다. 하나님은 세상의 모든 사람들을 구원할 계획을 가지고 계십니다. 그 계획은 바로 나, 그리고 우리, 모든 성도들입니다. 그 일을 위해 우리를 부르셨습니다.

"하나님은 모든 사람이 구원을 받으며 진리를 아는 데에 이르기를 원하시느니라"(디모데전서 2:4)

마음에 감추어진 상처를 해결하라

미항공우주국 NASA는 우주로 비행선을 보낼 때
모든 부품들의 불량률이 '0%'가 될 때만이 이륙 허가를 내줍니다.
하나님은 나를 귀하게 창조하시고 또 너무나 사랑하시어
나의 모든 아픔을 치료해주시고, 잘못된 것을 고쳐주시어
불량률을 없게 하는 분입니다.

8

베드로전서 4:1-11

"그리스도께서 이미 육체의 고난을 받으셨으니 너희도 같은 마음으로 갑옷을 삼으라 이는 육체의 고난을 받은 자는 죄를 그쳤음이니 그 후로는 다시 사람의 정욕을 따르지 않고 하나님의 뜻을 따라 육체의 남은 때를 살게 하려 함이라 너희가 음란과 정욕과 술취함과 방탕과 향락과 무법한 우상 숭배를 하여 이방인의 뜻을 따라 행한 것은 지나간 때로 족하도다 이러므로 너희가 그들과 함께 그런 극한 방탕에 달음질하지 아니하는 것을 그들이 이상히 여겨 비방하나 그들이 산 자와 죽은 자를 심판하기로 예비하신 이에게 사실대로 고하리라 이를 위하여 죽은 자들에게도 복음이 전파되었으니 이는 육체로는 사람으로 심판을 받으나 영으로는 하나님을 따라 살게 하려 함이라 만물의 마지막이 가까이 왔으니 그러므로 너희는 정신을 차리고 근신하여 기도하라 무엇보다도 뜨겁게 서로 사랑할지니 사랑은 허다한 죄를 덮느니라

9. 서로 대접하기를 원망 없이 하고 각각 은사를 받은 대로 하나님의 여러 가지 은혜를 맡은 선한 청지기 같이 서로 봉사하라 만일 누가 말하려면 하나님의 말씀을 하는 것 같이 하고 누가 봉사하려면 하나님이 공급하시는 힘으로 하는 것 같이 하라 이는 범사에 예수 그리스도로 말미암아 하나님이 영광을 받으시게 하려 함이니 그에게 영광과 권능이 세세에 무궁하도록 있느니라 아멘"

 존 엘드리지는 그의 책 『마음의 회복』에서 이렇게 말했습니다.

"모든 남자는 상처를 안고 살아간다. 나는 상처가 없는 남자를 만나본 적이 없다. 당신 생각에 당신이 지금까지 아무리 즐거운 삶을 살았더라도 상처 입은 사람들로 가득한 상처 입은 세상에서 살고 있을 뿐이다. 당신 부모가 아무리 훌륭하더라도 완벽할 수는 없다. 어머니는 이브의 딸이고, 아버지는 아담의 아들이기 때문이다. 따라서 이 땅에서 살아갈 때 우리는 상처를 받을 수밖에 없다."

마음의 상처는 가까운 사람에게 받는 경우가 대부분이고 과거에 받은 상처라 해도 지속적으로 우리에게 영향을 줍니다. 이 마음의 상처는 시간이 지나면서 잊었다고 생각되기도 하지만 여전히 우리 안에서 곪은 상처가 되어서 말과 행동과 생각에 영향을 주고 있습니다. 그래서 비록 우리가 예수님을 통해 삶의 소망을 얻고, 겉으로 변화된 삶을 살고, 그로 인해 다른 사람들에게 소망을 전한다 하더라도 때때로 나도 모르는 나의 가시 돋친 모습이 튀어나와 죄책감을 느끼고 자괴감까지 느끼는 경우가 종종 있습니다. 그것은 우리 안에 그동안 살면서 받아온 마음의 상처가 있기 때문이며, 혹은 그 마음의 상처를 외면하고 있기 때문입니다.

이제 우리는 외부의 상처가 아닌 우리 마음속에 난 상처를 어떻게 치료할 수 있는가를 나누려고 합니다. 사실 우리에게 심각한 것은 외부의 상처가 아니라 마음속에 숨겨진 상처들입니다. 그 상처들은 대부분 감춰져 있습니다. 마음에도 피가 나는 상황입니다. 마치 손톱 밑에 가시가 잘 보이지는 않지만 너무나 아프듯이 마음의 상처가 그렇습니다.

당시 초대교회 성도들은 신앙의 자유를 찾아 고난을 감수하는 어려운 상황 속에서도 인간적인 갈등의 문제들을 안고 있었습니다. 마음속에 받은 내부의 상처입니다. 생각하면 마음이 상하고 고통을 안겨다 주는 것들이 심각한 외형적인 고통을 당하는 초대교회 성도들에게도 있었습니다.

예를 들어 배척을 당하고 버림을 당하고 속임을 당하는 일, 이웃에게 조롱을 당하는 일들은 외형적인 고난으로 보이지만 동시에 마음에 남는 상처일 수가 있습니다. 마음에 상처가 생기면 치료하기 전까지는 늘 그 상처로 인해 불안과 두려움이 찾아와 괴롭힙니다. 외부적으로는 아주 멀쩡하고 아름답게 보여도 내적으로는 상처를 받고 괴로워 할 수도 있습니다.

이런 마음의 상처는 어디서 어떻게 받게 될까요?

그런 곳을 알게 된다면 피하면 될 일입니다. 그러나 안타깝게도 사람이 마음의 상처를 받을 수 있는 곳은 사람이 있는 곳은 어디든입니다. 그래서 "뭐니 뭐니 해도 사람이 제일 무섭다"고들 말하는 것입니다. 사람 사는 곳에는 불평이 생깁니다. 갈등이 솟아납니다. 알지도 못하는 사람에게서도 받는 상처만큼 가까운 가족에게서도 상처를 받습니다. 직장 동료일 수도 있습니다.

목회를 하면서 제가 알게 된 것은 거의 모든 성도들이 색깔과 무게감이 좀 다를 뿐이지 이런 상처들을 가슴에 품고 살아간다는 사실입니다.

그런데 마음의 상처는 대부분 감춰져 있습니다. 그리고 눈에 보이는 상처보다 치료하기가 어렵습니다. 그렇기에 때로는 평생에 걸쳐 내 인생에 안 좋은 영향을 미치지만 그것이 과거에 입었던 마음의 상처 때문이라는 것을 모르고 사는 경우도 많습니다.

그런 까닭에 이 마음의 상처가 치유되지 않으면 과거의 노예가 되어 현재가 불행해집니다. 관계에도 영향을 미쳐 자신과의 관계에서도 스스로를 멸시하고 자기비하나 자기학대를 하게 되고, 이웃과의 관계에서 거리를 두고 자기 상처를 있는 모습 그대로 보지 못하며 자꾸 잘못된 생각을 하게 됩니다. 일상에서는 문제가 없다 하더라도 마음의 상처가 드러날 조건이나 상황만 되면 우리의 이런 모습들은 여지없이 튀어나옵니다.

성경은 감추어진 상처를 어떻게 치유하는가에 대하여 말씀해 주고 있습니다.

먼저 에베소서 4장의 말씀을 통해 마음의 상처가 있을 때에 나오는 반응들이 어떤 것인지를 알아야 합니다.

"너희는 모든 악독과 노함과 분냄과 떠드는 것과 훼방하는 것을 모든 악의와 함께 버리고 서로 인자하게 하며 불쌍히 여기며 서로 용서하기를 하나님이 그리스도 안에서 너희를 용서하심과 같이 하라"(에베소서 4:31-32)

악독(bitterness, 쓴 뿌리), 노함(rage, 격노), 분냄(anger, 분노), 떠드는 것(brawling, 언쟁), 훼방하는 것(slander, 비방), 악의(malice, 원한) 등은 우리의 마음에 상처가 있을 때 나오는 것입니다. 그리고 본문인 베드로전서 4장에는 바로 이런 "마음의 상처를 어떻게 치유할 수 있을 것인가?"와 "앞으로 받을 마음의 상처에 어떻게 대처할 수 있을 것인지?"에 대한 방법이 나와 있습니다.

사실 초대교회 성도들의 상황이 어떤지에 대해서는 거듭 설명 드렸기에 이제 잘 알고 계실 것입니다. 그런데 그런 외적인 어려운 상황 속에서 성경이 이런 내적인 상처를 치유하고 방어하는 방법을 말씀했다는 것은, 그런 힘든 상황 속에서도 내적인 문제가 얼마나 중요하고 시급한 것인지를 알려주는 것입니다. 그때보다 훨씬 덜 급박한 상황에 처한 우리에게 이 마음의 상처의 문제는 더욱 더 중요하게 다가옵니다.

그러면 말씀을 통해 '마음의 상처를 해결할 수 있는 4가지 방법'을 살펴보겠습니다.

1. 상처를 준 사람을 용서하는 것입니다

한때 미국 펜실베이니아대학교에서 공부중인 한국인 유학생이 부모님께 부칠 편지를 가지고 가다가 불량배에게 집단 폭행을 당해 목숨을 잃은 안타까운 사건이 있었습니다. 당시 지역 매스컴에서 이 일은 매우 크게 다루어졌고, 안 좋은 여론과 시민의 분노로 체포된 불량배들에게는 사형이 구형되었습니다.

그런데 이 소식을 들은 죽은 유학생의 부모가 담당 판사에게 오히려 탄원서를 보냈습니다. 단순히 형량을 줄여달라고만 한 것이 아니라 만약 사형이 취소되면 불량배들의 자활까지 책임지겠다는 내용의 탄원서였습니다. 그리고 마지막에 이런 탄원을 하는 이유는 예수 그리스도의 사랑과 희생을 조금이라도 실천하기 위해서라고 적혀 있었습니다.

우리의 마음속에 상처가 있는 것은 상처를 준 사람이 있기 때문입니다. 그런데 마음의 상처를 치유하기 위해서 가장 먼저 해야 할 일이 바로 나에게 상처를 준 그 사람을 용서하는 것입니다. 심지어 그 사람이 나에게 용서를 구하지 않아도 말입니다. 이것이 바로 예수님이 말씀하신 사랑과 용서입니다. 그러나 막상 그런 상황이 닥치면 행동으로 옮기기는 너무나 어렵습니다.

"그리스도께서 이미 육체의 고난을 받으셨으니 너희도 같은 마음으로 갑옷을 삼으라 이는 육체의 고난을 받은 자는 죄를 그쳤음이니"(베드로전서 4:1)

예수님은 상처를 받는다는 것이 어떤 것인지 누구보다 잘 알고 계십니다. 예수님은 십자가 고난을 받으셨습니다. 양손과 양발의 못 자국, 등에 맞은 채찍, 창으로 찔리신 고통, 머리에 가시관까지 쓰시면서 온몸에 이루 말할 수 없을 정도의 상처를 입으셨습니다.

또한 예수님이 당하신 고통은 비단 육체만이 아닙니다.

아끼던 제자들에게 배신당하고, 은 30에 팔리고, 하나님을 믿는다고 누구보다 열심을 내던 종교 지도자들에게 미움을 받고 수치를 당하고, 또 조롱을 당했습니다. 그리고 예수님을 따르지 않던 사람들은 사기꾼 취급을 하고 외면했습니다. 그냥 보통 사람이라 하더라도 이런 상처를 당하는 것은 정말로 견딜 수 없는 고난이지만 예수님은 이런 일을 아무런 죄도 없는 하나님의 아들의 신분으로 당하셨습니다. 그래서 예수님께서 그런 상처를 받으셨기 때문에 우리에게 말씀하십니다.

"나도 거기에 있었다. 너를 이해한다. 내 마음으로 너를 안타까워한다."

그래서 베드로는 예수님의 고난을 언급하며 같은 마음으로 '갑옷'을 입으라고 말한 것입니다. 예수님이 당하신 고난과 그 고난을 당하면서 품으신 뜻을 생각하면 지금 나에게 상처를 준 사람들의 공격을 방어할 수 있는 튼튼한 갑옷이 됩니다.

"이에 예수께서 이르시되 아버지 저들을 사하여 주옵소서 자기들이 하는 것을 알지 못함이니이다 하시더라 그들이 그의 옷을 나눠 제비 뽑을새"(누가복음 23:34)

예수님은 십자가에 달릴만한 잘못을 저지르지 않으셨습니다. 주님에겐 아무런 죄도 없었습니다. 원하기만 한다면 얼마든지 이 고난을 멈출 수도 있었고, 또 자기를 괴롭게 할 모든 사람들을 소멸한 능력도 있으셨습니다. 그러나 예수님은 이런 길을 선택하지 않으셨습니다. 잘못된 죄를 짓는 사람들을 오히려 용서하시고 인류의 구원을 위해서 스스로 한 걸음씩 골고다 언덕을 오르셨습니다. 이 마음을 생각할 때 우리는 나에게 죄를 지은 사람들을 용서할 수 있습니다. 그 죄를 용서할 때 나의 마음에 그 사람이 새긴 상처는 이전과 같이 깊고 무겁지 않을 것입니다.

용서가 힘들 때마다 예수님을 생각하십시오.

예수님은 아무런 죄와 흠이 없으셨음에도 이런 고난을 감당하셨습니다. 그에 비하면 나는 어떻습니까? 정말로 조금의 잘못이나 빌미라도 제공하지 않았습니까? 그래도 납득이 되지 않고 마음이 너무 힘들다면 다음의 사실을 생각하십시오.

첫째, 우리는 이미 예수님께 용서를 받았습니다.

분명히 하나님이 나의 죄를 용서해 주셨다고 믿을 겁니다. 그렇다면 용서받았다고 느끼는 그만큼만이라도 다른 사람을 용서하십시오.

둘째, 우리는 구원을 받았다 하더라도 계속 죄를 짓습니다.

그럼에도 심판을 면하고 천국에 갈 수 있는 것은 예수님의 구원의 효력이 영원하며, 우리가 부족함에도 끊임없이 하나님이 우리의 자백을 언제나 받아주시고 용서해주시기 때문입니다.

"만일 우리가 우리 죄를 자백하면 그는 미쁘시고 의로우사 우리 죄를 사하시며 우리를 모든 불의에서 깨끗하게 하실 것이요"

(요한일서 1:9)

예수님께서는 "우리에게 죄를 지은 자를 사하여 준 것 같이 우리 죄를 사하여 주옵시고"라고 기도할 내용을 가르쳐주셨습니다. 머리로 이해되어도 감정적으로 용서가 되지 않는다면 주님께서 가르쳐주신 기도를 통해 도움을 구하십시오.

셋째, 내가 용서하지 않는 한, 내가 계속 상처를 받습니다.

용서는 상대방에 대한 문제가 아니라 나에 대한 문제이기 때문입니다. 분노와 복수는 하나님이 바라시는 방법이 아니며 상처에 대한 좋은 해결책도 아닙니다. 오직 용서만이 마음의 상처를 해결할 수 있는 방법입니다.

"난 이제 받아줄 준비가 됐으니 용서를 빌어봐."가 아니라 "네가 어떻게 생각하든 난 이미 그 사실을 용서한다."라는 자세가 필요합니다. 이런 용서가 되지 않을 때 마음에 쓴 뿌리가 자라고 인생에 좋지 않은 영향을 미칩니다.

"너희는 하나님의 은혜에 이르지 못하는 자가 없도록 하고 또 쓴 뿌리가 나서 괴롭게 하여 많은 사람이 이로 말미암아 더럽게 되지 않게 하며"(히브리서 12:15)

과거에 기억하기조차 싫은 일들이 있다면 지금 한 번 떠올려 보십시오. 생각만 해도 얼굴이 빨개지고 몸이 떨리지 않습니까? 이런 마음의 쓴 뿌리는 은혜에 이르지도 못하게 하며 몸과 마음을 더럽게 합니다. 분노는 상대방보다는 항상 자신에게 더 큰 상처를 안겨 줍니다. 10여 년 전에 일어난 일이 아직도 우리에게 상처를 줍니다. 그 일을 생각할 때마다 성이 나고 원통하게 느낍니다. 다른 사람은 이미 그 사실을 잊어버린 지가 오래 됩니다.

그러나 나는 아직도 그 문제로 괴로워하고 있습니다. 그들은 아무 고통 없이 자신의 삶을 살고 있습니다.

원망을 품고 있는 한 그 상처는 지속됩니다. 그러니 우리의 성격, 상황, 상대방의 잘못을 탓하지 말고 이제 용서와 사랑의 본을 보여주신 예수님을 따라 용서하십시오. 그리고 주기도문을 통해 도움을 구하십시오.

과거에 나를 괴롭힌 사람들이 계속하여 나를 괴롭히도록 내버려두면 안 됩니다. 그들에 대한 원망을 품고 있는 한 내 자신의 괴로움은 계속될 것입니다.

마음의 상처를 치유하려면 내게 상처를 준 사람을 용서해 주어야 함을 기억해야 합니다. 그렇게 하지 않는 한 내가 받는 상처는 계속되기 때문입니다.

욥기 18장 4절에 나오는 욥의 고백입니다.

"울분을 터뜨리며 자기 자신을 찢는 사람아 너 때문에 땅이 버림을 받겠느냐 바위가 그 자리에서 옮겨지겠느냐"

이 말씀을 개역개정이 아닌 표준 새번역으로 보면 그 뜻이 조금 더 와닿을 겁니다.

"화가 치밀어서 제 몸을 갈기갈기 찢는 사람아, 네가 그런다고 이 땅이 황무지가 되며, 바위가 제자리에서 밀려나느냐?"(욥기 18:4)

2. 사람이 아닌 하나님께 초점을 맞추는 것입니다

미국 펜실베이니아주에 니클 마인즈라는 마을에는 아미쉬라는 기독교 공동체가 살고 있습니다. 스위스에서 시작된 세속을 떠나 평화를 추구하는 기독교인들의 모임인데, 이들 공동체가 사는 마을의 초등학교에 머리 로버츠라는 정신이상자가 쳐들어와 학생들을 인질로 잡고 경찰과 대치를 하다가 6명을 죽이고 5명에게 부상을 입힌 뒤 자살을 했습니다.

이 사건은 미국 역사상 최악의 총기난사 사건 중 7위일 정도로 전 미국에 충격을 입혔습니다. 그러나 더 충격이었던 것은 살인자인 머리 로버츠와 그들 가족을 대하는 희생자 유족들에 대한 모습이었습니다. 유족들은 로버츠의 가족들이 희생자의 장례식에 참석할 수 있도록 허락했고 심지어는 전국에서 걷힌 성금으로 로버츠의 가족들이 치료를 받고 상담을 받을 수 있도록 도와주었습니다.

어떻게 이런 용서가 가능할 수 있을까요?

일어나는 모든 일의 초점을 하나님께 맞출 때 이런 일이 일어날 수 있습니다. 저 역시도 위 이야기에 나오는 용서가 제대로 이해가 되지 않고 또 같은 상황에서 실천할 수 있으리라 장담하지는 못합니다. 그러나 그럼에도 저 사람들이 행한 용서가 하나님이 원하시고 기뻐하시는 용서이며 예수님이 이 땅에서 보여주시고 실천하시던 용서라는 것은 확신할 수 있습니다.

사람에게 초점을 맞추면 때로는 신앙생활까지 멀어질 수 있습니다. 사람에게 실망해서 교회를 떠나는 사람들이 얼마나 많습니까? 그러나 이는 잘못된 신앙입니다. 하나님은 언제나 동일하시며 진리는 변함이 없습니다. 사람에게 실망해도 하나님으로 인해 기뻐하고 회복되어야 합니다. 신앙의 초점은 언제나 하나님께 맞추어 있어야 합니다. 용서도 마찬가지입니다.

"그 후로는 다시 사람의 정욕을 따르지 않고 하나님의 뜻을 따라 육체의 남은 때를 살게 하려 함이라"(베드로전서 4:2)

이 말씀의 '그 후로는'이라는 말은 하나님을 만나기 전의 과거와 이후로의 삶을 구분하라는 뜻입니다. 과거의 삶이란 나에게 초점을 맞춰 인간적인 생각으로 살아가던 인생이고, 그 후의 삶은 하나님께 초점을 맞춰 성령의 인도하심을 따라 살아가는 인생입니다.

우리의 초점을 상처받은 것에서 하나님께로 맞출 것을 권면합니다. 또 '그 후로는'이라는 말은 지금부터라는 말입니다. 이제부터는 과거에 어떠한 일이 발생했고, 어떠한 상처를 받았든지 간에 상관없이 삶의 방향을 하나님께로 향하십시오.

이렇게 하려면 마음의 태도 변화가 필요합니다. 내가 그 결정을 해야만 합니다. 이런 생각이 드는 분이 계실 수도 있습니다.

"목사님, 그럼 모든 과거를 무시하라는 말입니까?"

물론 아닙니다. 과거에 일어났던 일들을 무시할 수 없습니다. 지난날에 일어났던 상처받은 일들에 대하여 섭섭하게 생각하는 것은 당연합니다. 그러나 그 가운데에서도 하나님의 말씀을 따라 나의 힘든 마음을 솔직히 내어 놓고 주님께 도움을 구할 수가 있습니다. 성경은 이런 사람을 '애통하는 자'라고 부릅니다.

그리고 이 결정은 온전히 우리의 선택으로 실행될 수 있습니다. 우리가 직접 말씀을 통해 용기를 내어 결심해야 합니다. 우리는 의지적으로 어떤 일을 용서했다 해도 여전히 그 일들을 하나님이 우리 죄를 용서하셨듯이 기억하지 않을 수는 없습니다. 여전히 섭섭한 감정이 남아 있고 가슴이 아플 수도 있습니다. 바로 이럴 때 있는 그대로의 마음을 하나님께 고백하는 것이 필요하고, 그럴 때 하나님께서 대신해 우리를 위로해 주십니다.

"애통하는 자는 복이 있나니 그들이 위로를 받을 것임이요"(마 태복음 5:4)

애통은 내가 받은 상처가 아프고 힘들다고 솔직히 이야기하는 것입니다. 그럼에도 용서했으니 나를 보살펴 달라고 하나님께 간구하는 것입니다.

상처를 준 사람에게 초점을 맞추지 마십시오. 우리의 고통을 치유하고 위로해 줄 수 있는 분에게 초점을 맞추십시오. 이것이 하나님의 방법입니다. 나에게 잘못을 저지르고 악을 행하는 사람은 하나님께서 알아서 심판하실 것입니다. 우리는 모든 것을 주님께 맡겨 하나님께 초점을 맞추고 그분이 원하시는 방법대로 용서함으로 자유로워지십시오.

성경은 애통하는 것과 신음하며 불평하는 것과는 큰 차이가 있다고 말합니다. 애통하는 것은 내게 상처를 준 그런 일들이 슬프다고 말하는 것입니다. 그러나 불평은 내가 그것을 결코 극복하지 못할 것이라고 말하는 것입니다. 내가 받은 상처를 극복하거나 하지 않는 것은 나의 선택에 달려 있습니다.

우리는 과거의 상처에 얽매어 있어서 현재와 미래에 영향을 받을 때가 있습니다. 과거의 상처에만 초점을 맞추는 한 현재와 미래에 초점을 맞출 수 없기 때문입니다. 우리의 내면에 생긴 상처를 주님에게 고백을 할 때 주님은 내 삶에 소망과 기쁨과 평화를 주십니다.

내 삶이 소망과 기쁨과 평화로 가득차기를 원하십니까?

아니면 불행ɹˌ 우울과 적개심으로 가득 차 있기를 원하십니까? 그것은 바로 내가 무엇을 선택하느냐에 달려 있습니다.

내 상처가 아니라 상처를 고치시는 분에게 초점을 맞추십시오. 내 고통으로부터 하나님께선 긍정적인 상황을 만드십니다. 이러한 것이 하나님의 방법입니다.

어떻게 하나님께서 부정적인 것을 긍정적으로 바꾸실까요? 빼기를 어떻게 더하기로 바꿉니까? 빼기 가운데로 위로부터 아래로 줄을 그어 십자가를 만들면 됩니다. 인생의 빼기에서 더하기로 바꾸는 비결은 십자가를 통하여 하나님을 신뢰하는 것입니다. 하나님을 신뢰하면 상처를 고치게 됩니다.

"나의 유리함을 주께서 계수 하셨사오니 나의 눈물을 주의 병

에 담으소서 이것이 주의 책에 기록되지 아니하였나이까"(시편
56:8)

3. 조금 더 미래를 바라보는 것입니다

　컴퓨터의 핵심 부품인 CPU를 만드는 인텔은 원래 메모리를 만드는 회사였습니다. 인텔은 창업 초기부터 기록적인 성장을 하며 승승장구하고 있었지만 일본 업체의 추격으로 점점 이익이 떨어지기 시작했습니다. 1980년대가 되자 그 전의 인텔의 아성은 무너지고 이제는 일본 업체들의 점유율이 훨씬 높았습니다. 그대로 있다가는 회사가 부도가 날 것이 뻔했습니다.

　결국 이 인텔의 창업자이자 '무어의 법칙'을 만든 고든 무어와 공동 경영자인 앤디 그로브는 이른 아침부터 사무실에 모여 회사의 미래를 놓고 상의를 했습니다. 그런데 갑자기 앤디 그로브가 무어에게 물었습니다.

　"만약 우리 회사가 망해서 자네와 내가 짤리고 이제 새로운 사장이 저 문으로 들어온다면 당장 무엇부터 할까?"

　"글쎄? 아마 메모리 사업을 정리하고 새 분야를 개척하겠지?"

　대답을 들은 앤디는 잠시 생각을 하다 다시 대답했습니다.

　"그럼, 지금 자네와 내가 그 결정을 내리면 어떨까?"

　그렇게 내린 인텔의 업종변경은 20세기 경영 역사상 가장 위대한 결정이라고 사람들에게 불리게 되었습니다.

예전에 인기가 있었던 '인생극장'이라는 프로그램이 있었습니다. 어떤 선택의 기로에선 남자가 내린 결정에 따라 달라지는 결과를 보여주는 흥미로운 프로그램이었습니다. 이제 우리가 그 인생극장의 주인공이라고 생각해 보십시오. 그리고 지금의 상처와 분을 품고 계속 살아갈 때의 미래와 모든 것을 용서하고 말씀을 따라 살아갈 때의 미래가 어떻게 달라질지 생각해보십시오.

욥은 성경에 나오는 사람들 중에 아마 가장 억울하게 고난을 당한 사람일 것입니다. 욥은 모든 것을 잃었고, 또 매우 억울했습니다. 하나님을 원망할만한 충분한 상황에 있었습니다. 그런데 그런 상황에 처한 욥은 다음과 같이 고백했습니다.

"만일 네가 마음을 바로 정하고 주를 향하여 손을 들 때에 네 손에 죄악이 있거든 멀리 버리라 불의가 네 장막에 있지 못하게 하라 그리하면 네가 반드시 흠 없는 얼굴을 들게 되고 굳게 서서 두려움이 없으리니 곧 네 환난을 잊을 것이라 네가 기억할지라도 물이 흘러감 같을 것이며"(욥기 11:13-16)

"마음을 바로 정하라!"

이것이 욥의 고백입니다. 모든 것을 잃고, 몸이 아프고, 억울할지라도 마음을 바로 정해야 합니다. 그것이 우리의 미래를 위한 가장 좋은 선택이며 옳은 선택이기 때문입니다. 무조건적인 낙관론은 무조건적인 비관론처럼 대책이 없습니다.

'용기'란 겁이 나지만 겁이 안 나는 척 하는 것이 아니라 '겁이 난다는 것은 인정하면서도 앞으로 나아가는 것'입니다. 마찬가지로 지금 제가 말씀드리는 용서는 그냥 '쿨'하게 아무 일도 없던 것처럼 상대방을 용서하라는 것이 아닙니다. 그 사람으로부터 받았던 감정적인 상처와 좋지 않은 기억들을 너무나 이겨내기 힘들다는 것을 인정하고 그럼에도 불구하고 이겨내고 용서하라는 것입니다. 예수님을 생각하며, 내가 받은 용서를 생각하며, 이후의 더 나은 미래를 기억하며 말입니다. 미래에 초점을 맞출 때에 과거의 상처가 사라집니다.

미래를 생각하십시오.

미래는 미지의 세계이기 때문에 때로는 두렵고 겁이 납니다. 많은 사람들은 미래에 대한 환상을 갖고 잘못된 판단을 내리고, 또는 너무 두려워 외면하며 현실로 도피합니다. 다윗도 미래에 대해 겁을 냈습니다.

"의인이 부르짖으매 여호와께서 들으시고 그들의 모든 환난에서 건지셨도다"(시편 34:17)

'부르짖으매'라는 단어를 기억하십시오.

미래에 대하여 겁이 나면 하나님께 말씀해야 합니다. 하나님께서도 "힘들고 괴로울 때", "답답해 눈물이 날 때", "내일이 걱정되어 한숨도 잠을 잘 수가 없을 때", "도무지 의지할 사람 하나도 없고 세상을 떠나고만 싶어질" 바로 그때 내게 외치라고 말씀하십니다.

하나님께서는 내 감정을 이미 알고 계십니다. 그렇게 하나님께 고하는 것은 나를 위해서 입니다. 내 아픈 상처를 사랑의 하나님께 내어 놓을 때에 고침이 옵니다.

　대부분의 사람들은 미래를 생각하지 않고 당장 직면한 마음의
문제를 해결하기 위해서 이렇게 하지 않고 상처가 생기는 즉시
해결책을 찾습니다. 구제책을 찾습니다. 또는 가면을 쓰고 감춥
니다. 과거의 고통스러운 상처를 잊기 위하여 술을 찾고, 잘못된
정욕에 굴복하고, 약물을 의지하는 사람도 있습니다.

　그러나 이런 처방전은 잠시는 괜찮게 느껴질지 모르나 더 큰
세 가지 문제를 안겨 줍니다.

　(1) 오래 지속되지를 못합니다.

　세상의 진통제는 아주 잠시는 효과가 좋습니다. 그러나 인간관
계이든 마약이든 간에 며칠도 지속되지를 못합니다.

　(2) 중독될 수가 있습니다.

　상처를 고치려고 어떤 방법을 선택하다가 결국은 그 방법에서
벗어날 수 없게 됩니다. 하나의 상처로 인해 자칫하면 인생 전체
가 얽매여 고생을 하게 됩니다.

　(3) 근본문제를 해결하지 못합니다.

　세상의 처방으로 얼마 동안은 기분 좋게 느낄지 모르나 근본
적인 문제는 여전히 남아 있습니다. 술에 취하면 기분이 좋고 만
사가 해결된 것 같지만 깨고 나면 더 큰 허탈감과 압박이 다가옵
니다.

　이런 것들은 근본적인 해결책이 될 수 없을뿐더러 미래를 좀

먹는 것입니다.

멀쩡한 정신일 때 잠시만 생각해보면 누구나 알 수 있습니다. 잘못된 세상의 방식으로 마음의 상처를 해결하고 괴로움을 잊으려 하다보면 근본적인 원인은 해결도 하지 못한 채 중독되어 더 큰 마음의 상처를 유발합니다. 이런 해결방법을 찾는 것은 오히려 직면한 삶의 문제를 외면하는 것입니다. 세상은 값싸고 일시적인 진통제를 제공합니다. 얼마 동안 효력이 있습니다. 그러나 얼마 지나면 다시 고통이 찾아옵니다.

"너희가 음란과 정욕과 술취함과 방탕과 향락과 무법한 우상 숭배를 하여 이방인의 뜻을 따라 행한 것은 지나간 때로 족하도다"(베드로전서 4:3)

참다운 해결책은 바로 예수 그리스도입니다.

그리고 예수 그리스도뿐입니다. 예수님만이 영원히 지속되는 해결책이십니다. 그래서 성경은 이런 고통을 쉽게 해결할 수는 없지만, 그렇다고 감추지도 말라고 권면합니다. 이것이 직면한 마음의 상처의 본질이며, 또 해결할 수 있는 방법이기 때문입니다.

"주께서 생명의 길을 내게 보이시리니 주의 앞에는 충만한 기쁨이 있고 주의 오른쪽에는 영원한 즐거움이 있나이다"(시편 16:11)

4. 사람과의 관계에 더욱 신경을 쓰는 것입니다

18세기 영국의 사회가 굉장히 암울한 분위기에 빠져있을 때 영적 각성을 일으키고 많은 사람의 영혼을 구원하는 일에 쓰임을 받은 두 명의 인물이 있습니다. 바로 감리교의 창시자 요한 웨슬레와 조지 횟필드 목사님입니다. 두 목사님 모두 암울했던 영국의 상황에서 소금과 빛으로 쓰임 받았던 분들입니다. 그러나 조지 횟필드 목사님의 사역은 항상 일회성으로 끝났던 것에 반해 요한 웨슬레 목사님의 사역은 '메소디스트 운동'으로 이어졌고, 이후에 감리교란 조직이 되어 지금까지 이어지고 있습니다.

두 목사님은 모두 말씀에 능력이 있었고, 또 서로 절친했습니다. 그러나 단 한 가지 차이가 있었는데 그것은 사람들과의 관계였습니다. 요한 웨슬레 목사님은 회개한 사람들을 지속적으로 돌보고 양육할 조직이 필요하다고 생각했습니다. 그래서 '속회'라는 조직을 만들어 사람들이 지속적으로 관계를 맺고 서로의 은혜를 나눌 수 있게 시스템을 만들었습니다.

혼자서 영국 전역을 다니며 사람들에게 복음을 전한 웨슬레 목사님은 초기만 해도 속회원 대부분의 이름을 외우고 있을 정도로 관계의 중요성을 알고 있었습니다. 그리고 그런 노력들은 지금 감리교단이라는 열매가 되어 하나님의 교회의 귀한 한 축을 담당하고 있습니다.

사람들 때문에 상처를 받아 교회를 떠나는 사람들이 정말로 많습니다. 그런 문제로 상담을 찾아오는 분들도 매우 많습니다. 그러나 사랑과 배려로 맺어진 바른 관계는 연약한 믿음에 뿌리를 내려주고 하나님의 은혜와 능력을 체험하게 해주는 통로가 됩니다.

예수님이 비록 사람들에게 상처를 받고 가룟 유다에게 배신을 당했으나 다른 제자들을 통해 세상에 복음을 전하신 것처럼 우리의 신앙도 사람과의 관계를 통해서 더욱 성장하고 하나님의 성품을 느낄 수 있습니다.

초점을 하나님께 맞춘다고 해서 사람을 무시해서는 안 됩니다. 하나님은 한 사람의 아픔과 상처를 직접 위로해주시지만 또한 이웃의 사랑과 도움으로 대신하시기도 합니다. 사람이 하나님 앞에 단지 홀로 서서 무언가를 하려는 것은 하나님의 속성이 아닙니다.

이런 노력들을 한다 하더라도 나의 상처가 완전히 다 회복될 수 없을 수도 있습니다. 그래서 우리에게는 다른 사람들과의 교제가 필요합니다. 세상의 모든 사람들은 각자 상처를 가지고 살아갑니다. 그래서 하나님께서는 우리가 상처를 홀로 해결하도록 하시지 않고 이웃의 도움으로 상처를 치유하게 하셨습니다. 하나님께서 에덴동산에 아담을 창조하시고 이렇게 말씀하셨습니다.

"여호와 하나님이 이르시되 사람이 혼자 사는 것이 좋지 아니하니 내가 그를 위하여 돕는 배필을 지으리라 하시니라"(창세기 2:18)

완벽한 에덴동산에서도 사람이 혼자 있는 것이 하나님 눈에는 안 좋게 보이셨습니다. 지금 내 옆에 있는 사람이 비록 마음에 들지 않을지라도 하나님은 우리가 함께 있는 것을 좋게 보십니다. 지금 내가 가정과 직장, 교회에서 만나는 사람들은 그래서 나에게 꼭 필요한 사람입니다.

하나님을 사랑하고, 하나님께 순종한다는 것을 어떻게 증명할 수 있을까요? 이웃을 사랑하고 섬김을 통해 증명할 수 있습니다. 이런 모습을 보고 사람들은 우리가 그리스도의 제자라는 것을 알게 됩니다.

"새 계명을 너희에게 주노니 서로 사랑하라 내가 너희를 사랑한 것 같이 너희도 서로 사랑하라 너희가 서로 사랑하면 이로써 모든 사람이 너희가 내 제자인 줄 알리라"(요한복음 13:34-35)

"무엇보다도 뜨겁게 서로 사랑할지니 사랑은 허다한 죄를 덮느니라 서로 대접하기를 원망 없이 하고"(베드로전서 4:8-9)

"서로 대접한다"는 말은 사랑으로 관심을 가지는 것을 뜻합니다. 서로 돌보아 주는 것을 의미합니다. 사랑은 허다한 허물을 덮습니다. 상처를 고쳐 주는 폭발적이고 굉장한 힘이 있습니다. 사랑이 죄의식의 해결책입니다. 사랑이 분노의 해결책입니다.

사회적으로 이기주의가 팽배해지고 교회의 본질이 흐려지면서 교회에서도 사랑과 격려, 배려와 존중보다 서로 뽐내고 자랑하고 멸시하는 모습이 점점 생기고 있습니다. 그러나 그럴수록 더욱 신경 써야 하는 것이 관계입니다.

모이기가 힘들고 이기심이 팽배하고 물질만능주의 시대가 도 래한다 하더라도 하나님을 믿는 우리는 모이기를 더욱 힘쓰고 사랑하고 격려하며 선행을 실천해야 합니다. 교회는 이런 관계를 세워주고 이런 과정을 통해 하나님의 말씀을 실천하는 기관이 되어야 합니다.

"두 사람이 한 사람보다 나음은 그들이 수고함으로 좋은 상을 얻을 것임이라"(전도서 4:9)

"서로 돌아보아 사랑과 선행을 격려하며 모이기를 폐하는 어 떤 사람들의 습관과 같이 하지 말고 오직 권하여 그 날이 가까움 을 볼수록 더욱 그리하자"(히브리서 10:24-25)

어떻게 이런 것들이 가능할까요? 목사님만이 모든 사람을 다 격려해 줄 수는 없습니다. 우리 모두가 서로 격려해 주어야 합니 다. 지금 교회의 구조를 통해서는 쉽게 다음과 같은 **2가지 방법** 이 있습니다.

(1) 소그룹(셀, 전도회)을 통해서 격려하고 위로 받아야 합니다.

(2) 평신도 사역을 통하여 서로 도와야 합니다.

하나님께서는 한 사람이 슈퍼스타가 되어서 교회의 모든 일을 하도록 의도하시지 않았습니다. 목사님만이 모든 일을 하는 것이 아니라 서로 해야 합니다. 신약성경에는 58번이나 '서로'라는 말 이 나오는데 그만큼 함께하는 것의 중요성을 언급하고 있습니다.

- 서로 사랑하라

- 서로 돌보아 주라

- 서로 인사하라

- 서로 위하여 기도하라

- 서로 권고하라

- 서로 도우라

- 서로 지원하라

교회는 서로 돕는 모임입니다.

그래서 모든 성도는 교회에 소속되야 되는 것입니다. 교회에 와서 예배하고 말씀 듣고 그냥 걸어 나가는 것이 아닙니다. 서로 인사해야 합니다. 교회는 우리들의 모임입니다. 건물을 뜻하는 것도 아니고 목사님과 몇몇 임원들이 알아서 일을 처리하는 곳도 아닙니다. 참된 교회는 모든 사람들이 뜻과 마음을 다해 하나님과 이웃을 섬기는 곳입니다. 그리고 서로 사랑하고 격려하는 곳입니다. 그 힘으로 용서를 할 수 있고, 또한 마음의 상처를 치유할 수 있게 됩니다.

지금 내가 속한 교회가 이런 모습이 아니라면 다시 시작해야 합니다.

그것은 목사님의 잘못도 아니며, 한국 기독교의 문제도 아니며, 특정 인물의 문제도 아닙니다. 지금 우리가 다 같이 말씀을 따라 고쳐 나가야 할 문제입니다.

원한과 분노를 해결해야 합니다. 지금 마음의 상처로 인해 고통 받고 있다면, 하나님을 사랑한다는 확신이 있음에도 때때로 가시 돋친 모습이 나온다면 오늘 본문에 나온 하나님의 원리를 적용하십시오. 먼저 용서하고, 하나님께 초점을 맞추고, 미래를 바라보고, 함께 모이며 사랑하십시오.

어느 누구나 마음속에 숨겨진 아픔이 있습니다. 상처가 있습니까? 그 상처를 고치고 싶습니까? 주님은 여전히 우리들을 부르고 계십니다. 모든 것을 다 알아야만 주님께 나올 수 있는 것이 아닙니다. 주님께서는 어떤 법칙을 더해 주셔서 우리의 죄의식을 증가시키려는 것이 아닙니다. 우리에게 참 쉼을 주시기 위함입니다. 주님께 나오는 사람에게 주님은 정신적이며 영적인 그리고 육체적이며 감정적인 쉼을 주십니다. 우리 마음에 있는 짐과 상처와 모든 수고를 덜어내고 참 평안과 쉼을 주시기를 원하고 계십니다. 주 예수님의 초청의 말씀에 지금 응답하십시오.

"수고하고 무거운 짐 진 자들아 다 내게로 오라 내가 너희를 쉬게 하리라"(마태복음 11: 28)

고난의 원인과
해결 방법을 찾으라

세상에도 고난을 해결해준다는 많은 전문가가 있고,
많은 사람들이 사용하는 방법들이 있으나 일시적인 효과밖에는 줄 수 없습니다.
우리의 삶에 찾아온 문제를 해결하는 가장 좋은 방법은
인생 사용설명서인 성경을 통해 원인과 해결방법을 찾는 것입니다.

9

베드로전서 4:12-19

"사랑하는 자들아 너희를 연단하려고 오는 불 시험을 이상한 일 당하는 것 같이 이상히 여기지 말고 오히려 너희가 그리스도의 고난에 참여하는 것으로 즐거워하라 이는 그의 영광을 나타내실 때에 너희로 즐거워하고 기쁘하게 하려 함이라 너희가 그리스도의 이름으로 치욕을 당하면 복 있는 자로다 영광의 영 곧 하나님의 영이 너희 위에 계심이라 너희 중에 누구든지 살인이나 도둑질이나 악행이나 남의 일을 간섭하는 자로 고난을 받지 말려니와 만일 그리스도인으로 고난을 받으면 부끄러워하지 말고 도리어 그 이름으로 하나님께 영광을 돌리라 하나님의 집에서 심판을 시작할 때가 되었나니 만일 우리에게 먼저 하면 하나님의 복음을 순종하지 아니하는 자들의 그 마지막은 어떠하며 또 의인이 겨우 구원을 받으면 경건하지 아니한 자와 죄인은 어디에 서리요 그러므로 하나님의 뜻대로 고난을 받는 자들은 또한 선을 행하는 가운데에 그 영혼을 미쁘신 창조주께 의탁할지어다"

사업가 알렉산더 하이드는 매주 습관처럼 교회만 출석할 뿐 신앙에 대한 감동이나 진실성은 없는 사람이었습니다. 그런 그가 한 번은 예배를 드리다가 정말로 예수님을 구세주로 영접하게 되어 신앙생활을 제대로 하겠다는 결심을 했습니다. 그리고 매일 기도를 하고 말씀을 읽기 시작하고, 또 그동안 단 한 번도 하지 않던 십일조 생활도 시작하겠다고 마음을 먹었습니다. 마침 하던 서점도 정리하고 새로운 사업을 구상하던 중이었습니다. 새로운 마음으로 뭐든지 잘 풀릴 것 같았습니다. 그러나 이런 그의 바람과는 다르게 당시 경제가 어려워져 잘되던 사업들도 무너지기 시작했습니다.

하이드는 사업을 시작도 하기 전에 문을 닫을 위기에 처했습니다. 당장 돈이 한 푼 이라도 더 필요했지만 그는 십일조를 드렸고 주일을 지켰습니다. 다들 제 정신이 아니라고 말했지만 그는 믿음을 지켰습니다. 하나님께 드린 자기의 약속이며 그동안 빗나간 신앙생활에 대한 회개였기 때문입니다. 사람들이 일단 급한 불부터 끄라고 하면 그는 "하나님께 진 빚을 먼저 갚을 뿐입니다."라고 대답했습니다.

그런데 점점 그의 사업은 성장하기 시작했습니다.

밤낮 없는 연구 끝에 개발한 '맨소래담'이라는 의약품은 대박이 났고 매출이 2배, 10배, 100배로 폭발적으로 증가했습니다. 그는 나중에 10의 9조를 하나님께 드렸습니다. 그리고 맨소래담은 현재 150여 개국에서 필수 의약품으로 지정되어 있습니다.

그리스도인의 진짜 문제는 아이러니하게도 바로 하나님을 만나고서부터 시작됩니다. 많은 사람들이 하나님을 만나서 위로를 받고 삶의 소망을 얻습니다. 말씀을 통해 주님은 구원과 영생이라는 선물을 주셨고, 이후의 삶을 위해 어떻게 준비하고 훈련해야 하는지 모두 가르쳐 주셨습니다. 이제 모든 문제가 해결된 것 같습니다. 삶의 목표도 찾았고, 분명한 미래를 보장도 받았습니다. 이제는 장밋빛 미래만이 남아있는 것 같습니다.

그러나 내 인생은 변한 것이 없습니다. 여전히 문제들은 똑같이 일어나고 때로는 더 힘들고 어려울 때가 있습니다. 사람들이 쉽게 생각하는 것처럼 '예수만 믿으면 모든 게 해결되고 복 받는 일'만 일어나지 않습니다. 사실 이런 일이 일어나긴 하지만 우리가 생각하는 '문제의 해결'과 '복'은 성경이 말하는 것과는 많이 다릅니다.

사도 바울의 삶을 생각해보십시오. 그는 예수님을 믿기 전까지는 지도자였고 명망이 있었으며 로마의 시민으로 지식인 대접을 받던 사람이었습니다. 그러나 예수님을 믿고 나서는 갖은 고생을 하며 자비량으로 선교를 했고 매를 맞아 죽기 직전까지 처하던 상황이 수차례였습니다.

그렇다면 도대체 예수님을 믿어서 뭐가 좋은 걸까요? '진정한 소망'은 무엇일까요? 우리는 먼저 겪는 고난의 원인과 해결 방법에 대해서 알아야 합니다. 저는 성도들에게 이런 질문을 정말로 많이 받았습니다.

"저에게는 왜 이렇게 많은 문제들이 일어나는 걸까요?"

그런데 당시 성도들도 베드로에게 이런 질문을 많이들 했던 것 같습니다.

그래서 오늘 말씀에는 베드로가 고난에 대한 답을 세 가지 이유를 들어 설명하고 있습니다.

첫째, 세상이 근본적으로 불완전하기 때문(일반적인 평범한 고난)

우리는 구원받아 죄사함을 받았고, 완전한 약속을 믿음으로 축복을 받았지만 여전히 사악한 세상에 살고 있습니다. 여전히 세상은 불완전하기 때문에 완전한 구원을 받았음에도 불행이 찾아오게 됩니다.

둘째, 잘못된 선택을 내렸기 때문(죄로 인한 고난)

하나님의 말씀을 떠나 죄를 짓는 선택을 했기 때문에 찾아오는 고난입니다. 이런 것들은 실수일 수도 있고 혹은 의지적으로 반복하는 죄일 수도 있습니다. 전부는 아니지만 "심은 대로 거둔다."는 말씀처럼 나의 실수로 찾아오는 고난도 있음을 알아야 합니다.

셋째, 그리스도인이기 때문(성도이기 때문에 당하는 고난)

이 고난은 선을 행하기 때문에 당하는 고난입니다. 불완전한 세상에서 완전한 하나님의 말씀을 따라 살려다보니 마찰이 생기고 그 결과가 고난으로 찾아옵니다. 그래서 예수님은 가장 심한 고난을 당하셨습니다. 열두 제자들도 그랬고 사도 바울도 그랬습니다. 그러나 이 고난은 우리를 결국 더 잘되게 만들어주는 고난입니다. 한 마디로 로마서의 바울의 고백처럼 장차 '영광'을 위해 받는 '고난'입니다.

그렇습니다. 고난이 때로는 우리의 유익을 위해서 일어날 때도 있습니다. 우리가 더 잘 되기 위해서 고난이 올 때가 특히 더 많이 있습니다.

직장이나 학교나 이웃 친척으로부터 그리스도인이기 때문에 고난을 당할 때가 있습니다. 그것은 그들이 우리를 이해하지 못하기 때문입니다. 그렇지 않으면 우리가 지지하는 어떤 것들을 그들이 좋아하지 않아서 그럴 수도 있습니다. 그럴 때에 어떻게 해야 할까요?

베드로전서 4장은 우리가 주님을 위해 살다가 고난을 받을 때, 다시 말하면 우리의 믿음 때문에 고난을 당할 때 해야 될 다섯 가지 일을 알려줍니다.

1. 고난은 당연한 것임을 기억하십시오

건축가 조지 워싱턴 괴델스는 파나마에 운하 건설의 책임자였습니다. 이미 1700년대에 프랑스에서 시도를 했으나 2만 여명의 사람들이 죽고도 실패를 했기 때문에 사람들은 운하 건설에 굉장히 부정적인 입장이었습니다. 그러나 괴델스는 현재의 기술과 지형을 검토해 봤을 때 충분히 가능성이 있다고 판단했습니다. 그러나 80km에 달하는 운하를 만드는 것은 역시 쉬운 일이 아니었습니다. 공사 중에 크고 작은 사고가 계속 일어났고, 그때마다 여론은 들끓었습니다. 괴델스가 공사비를 착복하기 위해서 불가능한 일을 가능하다고 거짓말을 했다는 사람들도 많았습니다. 국고 낭비를 하지 말고 당장 공사를 중단해야 한다는 의견도 생겼습니다.

그러나 괴델스는 이런 말에 한 마디도 응대를 하지 않았습니다. 보다 못한 직원이 기자회견이라도 해서 공사가 잘 되고 있으며, 모든 것은 거짓이라고 해명을 해야 한다고 조언을 했는데 괴델스는 이렇게 대답했습니다.

"나는 분명히 모든 일에 해명을 할 것이네, 운하가 완공이 되고 말이지."

파나마 운하는 크고 작은 사고에도 중단되지 않고 완벽하게 완공되었고, 지리적 특성 때문에 세계에서 가장 성공한 운하로 지금까지 평가받고 있습니다. 그리고 2006년도에는 국민들의 압도적 지지를 기반으로 확장공사까지 시작하게 되었습니다.

이제껏 아무도 생각하지 못한 일을 하려는 사람에게는 언제나 고난이 찾아옵니다. 사람들은 자기 생각을 뛰어넘는 일을 하는 사람들을 깎아 내리고 질투하며 시기합니다. 그리고 성공을 한다 해도 업적을 인정해주지 않고 폄하합니다. 마찬가지로 진리인 복음대로 살려고 할 때 받는 고난을 이상하게 여겨서는 안 됩니다. "어? 왜 고난이 찾아오지?"하며 놀라거나 동요하지 마십시오. 그리스도인이 되면 고난 받는 것은 당연한 것이라고 이미 말씀에 명시되어 있습니다.

"사랑하는 자들아 너희를 연단하려고 오는 불 시험을 이상한 일 당하는 것 같이 이상히 여기지 말고"(베드로전서 4:12)

사람들이 나를 깎아 내리고 업신여기며 우리의 믿음을 도전할 때에 당황하지 말아야 합니다. 놀라거나 요동하거나 거기에 좌우되지 말아야 합니다. 그리스도인이라면 이 말씀을 먼저 확실히 알아야 합니다. 우리가 예수님 믿는 것을 주위 사람들이, 심지어 가족들이 좋아하지 않을 수 있다는 것을 이해하고 예비하고 준비해야 합니다.

예수님께서도 이 문제에 대해 아주 실제적으로 솔직히 말씀해 주셨습니다. 그래서 성경은 고난이 찾아와도 놀라지 말라고 했습니다. 아마 당시의 초대교회 성도들도 지금의 우리들과 생각이 비슷했던 것 같습니다. 그러나 예수님은 결코 구원을 받는다고 고난이 사라질 것이라고 말씀하지 않으셨습니다.

"너희 중의 누가 망대를 세우고자 할진대 자기의 가진 것이 준공하기까지에 족할는지 먼저 앉아 그 비용을 계산하지 아니하겠느냐 그렇게 아니하여 그 기초만 쌓고 능히 이루지 못하면 보는 자가 다 비웃어 이르되 이 사람이 공사를 시작하고 능히 이루지 못하였다 하리라 또 어떤 임금이 다른 임금과 싸우러 갈 때에 먼저 앉아 일만 명으로써 저 이만 명을 거느리고 오는 자를 대적할 수 있을까 헤아리지 아니하겠느냐 만일 못할 터이면 그가 아직 멀리 있을 때에 사신을 보내어 화친을 청할지니라 이와 같이 너희 중의 누구든지 자기의 모든 소유를 버리지 아니하면 능히 내 제자가 되지 못하리라"(누가복음 14:28-33)

　이 말씀을 읽고 잠시 묵상해 보십시오. 우리가 바라던 것과 예수님의 말씀의 간극이 얼마나 되는 것 같습니까? 예수님을 믿는다는 것은 유일한 구원의 방법이며 천국을 보장받는 것입니다. 그러나 세상을 살아갈 때 항상 좋은 일만 일어난다거나 하는 일마다 잘되고 무병장수를 보장하는 만병통치약은 결코 아닙니다.

　"내가 너희에게 종이 주인보다 더 크지 못하다 한 말을 기억하라 사람들이 나를 박해하였은즉 너희도 박해할 것이요 내 말을 지켰은즉 너희 말도 지킬 것이라"(요한복음 15:20)

　우리가 정말로 주님을 따르는 제자가 되려고 하면 먼저 이 말씀을 듣고 깊이 생각해 보아야 합니다. 예수 그리스도를 믿는 성내가 되는 것은 항상 좋은 일만 일어나도록 보장되어 있는 것은 아닙니다. 예수님께서는 우리가 주님을 따를 때에 우리에게 성나는 사람도 있을 것이고 우리를 인정하지도 않으며 우리를 싫어할 사람도 있을 것임을 말씀하셨습니다.

　예수님도 핍박을 받으셨습니다. 그리고 그 핍박이 우리에게도 임할 것이라고 말씀하셨습니다. 예수님은 완전하셨지만 십자가에 못 박히셨습니다. 우리도 예수님과 같이 완전해지려고 노력을 할 때마다 세상으로부터 고난과 핍박이 찾아올 것입니다.

매일 하루하루를 살면서 "내가 죽는다."라는 생각은 한 번도 안 해보셨을 것입니다. 그러나 죽음은 분명히 존재하고 나에게도 찾아올 현실입니다. 다만 오늘도 눈을 떴고 건강하기에 자각을 못하는 것입니다.

마찬가지로 예수님을 믿고 세상이 너무나 평온해 보이고 모든 일이 잘될 것 같은 느낌이 들지라도 이 세상은 여전히 영적 전쟁 중이라는 것을 잊으면 안 됩니다. 물론 예수님은 이미 모든 것을 이루셨습니다. 사탄은 더 이상 예수님을 통한 구원의 방법을 막을 수는 없습니다. 그래서 사탄은 그 사실을 믿으려고 하는 사람들, 그리고 이제 막 믿는 사람들을 공격합니다. 하나님께 대항할 수 없으니 사람을 공격하고, 하나님의 마음을 아프게 하기 위해서 하나님의 귀한 자녀인 우리를 공격하는 것입니다. 부모의 마음에 상처를 주려면 제일 쉬운 방법이 그 자녀들을 해치는 것입니다. 그러므로 말씀대로 살수록, 하나님을 섬길수록 우리에게 고난이 찾아오는 것은 당연한 것입니다. 그래서 먼저 고난에 대한 우리의 생각이 바뀌어야 합니다.

우리는 지금 영적 싸움을 하고 있다는 것을 잊지 마십시오.

내가 "하나님 편에 속하겠다"고 결심할 때 사탄은 나를 더욱 주도적으로 공격합니다. 우리가 주님을 따르면 주님이 당한 고난을 우리도 받을 수 있다는 것을 예상해야 합니다.

"우리의 씨름은 혈과 육을 상대하는 것이 아니요 통치자들과

권세들과 이 어둠의 세상 주관자들과 하늘에 있는 악의 영들을 상대함이라"(에베소서 6:12)

2. 고난이 올 때에 오히려 기뻐하십시오

'일베'라는 사이트를 알고 계십니까?

이 사이트로 인해 생각이 순수한 어린 학생들까지도 영향력을 받고 있어 사회적으로 염려가 되는 사이트인데, TV 9시 뉴스에 나올 정도로 문제가 되고 있습니다.

그런데 방송인 유병재씨가 이 사이트에 대해 위트 있게 SNS에서 안 좋은 소리를 한 적이 있습니다. 당연히 그 일이 있고 나서 엄청나게 욕을 먹었습니다. 그 사건이 있은 후 유병재 씨는 SNS에 이런 글을 올렸습니다.

"일베에서 나를 욕하는 글들을 찬찬히 읽어보았다. 인생을 제대로 살고 있는 것 같아 다행이었다."

맞습니다. 때로는 옳은 일로 인해 비난을 받고 손가락질을 당하기도 합니다. '고난'은 그 단어만으로는 매우 부정적인 단어지만 받게 되는 원인이 무엇인지에 따라서 내포하고 있는 의미가 달라집니다. 도둑질을 하고 죄를 지어 대가로 받는 고난은 수치이자 모욕이며 마땅히 받아야 할 고난이지만 우리나라의 독립을 위해 힘쓰다 받는 독립운동가의 고난은 오히려 훈장이자 존경받아야할 일입니다. 그리스도인이 받는 고난 역시 이와 같습니다.

그래서 베드로전서 4장 13절에는 이 고난이 아무나 받을 수 없는 것이라고 나와 있습니다.

"오히려 너희가 그리스도의 고난에 참여하는 것으로 즐거워하라 이는 그의 영광을 나타내실 때에 너희로 즐거워하고 기뻐하게 하려 함이라"(베드로전서 4:13)

"참여하는 특권"은 아무에게나 주어지는 것이 아닙니다.

애들도 놀 때 수준이 맞아야 같이 놀자고 합니다.

하나님의 나라에 참여하는 특권은 하물며 어떻겠습니까?

'그리스도의 고난에 참여하는 것'의 '참여'는 '교제한다'는 뜻의 '코이노니아'라는 단어에서 나왔습니다. 예수님과 교제하는 것과 같이 고난을 통해 친밀해진다는 의미입니다. 그래서 아무나 참여할 수 없고 선택받은 몇몇 사람들만 끼워준다는 의미가 있습니다. 매우 좁은 의미의 참여를 뜻하는 것입니다.

그래서 그리스도인으로서 받는 고난은 기뻐해야 합니다. 즐거워해야 합니다. 내가 이런 고난을 받고 있다는 것은 예수님을 바르게 믿고 따르고 있다는 증거이며, 세상에서 본이 되고 있다는 증거이기 때문입니다. 또한 예수님과 더 가까워지는 특권을 누리고 있는 중이기도 합니다.

또 이 말씀에서 "기뻐하라"는 단어를 한 번 더 주목하십시오. '재미있는 것'과 '기뻐하는 것'과는 아주 큰 차이가 있습니다. 재미가 있는 것은 '그 어떤 것으로부터 쾌락을 누리는 것'입니다.

기뻐하는 것은 '어떤 환경에도 불구하고 긍정적인 태도를 선택하는 것'입니다.

하나님께서는 그래서 핍박을 재미있어 하라고 하시는 것이 아니라 기뻐하라고 말씀하시는 겁니다.

"내가 너희에게 종이 주인보다 더 크지 못하다 한 말을 기억하라 사람들이 나를 박해하였은즉 너희도 박해할 것이요 내 말을 지켰은즉 너희 말도 지킬 것이라"(요한복음 1:20)

"이를 위하여 너희가 부르심을 받았으니 그리스도도 너희를 위하여 고난을 받으사 너희에게 본을 끼쳐 그 자취를 따라오게 하려 하셨느니라"(베드로전서 2:21)

우리가 고난을 당하면서도 기뻐해야 할 세 가지 이유가 있습니다.

(1) 고난은 나를 주님께로 가까이 인도하기 때문입니다.

(2) 고난당함으로 나의 삶에서 하나님을 나타낼 수 있기 때문입니다.

(3) 하나님께서 나를 믿을만하다 인정하기 때문입니다.

고난은 하나님과의 교제를 뜻합니다. 주님 때문에 받는 고난은 곧 주님과 나와의 관계를 더 가깝게 해주는 수단입니다. 남자들에게 군대란 매우 힘들고 괴로운 고난입니다. 부대 쪽으로는 머리도 안 두고 자는 사람도 있다고 할 정도입니다. 그러나 그럼에도 군대에서의 몇 년의 시간을 통해 끈끈한 전우애가 생깁니다. 힘든 여정을 같이 보내며 견뎠기 때문에 자기도 모르는 사이에 전우애가 생긴 것입니다.

부부의 경우도 오랜 세월을 보내며 모진 풍파를 함께 견뎌내었기 때문에 정이 들고 점점 사랑이 깊어집니다. 마찬가지로 선을 행하며 고난을 받으면 받을수록 우리는 점점 그리스도와 가까워지고 있는 것입니다.

함께 고난을 당해봐야 속속들이 다 압니다. 우리는 주님을 개인적으로 알아야 합니다. 대충 알지 말고 개인적으로 알아야 합니다. 충분히 알고는 있어도 당하면서 더 잘 알게 되는 일들이 있습니다. 고난이라는 시험을 통해서 우리는 예수님의 고난을 개인적으로 체험하게 되고 그때서야 내가 받은 은혜가 얼마나 엄청나고 위대한 것인지 깨닫게 됩니다. 그래서 기뻐하게 됩니다.

마찬가지로 그리스도를 위해 불과 같은 시험을 통과해야 합니다. 예수님 때문에 불같은 시험을 당할 때에 불처럼 열렬하게 예수님을 사랑하게 됩니다. 이런 고난이 우리를 주님께 더욱 가까이 해 줍니다. 그리고 고난에도 기뻐하는 그 모습이 세상에 하나님을 나타냅니다.

"내가 그리스도와 그 부활의 권능과 그 고난에 참여함을 알고자 하여 그의 죽으심을 본받아"(빌립보서 3:10)

속한 곳에서 우리가 그리스도인이라는 것을 부끄러워하지 마십시오. 누군가 기독교를 욕할 때 은근슬쩍 함께 그들의 주장에 동조하지 마십시오. 그리스도인임을 당당히 밝히고 또 삶으로 말씀이 진리라는 것을 증명하십시오.

"누구든지 이 음란하고 죄 많은 세대에서 나와 내 말을 부끄러워하면 인자도 아버지의 영광으로 거룩한 천사들과 함께 올 때에 그 사람을 부끄러워하리라"(마가복음 8:38)

우리의 삶이 다른 사람들과는 다름을 사람들이 보아야 합니다. 사람들이 그 차이점을 확실히 보아야 합니다. 우리는 하나님을 믿고 신뢰한다고 수도 없이 고백했습니다. 그런데 고난에도 기뻐하는 사람이 바로 이런 고백을 할 수 있는 사람이며, 또한 하나님이 믿을 수 있는 사람입니다.

왜 하나님께서 욥이 가진 모든 것을 잃게 하셨습니까? 이유는 간단합니다. 하나님께서 욥을 믿으셨기 때문입니다. 욥이 그런 일 가지고 하나님을 배반하지 않을 줄 아셨습니다. 왜 다니엘의 세 친구가 용광로에 던져지게 하셨습니까?

하나님께서 그들을 믿으실 수 있었기 때문입니다. 바울이 디모데에게 권면합니다.

"무릇 그리스도 예수 안에서 경건하게 살고자 하는 자는 박해(핍박)를 받으리라"(디모데후서 3:12)

어느 누구도 신앙을 핍박받지 않는다면 신앙에 대해서 변호하지 않을 것입니다. 사람들이 우리의 믿음 때문에 혹시 업신여긴다거나 괴롭힐 땐 감사한 일입니다. 그럴 때 내가 하나님을 분명하게 드러낼 수 있기 때문입니다.

하나님 나라 백성들 중엔 숨어서 사는 비밀 첩보원이 없습니다. 지혜롭게 드러내야 합니다. 직장에서 동료들이 당신이 예수님을 믿는 것을 모르고 있다면 여러분의 신앙의 상태를 한 번 점검해 봐야 합니다.

"너희 마음에 그리스도를 주로 삼아 거룩하게 하고 너희 속에 있는 소망에 관한 이유를 묻는 자에게는 대답할 것을 항상 준비하되 온유와 두려움으로 하고 선한 양심을 가지라 이는 그리스도 안에 있는 너희의 선행을 욕하는 자들로 그 비방하는 일에 부끄러움을 당하게 하려 함이라"(베드로전서 3:15-16)

3. 고난을 부끄러워하지 마십시오

요즘 각 교회별 마다 '성경 들고 다니기 운동'을 하는 곳이 많아지고 있습니다. 요즘 워낙 스마트폰 시대에 앱들이 잘 나와 있고 파워포인트로 스크린에 본문을 띄워주기 때문에 교회에 성경을 가져오지 않는 사람들이 많습니다. 말씀 봉독 시간에 책장을 넘기며 성경을 찾는 사람들보다 핸드폰을 꺼내 성경 앱으로 보는 사람들이 많습니다. 이런 상황에서 커다란 성경을 거리에 들고 다니는 것은 여러 가지 의미로 엄청난 낭비가 아닐까요? 그것도 기독교인에 대한 이미지가 안 좋은 이런 시대에 말입니다.

그런데도 성경을 매주 들고 다니는 분을 저는 한 분 알고 있습니다. 저희 교인은 아니지만 주일마다 길에서 마주치는 분인데,

성경을 들고 있는 노신사의 모습은 목사인 저보다도 훨씬 어울렸습니다. 항상 성경을 모든 사람이 볼 수 있게 가슴에 끼고 당당하게 걸으시기에 몇 번 마주쳤을 때 성경을 그렇게 들고 다니는 이유에 대해서 물었더니 이렇게 말씀하셨습니다.

"오늘이 주일이고, 교회에 나가는 날이라는 걸 사람들에게 알리고 싶어서 입니다. 제가 성경을 안 들고 나가면 놀러 나가는지 친구를 만나는 지 어떻게 알겠습니까? 저를 보는 사람들 중에는 교회를 빼먹고 놀러 가는 기독교인도 있을 것이고, 아예 관심이 없는 사람도 있을 테지만 그래도 오늘이 주일이고, 예배를 드리는 날이라는 것을 알리고 싶어서 입니다."

저는 정말로 감명을 받았습니다.

말씀대로 살고자 한다면, 거리낄게 없다면 세상 사람들에게 내가 그리스도인이라는 것을 감출 이유가 전혀 없습니다. 그럴 때 당당하게 주일날 성경을 들고 거리를 다니며 주님을 예배하러 갈 수 있습니다. 그 자체도 전도가 됩니다.

교회에 아무리 시스템이 잘 돼 있다 해도 이제 우리도 내 신앙고백을 위해, 그리고 무언의 전도를 위해 교회에 올 때 당당하게 성경을 들고 옵시다. 어떤 사람은 "와~ 저 멋진 사람도 교회에 다니네. 나도 교회 다녀볼까..."라고 생각 합니다.

유치한 말 같나요? 근데 이 유치스런 일이 실제로 전도가 된다는 사실을 기억 하십시오. 다시 말하지만 우리가 성경을 들고 다니는 것만으로도 전도가 됩니다.

신앙 때문에 혹시 업신여김을 당한다 해도 부끄럽게 여기지 마십시오. 비꼬는 사람들이나 비난자들 때문에 겁내지 마십시오. 내 믿음이 시련을 당할 때에 그런 상황에서 도망가지 마십시오. 사람들은 우리가 진짜 그리스도인지 시험하려 할 것입니다. 반드시 그럴 것입니다. 내가 어떻게 반응하는가를 보려고 사람들이 온갖 방법들을 사용할 것입니다. 그럴 때 주님은 부끄럽게 생각하지 말라고 말씀하십니다.

예전에는 그리스도인이라는 사실을 조금도 부끄러워하지 않아도 되는 시절이 있었습니다. 그러나 요즘은 그리스도인임을 드러내는 것이 마냥 떳떳하지만은 못한 시대가 되었습니다. 그런 이유와 극복 원인에 대해서는 초반에 많이 언급했지만 그것보다도 중요한 것은 그리스도인이기 때문에 당하는 고난에 대해서 부끄러워하지 않아야 합니다.

"하나님이 살아 계시는데 왜 악인이 존재하는가?"
"네가 믿는 하나님은 전지전능하신데 너는 왜 그렇게 사는가?"
이 같은 세상 사람들의 공격적인 질문과 더불어 이제는 교계 내부에서도 대책 없는 무조건적인 긍정론 때문에 가난이 죄악이 되고 기독교인이 돈을 못 벌고 불행한 것이 부끄러움이 되는 이상한 일들이 일어나고 있습니다. 이런 상황에서 그리스도인이기 때문에 고난을 받는다는 사실을 주위 사람들에게 떳떳하게 고백하기는 정말로 힘든 일입니다.

그러나 부끄러워하지 마십시오. 걱정하지 마십시오. 떳떳한 고난이라면 하나님께서 돌봐주실 것이기 때문입니다.

"만일 그리스도인으로 고난을 받으면 부끄러워하지 말고 도리어 그 이름으로 하나님께 영광을 돌리라"(베드로전서 4:16)

사도행전 11장 26절부터 언급되는 '그리스도인'이라는 단어는 성경에 단지 세 번밖에 사용되지 않았습니다.

'그리스도인'이라는 단어 자체는 '작은 그리스도인'이라는 의미지만 당시 사회적으로 담고 있는 통념적 의미는 한마디로 기독교인들을 중상하고 비난하는 말입니다. 종종 고유명사임에도 부정적으로 쓰이는 경우가 있는데 당시의 그리스도인은 지금의 '개독교'와 비슷한 의미였습니다. 흑인을 '니그로'라고 비하하여 부르는 뜻과 비슷하게 쓰였습니다.

그러나 초대 그리스도인들이 이 고난을 잘 극복하고, 비하하고 욕하고 폄하해도 예수님의 가르침을 따라 바르게 살아간 노력으로 '그리스도인'이 지금 우리가 알고 있는 좋은 뜻으로, 그리고 당시 사람들에게 존경과 권위를 느끼게 하는 뜻이 되었습니다. 고난을 부끄러워하지 않고 오히려 기뻐할 때, 즉 하나님의 살아계심을 나타낼 때 이런 일이 가능합니다.

그런데 불신자들과 있다 보면 자기도 모르게 선한 일을 하는 것을 부끄러워합니다. 누가 좋지 않은 행동들을 할 때 절제하라는 말을 못할 때가 많습니다. 그 사람을 불편하게 하면 안 된다는 생각 때문입니다. 내가 그리스도인임을 제일 잘 드러내는 표징인

식사기도조차 생략하는 경우들이 많습니다.

베드로는 당연히 그리스도인들은 나쁜 일을 하지 말아야 되지만 자신이 정직함을 자랑하고, 자신이 바른 일을 하고, 그런 일들을 행함을 고백할 때에 부끄러워하지 말아야 한다고 말하고 있습니다. 많은 그리스도인들이 당신이 성도인 것을 잘 드러내지 못하는 이유는 배척을 받을까 두려워해서입니다. 우린 이런 말을 참으로 많이 듣지 않습니까?

"너 왜 그렇게 별나냐?"

배척을 받을까봐 두려우십니까?

그런 이유로 술을 끊기로 결심했지만 회식 자리에서 "왜 또 너만 그래?", "누구는 교회 다녀도 술 잘만 먹더라.", "교회가 금주는 아니라던데 말이야?" 이런 말이 듣기 싫어서 적당히 타협하고 손에 술잔을 들지는 않으십니까?

물론 술을 먹는 것은 죄는 아니지만, 죄로 이어질 수 있습니다. 그리고 신앙생활에는 아무런 도움이 되지 않습니다. 그럼에도 어느새 믿지 않는 사람들의 꾐에 빠져 거룩한 결단을 저버리고 스스로 양심을 속이고 술에 빠져 살고 계시지는 않으십니까?

이것은 모두 두려움 때문에 일어나는 현상입니다.

이런 두려움을 극복하기 위해서는 두 가지 비결을 기억하셔야 합니다.

(1) 모든 사람의 인정을 받을 필요가 없음을 기억하십시오.

사람들이 나를 인정하느냐 안하느냐가 나의 가치가 아닙니다.

(2) 다른 사람들이 나를 어떻게 생각할까 보다는 하나님께서 나를 어떻게 생각하실까에 더 관심을 가지십시오.

우리의 가치관과 믿음을 부끄러워하지 말고 확고히 표현하십시오. 내 부족한 것을 가지고 하나님께서 욕먹게 하지 마십시오. 정직한 마음을 주님께 고백하고 사람들 앞에서 당당하게 그것을 나타내십시오. 설령 고난을 받는다 해도 그것은 기뻐할 일입니다. 고난을 부끄러워하지 않는 자세는 사람들 앞에서, 세상 앞에서 우리의 믿음과 신앙을 당당히 드러낼 수 있는 큰 힘이 됩니다.

"의를 위하여 박해를 받은 자는 복이 있나니 천국이 그들의 것임이라"(마태복음 5:10)

4. 고난 이후의 상급을 기억하십시오

조지 애틀리는 어려서부터 아프리카 선교사의 비전을 가졌습니다. 그는 학업을 하며 틈틈이 아프리카에 대한 공부를 해 성인이 되고 얼마 안 있어 중앙아프리카로 파송을 받았습니다. 언어와 문화, 기후에 적응을 하며 원주민들과 성공적으로 동화된 그는 열심히 복음을 전했습니다.

그렇게 원주민들과 친해지며 농경지를 넓히기 위해서 주변 지역 탐사를 나섰는데, 그러던 중 다른 부족 원주민들에게 습격을 받았습니다. 당시 총을 들고 있던 애틀리는 잠깐 망설였으나 결국 총을 한 발도 쏘지 않았습니다. 총을 땅에 떨구며 싸울 의사가 없었음을 표현했습니다. 그리고 자신을 창으로 찌른 원주민을 향해 미소를 지으며 결국 애틀리는 목숨을 잃었지만 그의 희생을 기억한 원주민들은 이후 애틀리가 복음을 전한 부족에게 사실을 전해 듣고는 모두 개종했습니다.

총을 들고도 원주민의 창에 찔려 죽은 조지 애틀리의 이야기는 세상 사람들이 보기에 가장 미련하고 어리석은 선택이었을 것입니다. 그러나 그 열매는 그의 희생이 정말로 가치가 있고 또 숭고한 선택이었다는 것을 알려줍니다. 사람들이 나를 어떻게 보느냐, 평가하느냐는 그렇게 중요한 문제가 아닙니다.

이미 말했듯이 우리의 초점은 하나님께 맞춰져 있어야 하며 정체성을 찾은 뒤의 이 땅에서의 삶은 죽음 이후의 삶을 위해 준비하고 훈련받는 기간이어야 합니다.

"우리가 잠시 받는 환난의 경한 것이 지극히 크고 영원한 영광의 중한 것을 우리에게 이루게 함이니"(고린도후서 4:17)

'지극히 큰' 상이 우리를 기다리고 있습니다. 비교급의 최상급으로 사용된 이 표현은 이것과 비교할 수 있는 그 어떤 것보다도 큰 상이라는 것을 말해줍니다. 우리가 생각할 수 있는 그 무엇보다도 더 큰 상이 우리를 기다리고 있습니다. 이 말씀을 믿는다면 이제 사람의 시선에서 벗어나 하나님의 생각을 가지고 모든 삶을 살아야 합니다.

"자녀이면 또한 상속자 곧 하나님의 상속자요 그리스도와 함

께 한 상속자니 우리가 그와 함께 영광을 받기 위하여 고난도 함께 받아야 할 것이니라"(로마서 8:17)

하늘나라에 가서 우리가 받을 상이 무엇인지는 모르지만 그 상은 성도에게는 영광 그 자체일 것입니다. 그 상을 받기 위한 조건은 우리가 번 돈이나 명예나 어떤 성과가 아닙니다. 이 땅에서 그리스도인으로 하나님을 드러낸 일이 그 기준입니다. 내가 믿기 때문에 고난 받고 인내함으로 지불한 대가를 주님을 보실 것입니다. 그러므로 계속 충성하십시오.

예수님을 믿으십니까?

고난을 당하고 계십니까?

잘하고 계십니다.

계속 그렇게 믿고 인내하십시오.

그 과정 중에 분명 하나님을 더욱 체험하게 되고 힘들었던 고난들도 너끈히 이겨낼 놀라운 은혜가 충만하게 임할 것입니다.

사람들이 나를 어떻게 보느냐? 어떻게 평가하느냐는 우리의 생각만큼 그렇게 중요하지 않습니다.

우리의 주된 관심은 하늘의 상급입니다. 세상은 일시적이지만, 천국은 영원합니다. 지금 모든 사람에게 다 평판이 좋을 필요는 없습니다. 그러나 영원한 상급을 천국에서 거두게 될 것입니다.

성경은 우리가 잘못된 것에 대하여 너무나 많은 관심을 갖고 있음을 지적해 줍니다. 또한 천국의 소망을 갖고 살면서도 세상에 너무 한눈을 많이 팔고 있다고 말해줍니다. 우리들은 하나님께서 우리를 어떻게 생각하시는가에 더 관심을 가져야 합니다. 사람들이 뭐라 해도 선한 일을 하여 하늘에서 받게 될 상급에 더 관심을 가져야 합니다.

'영광'이라는 말에 초점을 맞추십시오.

우리가 하늘나라에 가게 되면 하나님께서는 우리가 은행에 얼마나 돈을 많이 저축했는가를 보시지 않습니다. 내가 얼마나 많은 트로피나 상패를 받았는가를 보시지 않습니다. 내가 이 땅에서 주님 때문에 받은 상처를 보실 것입니다. 내가 믿기 때문에 지불한 대가를 보실 것입니다. 우리가 주님과 고난을 함께 받으면 함께 영광을 나눈다고 성경은 말하고 있습니다.

저는 여러 차례에 걸쳐 교회 안에 있는 비기독교적인 것을 제거해야 된다고 말씀드렸습니다. 제가 정말로 싫어하는 설교가 있습니다. 하나님을 믿으면 무조건 모두가 큰돈을 번다는 설교입니다. 감기가 든 것도 죄가 있어서이며, 믿음이 좋으면 어떤 병도 걸려서는 안 된다는 설교입니다. 내가 원하는 것은 모두 이루어지며, 아무런 문제가 없는 삶이 참된 그리스도인의 삶이며, 복된 삶이라고 전하는 설교입니다.

이 모든 것이 이루어지지 않으면 그것은 우리의 믿음이 부족하고 말씀도 모르고 기도를 하지 않기 때문이라고 합니다. 죄송합니다만 이것은 기독교가 아니며, 복음이 아닙니다. 예수님은 이런 말도 안 되는 판촉행위를 하러 십자가에 달리시지 않으셨습니다.

만일 하나님께서 내가 한 기도에 전부 응답하신다면, 그리고 내가 원하는 모든 것을 다 제공하신다면 그래서 내게 아무 문제가 없다면 아마도 나는 버릇이 없는 사람이 될 것입니다. 하나님을 떠날지도 모릅니다. 그래서 하나님은 내가 고난을 받아도 계속 충성스러울 것을 요구하십니다. 오늘 본문인 베드로전서 4장만 읽어도 이런 오해를 할 수 없습니다. 하나님은 우리의 고난과 인내, 그 과정에서의 기쁨과 충성에 관심이 있습니다.

"그러므로 하나님의 뜻대로 고난을 받는 자들은 또한 선을 행하는 가운데에 그 영혼을 미쁘신 창조주께 의탁할지어다"(베드로전서 4:19)

닉 부이치치(Nick Vujicic)는 베스트셀러 작가이자, 전 세계를 돌며 강연하는 복음전도자입니다. 그는 팔다리가 없는 장애를 가지고 태어났습니다. 그는 자신의 삶에 절망하며 8세 이후 세 번이나 자살을 시도하였으나 다행히 신실한 크리스천 부모의 전폭적인 지원과 사랑을 받으며 자라나게 됩니다.

어느 날, 닉 부이치치가 LA에서 강연을 마치고 나왔을 때 한 여성이 아기를 안고 그를 찾아왔습니다. 놀랍게도 아기는 닉 부이치치와 똑같은 모습이었습니다. 두 팔과 두 다리가 없고, 왼쪽 발이 짧은 것까지 똑같았습니다. 그 엄마는 아기의 장애를 고치려고 전국 방방곡곡 병원을 찾아다녔고 새로운 병원을 찾기 전에 한 번도 기대를 잃지 않았고, 밤에는 하나님께 기적을 보여달라고 기도하였지만 기적은 일어나지 않았습니다. 그런데 닉 부이치치의 강연을 들은 그녀는 이렇게 말했습니다.

"하나님이 오늘 저에게 비로소 기적을 보여주셨군요. 저는 지금까지 내 아기의 팔다리가 자라서 온전한 육체를 가진 정상인이 되게 해달라고 기도 했습니다. 그러나 오늘 당신을 보면서 팔다리가 없어도 행복한 사람이 될 수 있다는 것을 알았습니다. 당신이 바로 나의 기적입니다."

닉 부이치치 역시 어릴 적에 병을 고쳐달라고 날마다 기도했습니다. 그리고 궁금해 했습니다.

'왜 나에게 이런 질병과 고통을 주시는 거죠?'라고 질문을 던지면서 하나님의 뜻을 찾았다고 고백합니다. 그는 이 어려움 속에 하나님을 신뢰하며 포기하지 않고 나아갔고, 어렸을 때 본인 스스로가 궁금해 했던 질문의 정답을 말하는 인생을 살게 됩니다

고난을 받는 것이 때로는 하나님의 뜻이라는 말씀입니까?

그렇습니다. 제가 말하는 것이 아니라 하나님께서 그렇게 말씀하십니다. 때로는 고난을 받는 것이 내 삶을 위한 하나님의 뜻입니다. 왜 그럴까요? 하나님께서는 내 자신의 편안보다는 나의 성품에 더 관심이 있으시기 때문입니다.

우리 자신에게 두 가지 질문을 해 봐야 합니다.

(1) 사람들이 내 삶에서 그리스도를 발견하는가?

주위 사람들이 내가 누구를 믿는지, 어떤 믿음을 가지고 있는지를 확실히 알고 있습니까?

그들과 예수 그리스도의 복된 소식을 나누십니까? 우리가 이웃에게 암같은 무슨 해로운 물질을 주는 것이 아닙니다. 세상에서 제일 복된 소식을 가지고 있습니다. 우리가 복음을 나누려고 준비한 것보다 세상이 이 소식을 들으려고 더 준비가 되어 있는 사실을 아십니까?

(2) 복음을 부끄러워하지 않고 불신자들 앞에서 그리스도를 확실히 증거하는가?

불신자들이 교회에 들어오도록 우리가 매력적인 사람이 되어야 합니다. 사람들은 인생의 허전함과 외로움 때문에 방황하고 있습니다. 우리가 복음의 진수를 보여 줄 수 있으면 있을수록 결과는 좋을 것입니다. 내가 그렇게 하지 못한다면 내 믿음이 얼마나 가치가 없겠습니까?

이제는 그리스도를 위해 살아야 합니다. 그 목적을 위해 고난도 달게 받아야 합니다. 그러나 그 길을 통해 여러분에게 영광이 임할 것이며 하나님께 복되고 충성된 자라는 칭찬을 받을 것입니다. 고난으로 믿음을 지켜나가십시오.

> "내가 복음을 부끄러워하지 아니하노니 이 복음은 모든 믿는 자에게 구원을 주시는 하나님의 능력이 됨이라 먼저는 유대인에게요 그리고 헬라인에게로다"(로마서 1:16)

의미 있고
뜻 깊은 삶을 살라

스티브 잡스는 "나는 성공신화 그 자체였다.
하지만 일을 빼면 내게 즐거움은 별로 없었다.
죽음 앞에서는 부와 명예 따위는 무의미해진다"라는 말을 남겼습니다.
진정으로 의미 있고 뜻 깊은 삶은 사랑, 믿음, 구원, 죽음 이후의 삶이
오히려 결정하는 것입니다.

10

베드로전서 5:1-7

"너희 중 장로들에게 권하노니 나는 함께 장로 된 자요 그리스도의 고난의 증인이요 나타날 영광에 참여할 자니라 너희 중에 있는 하나님의 양 무리를 치되 억지로 하지 말고 하나님의 뜻을 따라 자원함으로 하며 더러운 이득을 위하여 하지 말고 기꺼이 하며 맡은 자들에게 주장하는 자세를 하지 말고 양 무리의 본이 되라 그리하면 목자장이 나타나실 때에 시들지 아니하는 영광의 관을 얻으리라 젊은 자들아 이와 같이 장로들에게 순종하고 다 서로 겸손으로 허리를 동이라 하나님은 교만한 자를 대적하시되 겸손한 자들에게는 은혜를 주시느니라 그러므로 하나님의 능하신 손 아래에서 겸손하라 때가 되면 너희를 높이시리라 너희 염려를 다 주께 맡기라 이는 그가 너희를 돌보심이라"

'**파퓰러** 일렉트로닉스'라는 잡지에 실린 세계 최초의 미니컴퓨터 '알테어 8800' 사진을 보고 가슴이 뛰던 한 하버드대학교 학생이 있었습니다. 그는 표지의 컴퓨터를 보자마자 당장 잡지를 구입해 평소에 함께 컴퓨터 프로그램을 만들었던 친구를 찾아갑니다. 그리고 잡지에 나온 컴퓨터를 위한 언어를 개발하기로 하고 함께 뭉쳤습니다. 잡지를 구매한 건 폴 앨런, 그리고 그가 찾아간 친구는 빌 게이츠입니다. 마이크로소프트는 바로 잡지에 실린 단 한 장의 사진으로 탄생했다고 해도 과언이 아닙니다.

그렇게 빌 게이츠가 '기업 사냥꾼'으로 불리며 세계 최고의 부자가 되었을 때에, 아내 멜린다와 아프리카로 여행을 떠난 적이 있습니다. 그는 거기서 신발이 없이 살고 있는 사람들이 너무 많다는 걸 깨닫습니다. 결국 아내 멜린다의 설득을 통해 빌게이츠는 이제 사람들을 위한 기부를 하며 남은 삶을 살기로 결심하고 자신과 아내의 이름을 딴 '빌게이츠 & 멜린다 기부 재단'을 만들었습니다. 그리고 매년 세계에서 가장 많은 금액을 기부하며 세계 곳곳의 사람들에게 필요한 일들을 하기 위해 노력하고 있습니다.

사람들은 저마다 가장 중요하게 여기는 인생의 가치가 있습니다. 빌 게이츠나 록펠러 같은 사람들은 인생의 전반부는 돈을 최고의 가치로 놓고 살았고, 후반부는 나눔에 가치를 놓고 살았습니다. 여러분의 삶은 어떻습니까? 어떤 가치를 중요하게 여기느 나에 따라서 인생의 방향이 달라지기 때문에 이 질문에 어떤 대답을 하는가는 정말로 중요한 문제입니다.

저의 사역과 삶에 있어서 제일 중요한 가치는 '의미'입니다. 아무리 좋은 일, 가치 있는 일을 하더라도 의미가 없다면 속 빈 강정이기 때문입니다. 그래서 작은 일을 하나 해도 누군가에게 도움이 되고 나에게도 의미를 주는 일을 하려고 살아가고 있습니다. 하나님의 몸 된 교회를 맡고 양들을 양육하는 것도 그런 일의 일환입니다.

성경을 보면 예수님도 우리가 의미 있는 삶을 살기를 바라십니다. 그리스도인의 삶이란 예수님을 따라 사는 것인데 성경을 보면 예수님이야말로 가장 의미 있고 가치 있는 삶을 사신 분이라는 것을 알게 되기 때문입니다. 전무후무(前無後無)란 말이 있듯이 앞으로도 예수님보다 더 의미 있는 삶을 살 사람이 없을 것입니다. 저도 성경을 볼 때마다 같은 감정을 느낍니다. 그런고로 주님의 삶을 통해 우리가 배워야 하는 것은 어떤 일을 하든지 어떤 삶을 살든지 반드시 의미를 추구하는 여정이 되어야 한다는 것입니다.

우리의 삶은 추구하는 의미가 달라질 때 변화됩니다. 그냥 조금씩 변화되는 것이 아니라 완전히 180도 변화됩니다. 한 사람의 변화된 삶은 그가 일평생 살아가면서 만나는 모든 사람들의 삶에 영향을 미칩니다.

이 책을 통해 소망을 발견했다면 앞으로 우리의 인생 가운데 만나는 모든 사람들에게 소망을 전해주게 됩니다. 저는 이 책이 그런 변화의 계기가 되기를 바랍니다. 그리고 아울러 하나님과 더 친밀해지고 더 경건한 신앙생활로 자라나는 연결다리가 되었으면 좋겠습니다.

우리는 여기까지 오기 전에 여러 가지를 나누었습니다.

첫 번째는 위로에 대해 생각했습니다.

혼탁한 세상에 빠져 살면 모르지만 정신을 차리고 열심히 살수록 이 세상에서는 소망을 찾기가 어렵다는 것을 알게 됩니다. 그런 가운데 너무 외롭고, 세상을 살아갈 힘을 잃게 됩니다. 교회에 다니면서도 이런 경험을 하게 됩니다. 마치 엘리야처럼, 초대교회 성도들처럼 말입니다. 그런 가운데 어떻게 진정한 위로를 받을 수 있는지, 하나님은 어떤 방법으로 우리를 위로하시는지를 여러분과 나누었습니다.

두 번째는 준비에 대해 생각했습니다.

지금의 악하고 어두운 세상은 우리의 종착지가 아니라는 것을 깨달았기 때문에 이제 생각을 바꿔 지금 이후의 삶을 준비하는 삶을 훈련해야 합니다. 그리고 역설적으로 그런 삶을 통해 지금의 삶을 더욱 의미 있게 살아갈 수 있게 됩니다.

세 번째는 정체성에 대해 생각했습니다.

그냥 우연히 태어나 이 세상을 살아가는 것이 아니라 우리에게는 분명한 하나님의 계획하심이 있습니다. 그리고 그 사실을 믿는 순간 우리의 정체성이 무엇인지 어떤 삶을 살아야 하는지 자연스럽게 알게 됩니다.

네 번째는 영향력에 대해 생각했습니다.

이런 사실을 깨닫고 적용하려고 노력할수록 의도하지 않아도 자연스럽게 주위 사람들에게 선한 영향력을 미치게 됩니다. 그리고 그런 과정을 통해서 이기심을 극복하고 자연스럽게 다른 사람을 돕는 일이 시작되고, 관계의 갈등을 조정하는 피스메이커의 역할을 하게 됩니다. 참된 소망이 무엇인지 자연스럽게 세상에 알리게 됩니다. 그러나 때로는 이런 과정이 매끄럽게 반복되지는 않습니다. 나도 모르게 입었던 마음의 상처들이 회복되지 않았기 때문입니다. 그래서 애통하며 용서해야 합니다.

그럼에도 고난은 찾아오지만 아무런 문제가 되지 않습니다. 예수님이 걸으신 길, 수많은 믿음의 선배들이 걸었던 바른 길이 바로 이 고난의 길이며, 하나님과 더욱 친밀해지고 말씀을 제대로 실천하고 있다는 신호이기 때문입니다.

이렇게 해서 우리는 새로운 삶의 의미를 찾았습니다.

그것이 바로 책의 처음에 말했던 예수님이 전해주신 '진정한 소망'이자 우리가 전해야 하는 '가장 강력한 근거의 소망'입니다. 베드로전서를 통해 우리는 이 소망과 새로운 삶의 의미를 제대로 배울 수 있습니다. 왜냐하면 베드로야말로 바로 가장 깊은 절망에 빠져 있다가 소망을 찾은 사람이기 때문입니다.

베드로는 가장 가까이서 예수님을 모시고 말씀을 들었던 사람입니다. 베드로는 예수님에게 레슨을 받았고 또한 함께 사역했던 사도입니다. 그야말로 동고동거동락(同苦同居同樂)했습니다. 정말 의미 있는 삶이 무엇인지 예수님의 가장 가까이에서 보고 배웠던 사람입니다.

이 말씀에 나오는 베드로의 교훈들은 예수님께서 보여주신 모범으로부터 온 것이며 베드로는 그것을 우리에게 전해 줌에 불과한 것입니다. 그러나 베드로는 또한 가장 먼저 예수님을 외면하고 배신했던 사람이기도 합니다. 베드로는 예수님을 부인하고 저주했으며 도망쳤습니다. 심지어 자신의 입으로 절대로 그러지 않겠다고 공언까지 한 사람이 말입니다. 그런 베드로가 이제 변화되었습니다. 그리고 제대로 실력발휘를 하며 그동안 예수님 곁에서 배웠던 교훈과 주님의 말씀을 우리에게 전하고 있습니다.

어떻게 우리 주님께서 원하시는 의미 있고 뜻 깊은 삶을 살 수 있을까요? 중요한 것은 우리가 그렇게 살기를 바라는 것보다도 하나님께서 더 '우리가 그렇게 살기를 바라신다'는 사실입니다. 성경에 나오는 예수님께서 걸으신 '의미 있는 삶의 특징'은 사람들과의 관계 형성과 시간활용입니다.

그래서 우리가 정말로 '영향력 있고 가치 있는 삶'을 살길 원한다면 다음의 3가지를 실천해야 합니다.

1. 이웃을 섬겨야 합니다

    최근에 각광받고 있는 서번트 리더십(Servant leadership)은 1960년대 미국의 대기업 AT&T의 경영교육 담당인 로버트 그린리프의 거듭된 고민을 통해 생긴 리더십입니다.

    그러나 발표 당시에는 아무런 주목을 받지 못했습니다.

    남들 위에 군림하고 카리스마 있는 모습이 리더의 덕목으로 여겨지던 시대였고 그래야만 성과를 낼 수 있다고 사람들이 생각했기 때문입니다. 실제로 남을 이끄는 '리더십'과 섬긴다는 '서번트'라는 단어는 애초에 조합이 맞지 않는다고 서번트 리더십을 만든 로버트 그린리프도 인정을 했습니다.

    그러나 최근 들어 서번트 리더십이 기존의 카리스마형 리더십의 약점을 보완하고 더 뛰어난 성과를 거둘 수 있다는 사실들이 여러 사례를 통해 밝혀지면서 나온지 50년이 넘어가는 서번트 리더십이 뜨고 있는 것입니다. '원칙 중심의 리더십'을 제안했던 스티븐 코비도 이제는 서번트 리더십의 시대가 찾아왔다고 이런 흐름을 인정 했습니다.

    남을 섬기는 것이 정말 리더십이 될 수 있을까요?

    어떻게 생각하십니까?

    일반적인 생각으로는 불가능합니다. 그러나 우리는 역사상 가장 먼저 이런 리더십에 대해 말씀하신 분에 대해서 알고 있습니다. 바로 예수님입니다. 그리고 그 말씀이 사실이라는 것이 이제 다양한 현장에서도 증명되고 있습니다.

사람들의 마음속에는 인정받고 주목받고 싶어 하는 욕구가 있습니다. 흔히 '자기효용감'이라고 학자들이 말하는 것인데, 이 욕구가 잘못 자라나면 자기과시와 허세가 심해지며 힘과 권력을 이용해서라도 사람들을 강제로 통제하려고 합니다. 그러나 예수님은 정말로 영향력이 있고 세상에 필요한 사람이 되려면 먼저 섬기라고 말씀하셨습니다.

"너희 중에 큰 자는 너희를 섬기는 자(하인, 고용인, 집사)가 되어야 하리라"(마태복음 23:11)

위대한 사람이 되는 비결...

의미있는 삶을 살기 위한 비결...

그 원리는 아주 분명하고 간단합니다.

종이 되면 됩니다. 내가 위대해지기를 원하면 섬기기를 시작해야 합니다. 자기만 챙기는 이기적인 사람과 남까지 섬기며 봉사하는 사람이 있습니다. 둘 중에 누가 영향력있는 사람입니까?

예수님은 섬길 때만이 진정한 리더십이 가능하다고 말씀 하셨습니다. 존경받는 부모가 되고 싶다면 자녀들을 섬기십시오. 위대한 경영자가 되고 싶다면 직원들과 고객을 섬기십시오. 위대한 그리스도인이 되고 싶으면 위대한 봉사자가 되십시오. 세상에 바른 영향력을 끼치는 방법은 종의 심정으로 섬기는 것입니다. 예수님이 그렇게 하셨습니다.

오늘 본문에는 당시 리더인 교회의 장로들에게 베드로가 주님에게 배운 섬김의 자세를 가르치고 있습니다. 이 자세는 정확히 지금의 우리에게도 필요한 말씀입니다.

그리고 이 말씀을 제대로 적용하기 위해서는 **3가지 자세가 필요합니다.**

(1) 의무가 아니라 자원함으로 섬기십시오.

"너희 중에 있는 하나님의 양 무리를 치되 억지로 하지 말고 하나님의 뜻을 따라 자원함으로 하며 더러운 이득을 위하여 하지 말고 기꺼이 하며"(베드로전서 5:2)

억지로, 의무감으로, 할 수 없이 하는 일은 세상을 변화시키지 못합니다. 변화는 자원하는 마음으로 섬길 때 일어납니다. 그러므로 환경을 바꾸고자 하기보다는 먼저 마음을 바꾸려고 노력해야 합니다.

어떤 분은 교회사역을 의무감에 사로 잡혀서 합니다. 죄송하지만 의무감과 책임감만으로 힘들게 하고 있다면 자신도 기쁘지 않고 주변도 변화시킬 수 없습니다. 그런 사역이라면 오히려 그만두는 것이 서로에게 좋을 수 있습니다. 부모가 의무감에서만 자식을 키울 수 있습니까? 부부관계도 의무감으로만 되겠습니까? 자원함이 앞서야 합니다. 의무감은 일은 되는 것처럼 보일지 모르지만 더 중요한 기쁨이 없습니다. 의무감으로만 인생을 살아간다면 사는 재미가 없지 않겠습니까?

섬김에서 가장 중요한 것은 자원함입니다. 억지로, 의무감으로, 의례상 반복해서 하는 일들은 아무런 덕이 되지 못합니다. 기쁜 맘으로 자원할 때 내가 변화되고 주변이 변화됩니다. 변화는 간절함에서부터 시작됩니다. 교회일도 물론이고 가정사도 마찬가지며 회사일도 마찬가지입니다. 의무감만 가지고는 현상 유지조차 힘듭니다. 어떤 의미도 발견할 수 없습니다. 어떤 기쁨도 없습니다. 그러나 하나님이 허락하신 날을 최선을 다해 살아간다는 마음으로 기쁘게 힘을 낸다면 모든 것이 달라집니다.

환경은 마음에 안 들어도 우리는 환경을 컨트롤 할 수 없습니다. 그러나 나의 마음은 컨트롤 할 수 있습니다. 환경이 맘에 안 든다면 그것에 대해 불평하기보다는 먼저 그 환경 속에서 자신의 일을 다 할 수 있는 마음을 달라고 간구하십시오.

도저히 그런 힘이 나지 않을 때는 우리가 이렇게 살아야 할 원동력이 무엇에 있는지 확인하십시오. 하나님을 사랑하기 때문에 말씀을 실천하고자 하고, 아내를 사랑하고 가족을 사랑하기 때문에 의무감이 아닌 자발적으로 집안일을 돕고 가정사를 돌보는 것 아니겠습니까?

언제나 사랑으로, 또 자발적으로 모든 일을 섬기는 사람은 큰 변화의 은혜를 체험할 것입니다. 마찬가지 생각을 가질 때 우리가 가진 것을 지혜롭게 사용할 수 있습니다. 물질도 마찬가지입니다.

(2) 받기 보다는 주려고 하십시오.

"부득이 함으로 하지 말고 오직 하나님의 뜻을 좇아 자원함으로 하며 더러운 이를 위하여 하지 말고 오직 즐거운 뜻으로 하며..."(베드로전서 5:2하)

주는 것과 받는 것을 말할 때 사실 어디에 더 관심을 가집니까? 아마 백이면 백, 다들 받는 것에 관심이 가실 것입니다. 종종 우리는 받는 것이 해결책인 것처럼 생각합니다. 이처럼 우리는 받는 것을 대단히 중요하게 생각하지만 베드로는 우리가 남에게 받은 것으로 이웃에게 영향을 끼칠 수 없다고 말씀해 줍니다.

많은 돈을 버는 것도 같은 맥락입니다. 물질을 추구하는 것은 나쁘지 않습니다. 정당한 방법으로 돈을 많이 벌었다면 전혀 잘못된 일이 아닙니다. 다만 돈을 어떻게 사용하느냐가 문제입니다. 돈에 욕심이 끼어들기 때문에 벌기 위해서 불법을 행하고 그렇게 벌어도 자기 사리사욕만 채운다면 문제입니다. 돈은 사용하는 사람에 따라 의의 도구가 되기도 하고 일만 악의 뿌리가 되기도 합니다.

"그가 재물을 흩어 빈궁한 자들에게 주었으니 그의 의가 영구히 있고 그의 뿔이 영광 중에 들리리로다"(시편 112:9)

"돈을 사랑함이 일만 악의 뿌리가 되나니 이것을 탐내는 자들은 미혹을 받아 믿음에서 떠나 많은 근심으로써 자기를 찔렀도다"(디모데전서 6:10)

(3) 지배하려고 하기보다는 본이 되십시오.

"맡은 자들에게 주장하는(통치하다, 지배하다, 정복하다) 자세를 하지 말고 양 무리의 본(자극, 흔적, 원형, 모형)이 되라"(베드로전서 5:3)

"주장하지 말라"의 의미는 주위에 있는 사람들에게 명령하는 통치자가 되지 말라는 뜻입니다.

"예수께서 제자들을 불러다가 이르시되 이방인의 집권자들이 그들을 임의로 주관하고 그 고관들이 그들에게 권세를 부리는 줄을 너희가 알거니와"(마태복음 20:25)

"악귀 들린 사람이 그들에게 뛰어올라 눌러 이기니 그들이 상하여 벗은 몸으로 그 집에서 도망하는지라"(사도행전 19:16)

이런 모습은 '주장하는 삶'입니다. 이런 삶에서 돌아서서 이제는 주위 사람들에게 좋은 본이 되십시오. 명령이 아니라 내가 몸소 실천하여 보여 줌으로써 영향력은 미쳐지고 또 지속됩니다. 세상 사람들은 지금의 기독교가 말만하지 말고 '몸소 본을 보여 주며 실천하는 사람'들이 모인 교회를 원한다고들 합니다.

사람들을 지배하려기보다는 좋은 본이 되십시오.

바울이 고린도에서 데살로니가 교인들을 자랑한 적이 있습니다.

"주의 말씀이 너희에게로부터 마게도냐와 아가야에만 들릴 뿐 아니라 하나님을 향하는 너희 믿음의 소문이 각처에 퍼졌으므로 우리는 아무 말도 할 것이 없노라"(데살로니가전서 1:8)

"형제들아 하나님께서 마게도냐 교회들에게 주신 은혜를 우리가 너희에게 알리노니 환난의 많은 시련 가운데서 그들의 넘치는 기쁨과 극심한 가난이 그들의 풍성한 연보를 넘치도록 하게 하였느니라. 내가 증언하노니 그들이 힘대로 할 뿐 아니라 힘에 지나도록 자원하여 이 은혜와 성도 섬기는 일에 참여함에 대하여 우리에게 간절히 구하니 우리가 바라던 것뿐 아니라 그들이 먼저 자신을 주께 드리고 또 하나님의 뜻을 따라 우리에게 주었도다"(고린도후서 8:1-5)

혹시 지금의 기독교는 말만 많은 기독교는 아닌지요?

그래서 힘없는 기독교가 된 것 아닐까요? 나도 그들 중 한 명이 아닐까요? 아무리 남을 이끄는 리더의 위치에 있다 할지라도 따르는 사람이 없으면 지도자가 아닙니다. 우리가 얼마나 영향을 끼치는 사람이냐는 것은 내가 어느 조직에 있는지, 거기서 어떤 위치에 있는지가 중요한 것이 아닙니다. 다만 내가 보여준 본을 보고 나를 따르는 사람이 얼마나 있느냐가 바로 내가 얼마나 영향을 끼치는 사람인가를 보여줍니다.

베드로전서 5장 3절에서 "본이 된다"는 원래 의미는 "염색하거나 강한 흔적을 남기는 것"을 말합니다. 본이 되는 것은 내가 다른 사람들에게 원본과 같은 흔적을 남기는 것을 뜻합니다.

이 세상에 무엇인가를 남기시기 원하십니까? 내가 보여준 본보기가 바로 남기는 것이 됩니다.

때로는 물질을 가지고 이웃을 지배하려는 사람들도 볼 수 있습니다. 남을 다스리기 위해서 주는 것은 바람직하지 않습니다. 그러나 순수한 마음으로 줄 때에 그것이 이웃에게 끼치는 영향은 지대합니다. 주는 것이 아주 강력한 영향을 이웃에게 끼친다는 사실을 잊지 마십시오. 주는 것은 일시적이 아니라 계속 영향을 끼칩니다. 이렇게 지속적으로 선한 영향력을 미치면 바라지 않던 명예도 저절로 따라 옵니다.

돈을 가지는 것이 문제가 아닙니다. 돈을 어떻게 사용하느냐가 문제입니다. 그리고 돈이 문제가 아니라 욕심이 문제입니다. 이 사실은 이솝우화에 나오는 나무 위에 있는 원숭이가 점점 더 큰 바나나를 가지려고 하는 것과 같습니다. 나무 위에 달린 좀 더 큰 바나나를 가지려다가 결국은 나무에서 떨어지게 됩니다.

사단은 물질을 이용해 우리를 교묘하게 속입니다. 은행에 많다고 해서 남들에게 영향을 끼친다고 생각하지 마십시오. 그래서 돈이든 시간이든 이웃을 위해 사용해야 합니다. 사랑의 마음으로 손이 닿는 범위에 있는 사람들을 섬기십시오. 그것이 변화된 삶의 첫째 증거입니다.

먼저 가까운 사람들부터 사랑하십시오. 배우자를 사랑하십시오. 자식들을 사랑하십시오. 그리고 함께하는 동역자들을 사랑하는 마음을 가지십시오. 가까운 사람들부터 사랑하려고 노력할 때 삶이 변화되기 시작합니다. 영향력을 미치는 사람으로 인생이 변화됩니다.

그러나 이런 마음을 먹기는 쉽지 않습니다. 이 방법을 이제 알

고 배웠다 하더라도 살면서 실천하기가 쉽지 않습니다. 이럴 때
는 하나님께 도움을 간구하는 것 외에 딴 방법이 없습니다.

'하나님 저 혼자의 힘으론 이런 마음을 가지기가 힘이 듭니다.
억지로 하지 않고 자원하는 심정을 내게 허락하여 주십시오.'

"주의 구원의 즐거움을 내게 회복시켜 주시고 자원하는 심령
을 주사 나를 붙드소서…"(시51:12)

하나님께서 우리의 코치가 되게 하십시오.

"너는 범사에 그를 인정하라 그리하면 네 길을 지도하시리라"
(잠언3:6)

바뀌는 게 쉬운 게 아닙니다. 때로는 아주 힘든 싸움입니다. 그
렇기 때문에 하나님께 도움을 구해야 합니다. 그럴 때 변화가 쉬
워집니다. 주님이 내 짐을 대신 들어주십니다.

"내게 능력 주시는 자 안에서 내가 모든 것을 할 수 있느니라"
(빌립보서 4:13)

"내가 산을 향하여 눈을 들리라 나의 도움이 어디서 올까/ 나
의 도움은 천지를 지으신 여호와에게서로다"(시편 121:1-2)

무엇을 하든지 의무감이 아니라 간절히 원해서 시작하십시오.
같은 일을 해도 마음에 기쁨이 넘치고 이웃에게 예수님 때문에
큰 영향을 끼치는 삶을 살게 될 것입니다.

2. 겸손해야 합니다

알렉산더 엘더는 세계적인 정신과 전문의인 동시에 주식 트레이더입니다. 그런 그에게 하루는 어떤 유명한 프로그래머가 찾아와 말했습니다.

"절대로 돈을 잃을 수 없는 프로그램을 개발했습니다. 지난 주식 시장 데이터를 기반으로 대입해본 결과 이 프로그램으로 투자를 하면 결코 돈을 잃지 않습니다. 이제 우리는 투자자만 구하면 됩니다."

그러나 알렉산더는 주식은 심리와 흐름에 따라 움직이기 때문에 그런 프로그램에 전적으로 의지해서는 안 된다고 말했습니다. 그러나 프로그래머는 이 방법으로 돈을 잃는 일은 절대로 없을 것이라고 보장했습니다. 그래서 결국 알렉산더는 그 프로그래머를 따라 프로그램을 확인하러 갔습니다. 그러나 도착하자마자 그 절대로 일어날 수 없는 일이 눈앞에서 일어나고 말았습니다. 프로그래머가 설명을 하기도 전에 이미 투자금이 거의 날아간 상황이었습니다. 게다가 그것도 남에게 투자를 받은 돈이었습니다. 그 프로그래머는 다시 시스템을 보완해서 연락을 주겠다고 했지만 그 후로 몇 년이 지나도 연락은 오지 않았습니다.

겸손이 좋은 것이고 교만이 나쁜 것이라는 걸 모르는 사람은 한 명도 없습니다. 그러나 성경이 말하는 교만은 일반적인 교만과는 좀 다른 이야기입니다. 사전적인 교만은 "거만하지 않고 공손한 태도로 제 몸을 낮추는 것"입니다. 그러나 성경이 말하는 겸손은 "내가 하나님을 의지한다는 걸 보여주는 것"입니다.

내 삶에는 무조건 하나님이 필요하다는 걸 인정하는 것이 겸손입니다. 그러나 너무나 세상적인 원리에 물들어 있어서 매주 말씀을 듣는 그리스도인들조차 진짜 겸손이 무엇인지 알지 못합니다. 그저 자신을 낮추고 허리를 숙이며 굽신거리는 것은 성경적인 겸손이 아닙니다. 하나님을 배제하고 내 맘대로 사는 것이 교만이며 은혜를 구하며 전적으로 모든 것을 하나님께 의지하려고 하는 것이 겸손입니다.

하나님은 교만한 자를 대적하시고 겸손한 자에게 은혜를 주십니다.

"겸손과 여호와를 경외함의 보상은 재물과 영광과 생명이니라"(잠언22:4)

우리가 제대로 된 겸손을 가지고 삶을 살아간다면 하나님께서 우리를 높여주시는 은혜를 체험하게 됩니다.

"누구든지 자기를 높이는 자는 낮아지고 누구든지 자기를 낮추는 자는 높아지리라"(마태복음 23:12)

우리가 겸손하면 하나님께서 높여 주십니다. 우리를 높여 주시는 분은 하나님이십니다. 때가 되면 하나님께서 높여 주십니다. 우리를 높여 주는 것이 하나님의 계획입니다. 겸손함으로 하나님께 순종하십시오.

제가 다른 대륙에 있는 나라를 가려고 한다면 무엇을 타야 합니다. 이동하는 동안은 비행기나 배에 몸을 싣고 있어야지 그렇지 않으면 갈 수가 없습니다. 마찬가지로 하나님을 의지할 때 겸손한 삶을 사는 태도를 가질 수 있습니다.

겸손은 자신과의 **싸움입니다.**

우리는 궁지에 몰리고 어려울 때만 겸손해지는 경향이 있습니다. 모든 것을 다 해보고 되지 않을 때에 다급하게 되어 하나님을 찾고 하나님께 겸손히 부르짖습니다.

물론 우리가 도와 달라고 부르짖으면 하나님께서 도와주십니다. 그런데 사정이 좋아지면 우리는 마치 비행기를 타지 않고 내 힘으로 초능력이라도 발휘해서 순간을 이동해 도착한 것처럼 행동할 때가 많이 있습니다. 난 참 좋은 능력을 가지고 있다고 스스로를 과대평가하며 만족하기 시작합니다. 그러면서 내가 모든 것을 다 다스리고 해결할 수 있다고 자신감을 가지게 됩니다. 사정이 나아지고 모든 것을 다스릴 수 있다고 생각하게 되면 다시 교만해지기 쉽습니다. 그리고 다시 고향으로 돌아갈 때는 비행기가 없이도 가능할 것 같이 생각됩니다. 곧 그렇게 믿게 됩니다.

그렇게 되면 무슨 일이 일어납니까?

시도를 하자마자 밑으로 떨어지게 됩니다. 그리고서는 하나님께서 우리를 떨어뜨리셨다고 생각합니다. 눈물을 쏟으며 이해할 수 없다고 하나님을 원망합니다. 그러나 비행기가 있기에 우리가 올 수 있었던 것입니다. 비행기 없이는 갈 수 없습니다. 중간에서 내려도 안 됩니다. 비행기를 타고 무사히 도착 했더라도 비행기를 타고 왔다는 사실을 잊어서는 안 됩니다.

늘 겸손한 태도를 가지고 살면서 하나님을 의지하면 하나님께서 높여 주십니다. 그런데 때로는 나의 능력과 업적이라고 생각되는 것들이 이런 은혜를 막습니다. 많은 사람들이 겉으로는 하나님을 위해 일을 한다고, 하나님을 위해 성공을 할 거라고 하면서 그저 자기 인생의 바벨탑을 쌓고 있습니다.

이런 사람에게는 하나님이 그리고 겸손한 삶이 우선순위에서 밀려나 있습니다. 자기 자신이 최우선이고 신앙마저도 그저 성공을 위해 이용하는 것뿐입니다. 예수님을 믿는다고 하면서 그 본은 따르지 않습니다. 그렇기에 우리가 주변에 영향력을 끼치며 사는 중요한 비법 중 하나가 바로 진짜 겸손을 보여주는 것입니다. 일상생활에서 늘 겸손해야 됩니다. 겸손해짐으로써 위대해지는 법을 배워야 합니다. 그리고 그대로 삶을 사는 것만으로도 영향력을 주변에 끼치게 됩니다.

우리는 때때로 겸손에 대해 오해하기도 합니다. 예수님께서는 위대한 사람이 되는 것과 겸손은 아주 밀접한 관계가 되어 있음을 우리에게 성경을 통해 자주 말씀해 주십니다. 그런데도 우리는 겸손이 '위대해지고자 하는 우리의 바람을 없애는 것'이라고 생각합니다.

그러나 겸손과 위대한 일을 하는 것은 상충되는 개념이 아닙니다. 예수님께서는 우리가 겸손해지면 오히려 "주님께서 우리를 높이신다"고 말씀하셨습니다. 중요한 것은 우선순위일 뿐입니다. 그러므로 예수님을 섬기고 겸손한 일 뒤에 다른 모든 것들이 자연스럽게 따라올 때에는 돈이 많아도, 지위가 높아도, 명예가 있어도 아무런 문제가 되지 않습니다. 오히려 이런 것들을 통해 세상 사람들에 주님의 영광이 더욱 드러나게 됩니다.

겸손히 내 야망을 다스리도록 하십시오. 이 점이 예수님께서 우리에게 가르치시는 것입니다. 바울은 예수님이 겸손의 가장 위대한 본을 보여주셨다고 말했습니다.

"그는 근본 하나님의 본체시나 하나님과 동등됨을 취할 것으로 여기지 아니하시고 오히려 자기를 비워 종의 형체를 가지사 사람들과 같이 되셨고 사람의 모양으로 나타나사 자기를 낮추시고 죽기까지 복종하셨으니 곧 십자가에 죽으심이라"(빌립보서 2:6-8)

예수님은 하나님과 동등한 존재이십니다. 그러나 겸손하게 자신의 일을 감당하셨습니다. 이것이 가장 좋은 본이 되어 우리가 배워야 할 모습입니다. 하물며 우리는 하나님의 피조물입니다. 그러니 언제나 하나님을 최우선에 놓는 겸손한 삶을 중요하게 여겨야 합니다.

"너희는 먼저 그의 나라와 그의 의를 구하라 그리하면 이 모든 것을 너희에게 더하시리라"(마태복음 6:33)

3. 염려를 멈추고 평안해야 합니다

걱정이 너무 많은 한 사업가가 있었습니다.

그리스도인임에도 걱정이 너무 많아 업무에 지장을 받을 정도였던 그는 "염려하지 말라"는 말씀을 붙들고 기도하는 중에 '염려상자'라는 것을 떠올리게 됩니다. 기도를 마치고 그는 '염려상자'라는 것을 만들어 매주 수요일마다 지금 안고 있는 걱정거리들을 쪽지에 적어 넣었습니다.

예를 들어 '다음 주 월요일 어음 만기'라고 걱정을 적어 상자에 넣고는 되도록 그 일에 대해서는 신경을 쓰지 않았습니다. 오직 수요일 하루만이 그가 마음 놓고 걱정할 수 있는 날이었습니다. 그는 매주 수요일에 안에 담긴 쪽지들을 꺼내어 몇 가지나 문제가 해결되었는지 살펴보았습니다. 그렇게 한 달을 반복한 사업가는 깜짝 놀랐습니다. 문제의 대부분은 자신이 아무 노력을 하지 않았는데도 해결되었습니다. 한 마디로 어쩔 수 없거나 쓸데없는 걱정들에 그동안 신경을 쓰고 있었던 것입니다.

이 사실을 깨달은 그는 마음의 평안을 얻었습니다. 인생이 행복해졌습니다. 하나님이 자신의 삶을 맡아 주신다는 깨달음을 얻었기 때문입니다. 그리고 이때 자신의 경험을 담은 '수요 염려 상자'라는 책까지 내었습니다.

티벳 속담 중에 이런 말이 있습니다.

"걱정을 해서 걱정이 없어지면 걱정할 일이 없겠네"

염려는 자신에게도 또한 주변 사람들에게도 전혀 도움이 되지 않습니다. 왜냐하면 염려는 자신이 상상하고 있는 상황들과 싸우는데 온 신경과 정력을 다 소비하기 때문에 정작 실제 당면하고 있는 문제를 해결하기 위해서 싸울 시간이 없습니다.

다른 또 한 가지 이유는 염려하게 되면 자신에게만 초점을 맞추게 되기 때문입니다. 그러면 당신의 삶의 목적인 '세상에 영향을 주는 삶'을 살 수 없습니다. 그러므로 염려하지 말아야 합니다.

염려는 체육관의 무거운 바벨과도 같습니다.

무거운 것을 오래 들고 있으면 있을수록 당연히 힘이 듭니다. 힘이 들면 내려놔야 합니다. 내가 들고 있어서 힘든 것인 줄도 모르고 계속 힘들다고 불평하는 것이 걱정을 놓지 않는 사람들의 모습입니다. 그래서 염려와 걱정은 우리의 심령을 죽입니다.

하나님께서는 내가 염려의 무게를 혼자 지탱하는 것을 원하시지 않습니다. 염려는 우리를 육체적으로, 감정적으로, 영적으로 서서히 파괴합니다. 인간관계를 파괴합니다. 그래서 하나님은 평안에 대해 말씀하셨고, 세상이 알지 못하는 평안을 우리에게 주신다고 했습니다.

"평안을 너희에게 끼치노니 곧 나의 평안을 너희에게 주노라 내가 너희에게 주는 것은 세상이 주는 것 같지 아니하니라 너희는 마음에 근심하지도 말고 두려워하지도 말라"(요한복음 14:27)

교회에서도, 많은 전문가들도 걱정이 도움이 되지 않는다고 말합니다. 걱정을 버리고 참된 평안을 누리라고 합니다. 그런데 어떻습니까? 누가 말하든 그때 뿐이고, 교회당 문을 나오자 마자 다시 염려와 걱정이 찾아옵니다. 당장 내야 할 세금이 문제고, 고지서가 산더미처럼 밀려 있고, 배우자와의 사이는 일촉즉발의 위기에 있는데 오히려 어떻게 염려하지 않을 수 있겠습니까?

그러나 예수님께서 하신 "염려 하지 말라"는 말씀은 염려를 무시하라는 게 아니라 염려를 인정하고 그것을 예수님께 맡기라는 것입니다. 어떻게 보이지 않는 염려를 보이지 않는 예수님께 맡길 수 있겠습니까? 방법이 있습니다. 바로 기도를 통해서 입니다.

"아무 것도 염려하지 말고 다만 모든 일에 기도와 간구로, 너희 구할 것을 감사함으로 하나님께 아뢰라"(빌립보서 4:6)

지금까지 우리는 내가 얼마나 귀한 존재인지, 하나님이 우리에게 무엇을 약속하셨는지를 성경을 통해 배웠습니다. 그걸 아는 사람은 마음이 언제나 평안할 수밖에 없습니다.

"너희 염려를 다 주께 맡기라 이는 그가 너희를 돌보심이라"(베드로전서 5:7)

예전의 개역성경은 "맡기라"가 아닌 "맡겨 버리라"로 "던져 버린다", "맡겨 버린다"라는 적극전인 표현의 뜻이 있습니다. 한 마디로 "우리의 모든 염려와 걱정을 하나님께 던져서 처리하라"는 뜻입니다. 그러니까 염려 대신에 하나님께 맡겨 버리라는 것입니다.

염려를 하나님께 맡겨야 하는 이유는 바로 우리의 모든 염려를 하나님께서 '돌보시기 때문'입니다.

'염려를 돌본다'는 신약에만 10번이 나옵니다. 그리고 예수님이 등장하지 않으시는 구약에도 무려 5번이나 나옵니다. 내가 상처를 받을 때에 하나님께서도 상처를 받으시며 내가 관심 있어하는 것에 하나님께서도 관심 있어 하십니다. 세상의 아무 누구도 이해하지 못할지 모르나 하나님께서 이해하십니다. 그래서 그분께 맡길 수가 있습니다.

하나님은 나의 머리털까지 세고 계십니다. 우리의 일거수일투족을 바라보고 기억하고 또 응원하고 계십니다. 당연히 우리의 기도를 들으시고 우리의 염려를 맡아주십니다. 해결해주십니다. 주님은 우리를 돌보시는 분이십니다.

"오늘 있다가 내일 아궁이에 던져지는 들풀도 하나님이 이렇게 입히시거든 하물며 너희일까보냐 믿음이 작은 자들아 그러므로 염려하여 이르기를 무엇을 먹을까 무엇을 마실까 무엇을 입을까 하지 말라"(마태복음 6:30-31)

기도는 언제나 하나님과 연결되어 있는 핫라인입니다.

너무도 많은 사람들이 스스럼없이 이런 말들을 합니다.

"너무 바빠서 기도할 시간이 없어요."

"중요한 건 알지만 막상 하려니 잘..."

염려하고 걱정할 시간은 있으면서 하나님께 기도할 시간은 없을 수 없습니다. 염려와 걱정을 해결하고 마음의 평안을 얻는 방법은 아주 간단합니다. 기도를 하면 됩니다. 솔직하게 하면 됩니다. 그러면 세상을 향해 하나님으로부터 멀어져 있던 초점이 다시 하나님께로 맞추게 됩니다.

"위의 것을 생각하고 땅의 것을 생각하지 말라"(골로새서 3:2)

성경의 가르침대로 아무 것도 염려하지 말고 모든 것을 위해 기도하십시오. 내가 필요한 것들을 하나님께 말씀드리십시오.

"주님, 제가 지금 염려를 하고 있습니다. 내가 일하고 있는 직장에서 지금 많은 사람들이 해고를 당했습니다. 내가 다음으로 해고될지도 모릅니다. 그래서 누구하고 이야기하고 싶습니다. 주님, 제가 해고를 당한다면 제 미래가 어떻게 될 줄을 모릅니다. 그러나 주님은 아십니다. 미래를 두려움 대신에 소망을 가지고 맞이할 수 있도록 도와주십시오. 주님, 제 말을 들어주심을 감사드립니다."

이것이 바로 온전히 나의 마음을 주님께 드리는 기도입니다. 기도는 언제 어디서나 항상 하나님께 대화할 수 있도록 해줍니다. 내 마음 속에 있는 무엇이나 말할 수가 있습니다. 자신의 관심사를 하나님께 말씀하십시오. 하나님께 내 마음 속에 있는 관심사나 상처를 주고 있는 것들을 말씀드릴 수 있습니다. 염려하는 것은 문제가 내 안에서 일하도록 내버려두는 것과도 같습니다. 그러나 기도는 하나님과 우리가 함께 문제를 푸는 것을 의미합니다. 그래도 혼자서 모든 삶의 문제를 해결하고자 합니까?

염려란 미래에 무엇이 잘못될 것인가에 초점을 맞추고 사는 것입니다. 두려움을 가지면 내가 고전하고 있는 염려와 근심이 내 생각을 꽉 채울 것입니다.

　이 세상 것들을 염려하며 부정적이 되지 말고 긍정적이 되십시오. 걱정 대신에 긍정적인 것으로 가득 채우십시오. 그것이 바로 소망입니다. 전지전능하신 주님 생각으로 마음을 채우십시오. 소망을 가지고 미래를 보십시오. 주님의 생각으로 채우십시오. 진정한 소망이란 하나님께서 우리를 잘되게 하실 것을 믿고 기대하고 바라는 것들입니다.

> "까마귀를 생각하라 심지도 아니하고 거두지도 아니하며 골방도 없고 창고도 없으되 하나님이 기르시나니 너희는 새보다 얼마나 더 귀하냐 또 너희 중에 누가 염려함으로 그 키를 한 자라도 더할 수 있느냐 그런즉 가장 작은 일도 하지 못하면서 어찌 다른 일들을 염려하느냐"(누가복음 12:24-26)

정말,
살아있는 한 소망이 있습니다

환란 속의 세상에서 살아가는 그리스도인들에게 소망을 약속하는 책이 베드로전서입니다. 세상 사람들에게 소망은 그저 바라는 공상일 뿐이지만 우리에게 소망은 약속된 하나님의 말씀이자 정말로 다가올 확실한 미래입니다.

그 소망을 믿을 때 고난이 찾아와도 긍정적이 되어 돌파 할 수 있으며 모든 일들을 통해 일하시는 하나님의 은혜를 깨닫게 됩니다. 소망이란 하나님께서 나의 삶에 바른 일을 행하실 것을 기다리는 것입니다. 믿는 것입니다. 이제 참된 소망을 가지고 미래를 바라보십시오. 그런 소망을 품을 때에 우리의 삶은 하나님이 바라고 인정하는 삶, 기뻐하는 삶, 그리고 세상에서 빛과 소금으로 쓰임 받는 소망을 전하는 삶으로 변화될 것입니다.

지금 세상을 사는 사람들에게는 잠깐의 진통제가 아니라 제대로 된 정확한 처방이 필요합니다. 세상이 말하는 힐링, 혹은 이런 걱정들을 잠시 잊게 해주는 쾌락 등은 어떤 사람에게도 정확한 처방이 될 수 없습니다. 이런 처방은 하나님의 말씀으로만 가능합니다. 그런데도 교회에 다니는 성도들조차 이런 처방을 바로 앞에 두고도, 매주 처방 받고도 다시 세상에서 소망을 찾고자 하고, 또 세상의 유혹에 빠지기도 합니다.

목회의 현장에서 사역을 하는 한 사람의 성도이자 목사로서, 저는 이런 모습들이 너무나 가슴이 아팠습니다. 그래서 성경에 모든 사람들에게 필요한 처방이 있음을, 그 중에서도 베드로전서에 모든 사람이 원하는 소망이 있음을 전하고 싶었습니다.

세상은 점점 어두워져 갑니다.
사람들은 점점 힘들다고 말합니다.
소망보다 절망을 먼저 떠올리고 더 많이 말하는 시대가 찾아왔습니다.
그러나 소망은 여전히 존재하고 있습니다.
하나님 말씀에 담겨 있는 그 귀한 소망을
이 책을 통해 단 한 명의 성도들이라도 알게 되기를,
그리고 그분들과 함께 세상에 참된 소망이 무엇인지를
보여주는 참된 그리스도인으로 거듭나게 되기를 간절히 소망합니다.

소망과 함께 어깨동무 하고픈-

김성근 목사

「두 자녀를 잘 키운 삼숙씨 이야기」의 저자
정삼숙 사모의 성경적 체험 양육법!

성경적 영적 성품 12가지 심기!

①소통 ②갈등 ③관계 ④기도 ⑤상처 ⑥분노 ⑦용서 ⑧순종 ⑨습관 ⑩비전 ⑪동행 ⑫낙심을 자녀에게 신앙 유산으로 남겨주십시오.

정삼숙 사모(성안교회 장학봉 목사)는 두 자녀를 예원중/한예종/브룩힐/이스트만/노스웨스턴/줄리어드/예일대학원에서 수석도 하고, 장학금과 지원금으로 그동안 10억 여원을 받으며 공부시켰지만 그녀는 자녀의 성품 교육을 더 중요시했다.

엄마, 아빠!
저좀 잘 키워주세요

삶을 리모델링하는
7가지 법칙

느헤미야의 삶과 사역을 통해
우리 삶의 여러 영영을 정비하여
새롭게 복음의 능력을 체험하게 하는 책!

김성근 목사 지음
(극동방송 「메기성경강해」 진행자)

맞춤형 무릎기도문 시/리/즈

30일 작정 기도서

십대의
무릎 기도문

십대 자녀를 위한
무릎 기도문

자녀를 위한
무릎기도문

가족을 위한
무릎기도문

자녀축복
안수기도문

재난재해안전
무릎기도문-자녀용

아가를 위한
무릎기도문

태아를 위한
무릎기도문

남편을 위한
무릎기도문

아내를 위한
무릎기도문

태신자를 위한
무릎기도문

새신자를 위한
무릎기도문

교회학교 교사
무릎기도문

재난재해안전
무릎기도문-부모용

망망한 바다 한가운데서 배 한 척이 침몰하게 되었습니다.
모두들 구명보트에 옮겨 탔지만 한 사람이 보이지 않았습니다.
절박한 표정으로 안절부절 못하던 성난 무리 앞에 급히 달려 나온 그 선원이
꼭 쥐고 있던 손바닥을 펴 보이며 말했습니다.
"모두들 나침반을 잊고 나왔기에 … "
분명, 나침반이 없었다면 그들은 끝없이 바다 위를 표류할 수밖에 없을 것입니다.

삶의 바다를 항해하는 모든 이들을 위하여 우리는 그 나침반의 역할을 하고 싶습니다.
우리를 구원하신 위대한 주 예수 그리스도를 널리 전하고 싶습니다.

"하나님은 모든 사람이 구원을 받으며
 진리를 아는 데에 이르기를 원하시느니라"
 (디모데전서 2장 4절)

포기하지 않는 한
소망이 있습니다

지은이 | 김성근 목사
발행인 | 김용호
발행처 | 나침반출판사

제1판 발행 | 2016년 1월 20일

등   록 | 1980년 3월 18일 / 제 2-32호
주   소 | 157-861 서울 강서구 염창동 240-21 블루나인 비즈니스센터 B동 1607호
전   화 | 본사 (02) 2279-6321 / 영업부 (031) 932-3205
팩   스 | 본사 (02) 2275-6003 / 영업부 (031) 932-3207
홈페이지 | www.nabook.net
이 메 일 | nabook@korea.com / nabook@nabook.net

ISBN   978-89-318-1508-5
책번호   다-2110

값은 뒷표지에 있습니다.